周易明义

邱永强　著

九州出版社
JIUZHOUPRESS

图书在版编目（CIP）数据

周易明义／邸永强著. —北京：九州出版社，2014. 8

ISBN 978－7－5108－3216－1

Ⅰ. ①周… Ⅱ. ①邸… Ⅲ. ①《周易》－研究
Ⅳ. ①B221. 5

中国版本图书馆CIP数据核字（2014）第198888号

周易明义

作　　者　邸永强　著
出版发行　九州出版社
出 版 人　黄宪华
地　　址　北京市西城区阜外大街甲35号（100037）
发行电话　（010）68992190/3/5/6
网　　址　www. jiuzhoupress. com
电子信箱　jiuzhou@ jiuzhoupress. com
印　　刷　三河市九洲财鑫印刷有限公司
开　　本　787毫米×1092毫米　16开
印　　张　26. 25
字　　数　360千字
版　　次　2014年10月第1版
印　　次　2014年10月第1次印刷
书　　号　ISBN 978－7－5108－3216－1
定　　价　73. 00元

“攻乎异端，斯害也已！”

——孔丘

“老者安之，朋友信之，少者怀之。”

——孔丘

前　言

《易》与《论语》乃传播最广泛的儒学经典，但要发明其中真义今天必须从训诂、考据入手。故笔者历时三年对《易》、《论语》中每一个重要文字依据《说文解字》、《尔雅》等古代典籍反复考定，以求其正解。对于有争议之教义则依据人情事理、典籍记载进行推敲考定，以求其正义。此项工作颇为繁难，错误亦在所难免，希望指正。对于笔者所阐发之观点愿与同志者讨论。同时笔者对于不合儒学正义之论点所进行之抨击亦出“不利为寇，利御寇”之心，应体察。

儒教作为三千年来中国文化之主体当今仍然有着深厚而广泛的影响，今日欲有所作为必以此国情为基础以融合时代新义，舍此别无他途。

中华民族的复兴任重而道远，希望以此工作为实现“中国梦”而奉献自己的一份力量。

邸永强

2014 年 9 月 28 日于北京昌平

目　录

第一卦　乾 ☰ 乾乾

元，亨，利贞。

"乾"《说文》：上出也，引申为强健。有学者认为"乾"之本义为草木出土强健的样子。

"乾"在《易》为阳，为天，为动，为人之神。"坤"在《易》为阴，为地，为静，为人之形。

道者，乾坤运行之常也。义者，天地相得而和合也。动者，阳之性也。静者，阴之性也。阳动而阴随，谓之变也，阴阳转变谓之化也。天为主导万物运行者，乃阳物之大者。地为承载万物者，乃阴物之大者。天运地，地承天，天地协运，阴阳和合，有灵者生于其间，能全其性命，同乎造化，谓天地之大义也。

"元"《说文》：始也，引申为根本。

"亨"《说文》：献也，同"享"，祭品也。因为祭品为沟通鬼神之媒介，故引申为"通达"之意。

"利"《说文》：铦（古读音 xiān），农具，意为金属工具之锋利，引申为利益、利于。

"贞"《说文》：卜问也，由卜问而能得其正，故引申意为"正"，"正"者中于义、合于道。

"元"为"乾"之用也，阳之动，万物之所由始也。

"亨"，万物随乾道变化可致亨通。

"利贞"，乾道运行必遵循贞正。

"元，亨，利贞"为卦辞而非单纯卦德，六十四卦皆然。如果认为

“乾”德为“元”，为“亨”，为“利”，为“贞”，则“亢龙有悔”其意与卦辞违背。“有悔”能言“亨”？能言“利”？能言“贞”？吾未见其是也！

考“亨”，“亨”为通达，若其为“乾”之一德，“潜龙勿用”爻意与卦辞相矛盾，如何解释？

考“利”，通观六十四卦有“利贞”、“不利君子贞”、“不利为寇，利御寇”、“不利涉大川”、“利涉大川”。利与不利皆为利益、利于之意，无一有“义之和”之意。

考“贞”，“乾”之贞与不贞在于其动，合于义为贞，反之则不贞，若“潜龙”而用事则“不贞”，“亢龙有悔”既“有悔”必有“不贞”之事。

考《彖》辞曰“大哉乾‘元’”，只字未提及“亨、利贞”，若为四德，焉有只表述一德之道理？

可见“乾”有不利，不亨，不贞之虞。不利者“勿用”，不亨者“潜龙”，不贞者“有悔”，解释“元亨利贞”为其四德，谬之远矣！

《左传·襄公九年》有一筮例为《艮》之《随》，其中穆姜分析“元亨利贞”其言如下：元，体之长也。亨，嘉之会也。利，义之和也。贞，事之干也。其中“元，体之长也”与《文言》中“元，善之长也”不同，其余皆同，可见“元亨利贞”作四德解于春秋已有之，可见《易》理之乱久矣！《文言》应为研究《易》者之杂文，未得《易》理之正解，托孔子之名而附于《易》，其时当在秦之前后。

综上《乾》之卦辞应为：“元，亨，利贞。”“元”是其用也，“亨”言其能也，“利贞”乃行之则也。

《彖》曰：大哉乾“元”，万物资始，乃统天。云行雨施，品物流形。大明终始，六位时成，时乘六龙以御天。乾道变化，各正性命，保合大和乃“利贞”，首出庶物，万国咸宁。

“大哉乾元”，“大”在《易》中有“大人”、“大吉”、“大君”、“大有得”。凡言“大”其义有二，其一指广大、众多；其二指超越所言之事物，具有高一层级意义，如“大人”即“大于人”之人，得道者，全道德者，可教化人者。如“大君”即“大于君”，权位与道义兼得之君。

“大哉乾元”即“大元”也，阳之始动也，阳始动而阴随，变化生焉，变化生则万物始。故“乾”之“元”为万物之“元”，亦为“坤”之“元”，故曰“大哉乾元”。

“万物资始”，“资”《说文》：货也，引申为依托。万物皆依托阳动而始生。

“乃统天”，“统”《说文》：纪，丝之一端，引申统率之意。“乃统天”乾乃统天也。“天”阳物之大者也，阳之消长，动息，决定天之运行。

“大哉乾元，万物资始，乃统天”此句解释“元”。

“云行雨施”，云雨运行则天下万物生长。言“乾”运转之大。

“品物流形”，“品”《说文》：众庶，众多之意。“流”《尔雅》：水行也，引申走动、运行。“形”《说文》：象形也，引申形成。“品物流形”应为“品物形流”，为和于“各正性命”、“万国成宁”之音韵，故倒装。万物因“乾”之动而形成，而生，长，成，灭。言《乾》所运转之广也。

“云行雨施，品物流形”言“乾”之致用广大，为万物运行之根本。此句解释“亨”。

“大哉乾‘元’，万物资始，乃统天。云行雨施，品物流形。”阐发乾道之于物理。

“大明终始”，“明终始”即明事物之终始。“大明终始”即为明事物之终始以及主宰其终始之义理。譬如草之春生，夏长，秋实，冬亡，此为物之终始。阳生，阳长，阳衰，阳消，此为理之终始。“大明”者，物与理皆显明其道。寓意“乾”乃万物“终始”之根本，把握乾道变化则可以洞明万事万物之“始终”。

“六位时成”，“六位”指三公与三卿（上卿、中卿、下卿）。“时”

《尔雅》：是也，即准确、允当、适合之意。“成”《说文》：就也，完成、确定之意。“六位时成”即三公与三卿准确就位，即各得其所，各司其职。

“时乘六龙以御天”，“御”《说文》：使马也，即驾驭之意。“龙”《说文》：鳞虫之长，能幽，能明，能细，能巨，能短，能长，春分而登天，秋分而潜渊。“时乘”准确驾驭。“六龙”比喻三公与三卿。“御天”即运行天道，行道义。“时乘六龙以御天”即君王合理驾驭三公与三卿，以此推行教化，运行天道。

“大明终始，六位时成，时乘六龙以御天。”阐发乾道之于人事。

“乾道变化”乃指道长道消，阳盛阳衰，“潜龙”至于“在田”，至于“在天”，至于“亢龙”，阳道之变化也，乾之变化也。

“各正性命”，“性”《说文》：人之阳气而性善者也，与“情”相对。“情”《说文》：人之阴气而有欲者也。

“命”《说文》：使也，此处为天命，人生终极之意义也。万物因于“乾”之变化而变化，能同乎阴阳之化，则得于道，是谓“正性命”，即正其“性”而达其“命”，斯为“乾”之用！

“保合大和”，“保”《说文》：养也。“合”《说文》：合口，两相对合之意。“和”《说文》：相应也，有相应相合之意。“保合”为“乾”之用也，生养万物且使之和谐共处。“大和”万物应于阴阳之化，和同于道，谓之“大和”。大者，进于道也。

“乃利贞”，“保合大和”乃“乾”道之“贞”。

“首出庶物”，“首出”者谓“乾”为万物之源始也。“庶物”言物之蕃多也。此为“元”。

“万国咸宁”，天下安定。此为“亨”。

“首出庶物，万国咸宁”为“乾”道物理人事之用。为万物之源，育万物蕃多，致用于安定天下。

“乾道变化，各正性命，保合大和乃‘利贞’，首出庶物，万国咸宁。”乃“乾”道之综合阐发。

《象》曰：天行健，君子以自强不息。

“健”《说文》：伉也。“伉（kàng）”《说文》：人名也。我以为“伉”应为“仡（yì）”之误，二者篆文形近。“仡”《说文》：勇壮也。《说文》释“豪”为“健”，《说文》释“杰”为“豪”。以上推之“健”当作“仡”解，其意为勇壮、刚强。

“天行健”，“天行”即“天道运行”，“天”者，阳物之大者也。“天行”为天地运行之先，为天地运行之源，故其德为“健”。“天行健”即天之行勇壮，刚强。

“君子以自强不息”，君子修养德智，弘道化民，比之于天也。“自强”者，自实其德，自强其力。“不息”者，不惰于道，孜孜以求进，不慢于行，不倦以教民。

初九：潜龙勿用。

“潜”《说文》：一曰涉水，一曰藏，此处意为藏于水下。

“潜龙”，藏于水中之龙。“乾”卦以龙喻阳，喻天道，喻道义。“潜龙”者，阳蛰伏于下，时机未现，道义未行。君子治事必观于天时、世情、人情，察道义存亡消长而有所行，当晋则晋，当遁则遁。“龙”于君子而言，道义之象征也，察龙之所在而后君子有所进退。

《左传·鲁哀公十四年》“西狩大野，叔孙氏之车子钼商获麟，以为不祥，以赐虞人，仲尼观之曰：‘麟也’，然后取之。”孔子见麟遇害而感伤，孔子以为“麟之至为明王也，非其时而见害，吾是以伤之”。孔子以为天下太平，麟凤龟龙出现是祥瑞，麟现而被伤害则为凶兆，预兆道义不彰，以孔子哀麟可知古人以龙麟凤龟为道义兴衰之象征，以瑞兽之行为比象于阳与道义之状态。《乾》卦之“潜龙”、“在田”、“飞龙”、“亢龙”皆象征道义之状态。

“潜龙”喻时机未现，君子行教化民不能行也。此爻明君子治事必察其时义，当行则行，当止则君子待时。凡人之治事，亦必察事之机理，顺之则成，违之则败，天下之事尽然。

《象》曰："潜龙勿用"阳在下也。

"阳在下也"，道义未行也，时机未可也，君子不可贸然治事也。

九二：见龙在田，利见大人。

"见龙在田"有解为"现龙在田"者，不合《乾》卦"龙"之用法。"现龙在田"即"龙出现于田"，即"龙在田"之意，加一"现"字则多余。考"飞龙在天"亦不为"现飞龙在天"，可见"见龙在田"即君子见龙在田，亦符合君子观象而用事之旨。

"田"者，人劳作之所，赖以得食养身。"人情"君子经营之"田"也，进德以养性。《礼记·礼运》"人情者，圣王之田也，修礼以耕之，陈义以种之，讲学以耨（nòu）之，本仁以聚之，播乐以安之。"

"见龙在田"，君子见龙在田，即君子观仁义行于人情，行于人世。

"利见大人"，此处"大人"为得道者，全德者。《易》中"利见大人"共出现六次，《乾》卦两次，其中《讼》之《象》释"利见大人"曰"尚中正也"，《蹇》之《象》释"利见大人"曰"往有功也"。《萃》之《象》释"利见大人"曰"聚以正也"。《巽》之卦辞"利有攸往，利见大人"。由上推之"见大人"之作用，其一可得道义之中正；其二可得事用之功成。

"龙在田"乃道义上行之预兆。君子见龙在田而思亲比于得道者，故曰"利见大人"。"利见大人"往有功也。

此爻明君子观察世道，顺义而为，积极上进，修己以爱人。

《象》曰："见龙在田"德施普也。

"德施普也"，"普"应为"溥"。"溥"《说文》：大也，引申广大普遍之意。"德施普也"即道德广施，寓意道义兴起。

九三：君子终日乾乾。夕惕若，厉，无咎。

"惕"《说文》：敬也。此处有敬慎之意。

"夕"《说文》：暮也，即傍晚。

"终日"，终一日也，竟日，整日也。

"乾乾"即"自强不息"，积极上进之精神状态。

“惕若”即“若惕”，兢兢业业也，警惕也，戒慎乎不失于道。“夕惕若”即在一天治事即将结束之际，仍然不能放松、懈怠。寓意君子治事当永保敬慎之心，如此方能有成。

“厉”通“励”，此处意思为“作”，君子治事也。

“无咎”，君子若“乾乾”而“惕”而“厉”则“无咎”。言外之意，若不能如此作为则“有咎”。

此爻明君子必勤于事，慎于不失，励精图治则保“无咎”。

《象》曰：“终日乾乾”反复道也。

“道”此处解作“行”，《荀子·非相》：“遇敌决战，必道吾所明，无道吾所疑。”

“反复道”，“反复”是“不息”也，“道”者，践行道义也，君子自强不息，修己以劝人。

九四：或跃在渊，无咎。

“或”为不必之辞也。

“跃在渊”，跃跃欲试于“潜”渊。“或跃在渊，无咎”可写作“或跃在渊，君子择时而进，无咎”。君子观龙“或跃在渊”，即观阳动欲上，道义上行，君子择机而用事，故“无咎”。“无咎”意在说明，择机行事为君子必然选择，不然则“有咎”。

此爻明君子当明察时变而积极进取，时刻有所准备，不可慢于时义。

《象》曰：“或跃在渊”进无咎也。

“进无咎也”，龙虽在渊，择机欲上。君子虽在下，择时而进也，当进乃进，则“无咎”。

九五：飞龙在天，利见大人。

“飞龙在天”，阳道上行，道义大行，德昭天下也。

“飞龙”，阳大行而在上位也。

“在天”，行于其道也。

“利见大人”，道义大行，君子亲比于“大人”以“尚中正”也。

此爻明道义大行，君子者亲比于“大人”，从而不离中正，如此可保长治久安。

《象》曰：“飞龙在天”大人造也。

“造”《说文》：就也，成就之意。引申为至、到。《管子·大匡》：“造于长勺。”

“大人造也”，社会道义兴盛，“大人”莅临于世。

上九：亢龙有悔。

“亢”此处解作“极”，有极于，过于某限之意。《左传·宣公三年》：“先纳之，可以亢宠。”

龙之为物，时当隐则潜于渊，时当现则见于田，时利则登于天。故其“潜于渊”、“见于田”、“飞升于天”，皆因时机而作。故龙之所行、所在必贞于道，行于中正则无悔，故道在下则潜，道行则现，道利则升于天。“亢龙”者，久居于天而自得，失于中正，故“有悔”。悔其失于道，违于义也。“亢龙有悔”亦可写作“见亢龙有悔，君子贞吉，无悔”。

君子治事必随时义而动，若止而不前则失于中正，则必“有悔”。君子必“乾乾”以进德，“夕惕若”以戒慎，方能不失于道，不致“有悔”。

此爻明君子治事，必与时俱进，兢兢业业，孜孜以求，方能永葆中正，反之则“有悔”。

《象》曰：“亢龙有悔”盈不可久也。

“盈不可久也”，大道运行无止无息，故君子进德修业无恒定之既得。君子应与时俱进，自满自得，必“有悔”也！

用九：见群龙无首，吉。

“用九”，九为阳数之最大者，其德主变。《说文》释为“阳之变也”。“乾”在数为九，故曰“用九”。此处为占筮遇《乾》卦变为《坤》卦之占辞。即筮卦遇《乾》变《坤》，用“见群龙无首，吉”解卦。同理“用六”者乃筮卦遇《坤》变《乾》，用“利永贞”解卦。

“用九”与“用六”乃《乾》《坤》互变专用，其他诸卦六爻皆变仍用两卦之卦辞解卦。原因在于《乾》《坤》二卦阐发阴阳之道，其他诸卦皆为一事一理。《乾》《坤》阴阳相对，故《乾》《坤》互变只能用阴阳转变之义来解卦，而不能用两卦之卦辞。

“见群龙无首”，“群龙”比喻众多进于道之君子。“无首”言群龙皆自得于道，安于其位，而无需领导，言外之意掌教化者应功成身退。

“吉”，在下位之君子各安其位，在上位之“大人”不以功德自居，如此教化大成，故曰“吉”。

“用九”之意说明，“乾”可以率动、主导，但目的不在于主宰天下，而是在于同化天下万物，使皆能致于道，即“保合大和”。掌天下教化者，亦应当秉持此观念行事。

《象》曰：“用九”天德不可为首也。

“天德”即“阳德”、“乾德”，“乾”为“元”。阳始动而阴随，阴阳偕动，变化则生生不息。

“不可为首也”，乾可以率动、主导，但目的不在于主宰天下，而是在于同化天下万物，使皆能致于道，即“保合大和”。

以“天德不可为首”推之，君王亦不应为“首”，应为父，为师，养之，教之，而后由之，终而同化之，此意合于儒教之宗旨。《礼记·表记》：“下之事上也，虽有庇民之大德，不敢有君民之心，仁之厚也。是故君子恭俭以求役仁，信让以求役礼，不自尚其事，不自尊其身，俭于位而寡于欲，让于贤，卑己而尊人，小心而畏义，求以事君，得之自是，不得自是，以听天命。”

第二卦　坤 ䷁ 坤坤

元，亨，利牝马之贞。君子有攸往，先迷后得主，利。西南得朋，东北丧朋，安贞，吉。

“坤”《说文》：地也，《易》之卦也。

“牝”《说文》：畜母也，即雌性牲畜。

“元”，“坤”之用也，阴之动也，乾动而坤随，万物之所由生也。

“亨”，阴随阳动，坤顺乾行为通达之道也。

“利牝马之贞”，牝马即母马。“牝马”顺从于“牡马”，载重行远且生养不息。“坤”顺从于“乾”，载万物以致成且生养万物不息，故“牝马”之德同乎“坤”之德，皆能顺乎阳，皆能生养，能载物致成，此三者为“牝马”之德，亦为坤之德。

“利牝马之贞”，利于效法牝马之德。践行顺乎阳，生生不息，养物致成，是为贞于“坤”之道。

“君子有攸往”，“攸”《尔雅》：所也，介词，即君子有所往，即君子有所为。“往”即往以治事。

“先迷后得主，利”，“迷”《说文》：惑也。“惑”《说文》：乱也。“先迷”君子治事始而迷惑，不能得于正，失于道义。“后得主”而后得其正，阴从于阳，小人从于君子，君子从于大人。“主”可以顺从者。“主”为阳、为道、为大人。“利”即“后得主”而“利”，所谓“利”者，利于进正道，利于事之有成。

“西南得朋，东北丧朋，安贞吉”，《礼记·乡饮酒》：“天地严凝之气始于西南而盛于西北，此天地之尊严气也，此天地之义气也。”，“西南”向义之方位，“西北”正义所在之方位，“东北”义所终之方位。“西南”此处指道义初显，文明渐著之方位。“东北”此处指道义幽蔽，文明渐微之方位。

“西南得朋”，“朋”《说文》：辅也，相帮之人，引申为朋类。君子于文明之域必能得朋比，言外之意道长也。

“东北丧朋”，君子于昏昧之域必失其朋比，言外之意道消也。“得朋”、“丧朋”时世之道长，道消也。

“安贞吉”，道长，道消，时世也，君子处乱世、治世，须臾不离于道而安于中正，是谓“安贞”。“安贞”而“吉”，不离道而吉也。《礼记·中庸》“道也者，不可须臾离也，可离非道也。”君子“安贞”即安于道，安于道即载道、弘道。

“君子有攸往，先迷后得主，利。西南得朋，东北丧朋。”言有得失，有否泰，故君子法地而往，以治事有得失否泰，乃事之常也，能“安贞”处之，则终能“吉”。

《象》曰：至哉“坤元”，万物资生，乃顺承天。坤厚载物，德合无疆，含弘光大，品物咸亨。牝马地类，行地无疆，柔顺利贞。君子攸行，先迷失道，后顺得常。“西南得朋”乃与类行；“东北丧朋”乃终有庆。“安贞”之吉，应地无疆。

“至哉坤元”，“至”极也，其阶次仅低于“大”。“至”者，言已至于事体之极，大者言至极而又超越事体本身，故“乾”动曰“大”，“坤”动曰“至”。

“至哉坤元”，“坤”之“元”即阴之始也。乾动而坤随，乾统天，坤率地，率地而顺承天，阴阳偕动，万物生发。

“万物资生”，万物资于“坤”而生存。

“乃顺承天”，坤率地，地从天。顺于天，坤之德也。承于天，坤之用也，万物所以生也。

“坤厚载物”，坤之德有三：其一，顺乎乾；其二，生生不息；其三，养物致成。“坤厚”言其德厚。“载物”生养万物能育其成。

“德合无疆”，“疆”《说文》：界也。无疆，言其广也。“坤”之德，上顺于乾，合于阴阳之道，下生养万物，保育致成。故“坤”之德上合天道，下尽物理，故曰“德合无疆”。以君子比之，君子体道而爱人可谓德广也。

“含弘光大”，“含”《说文》：嗛也，口有所衔，引申为容纳、包含。“弘”应作“宏”，“宏”《说文》：屋深响，房屋幽深而有回响，引申为大。《尔雅》释为“大也”。“含弘”为坤之德，容养万物。“光大”为坤之德，育成万物。

“品物咸亨”，“品”《说文》：众庶，众多之意。“坤”，容养、育成万物，率万物以顺乾，故曰“咸亨”于道，即皆可致成于道也。

“牝马地类，行地无疆”，牝马之德合于地之德，是谓“地类”。“行地”即本于地之德而行乎地之用。“无疆”者言牝马之德尽合于地之德，其功用广大，可致远而无疆。

“柔顺利贞”，“柔”《说文》：木曲直也，即木可曲可直也。“儒”《说文》：柔也，可见古人以“柔”为近道之特征，君子者本乎道义而行，道义有明昧，有消长，君子行则有隐现、进退，故君子为柔者，体道者也。小人者，不知进退，为刚者也！“柔”君子之性也，为体道之特征。“顺”君子之行也，行道之准则。“牝马”性柔，行而顺道，兼此二者则可得于中正，故曰“利贞”，即利于贞正于道。

“君子攸行”，君子往而治事也。

“先迷失道”，未明道理，故失于道义。

“后顺得常”，“常”《尔雅》：法则也，即“顺而得常”，顺于道而渐明其理，继而得其常。

“西南得朋，乃与类行”，“类”《说文》：种类相似也，“乃与类行”与志同道合之君子共同进步于道义。君子率众进德，君子有功也。

“东北丧朋，乃终有庆”，“乃终有庆”道义不行于世，远于道义者众，君子守道不乱，故“丧朋”。“乃终有庆”道长道消乃时之常也，君子守道不悖，不随俗众见利忘义，终能有得于道义，故曰“有庆”。

“有庆”者，得而喜也。

“安贞之吉，应地无疆”，君子“安贞”之德，同乎地顺承天之德，君子之德与地之德相应而广合，是谓“应地无疆”。

《象》曰：地势坤，君子以厚德载物。

“势”应为“埶（yì）”，其简体字为“艺”。“埶”《说文》：种也，又有准则、效法之意。《国语·越语下》“用人无艺，往从其所。”此处“埶”为效法之意。

“地势坤”，即“地”以“坤”为法则，亦可言“地法坤”。《乾》之《象》曰：“天行健”，“健”乾之性，言“天行健”亦含有天法乾之意。“天行健”亦可以说“天法乾而行健”。《坤》之《象》曰：“地埶坤”，顺为坤之性，“地埶坤”亦可以说“地埶坤而行顺”。

“地埶坤”，地者，阴之大者，从坤也，从坤之德三，一曰：顺；一曰：生生不息；一曰：养物致成。

“君子厚德载物”，君子之“厚德”，修己也，自实其德也。君子之“载物”，爱人也，行道于世也。“厚德”忠敬可致，“载物”仁义可致，故君子之“厚德载物”即孔子之“忠敬仁义”。

君子之“厚德载物”乃法地也，君子法地，地法坤，坤从乾。君子之“自强不息”乃法天也，君子法天，天法乾，乾从道。可证君子法天地，天地法乾坤，乾坤法道，可见老子之学说不合于《易》理，为谬论。

初六：履霜，坚冰至。

“履”《说文》：足所依也，古曰：履，今曰：鞋。引申为践、踏。

“履霜，坚冰至”，行践于霜，而知坚冰之日将至，比喻君子治事，必察于微小而能推知其显著，明其理而知其事之所致，顺而行之则趋利避害，终能有得。

“履霜，坚冰至”，“霜”者，阴之始现也，“冰”者阴之终著也。在霜之前，阴已胜阳而居强势之地位，然人未见其征验，非明哲之君子不能知，故有“先迷”之失，然君子者见“霜”而后知其理，故有

“后顺得常”之利也，见“霜”而动未为晚也！

此爻明“顺”于道必及时而行，其方法为慎于始，察于微末。同时明“顺”为“坤”德之首要。

《象》曰：“履霜，坚冰”阴始凝也，驯致其道，至坚冰也。

“履霜，坚冰”为省略写法，应为“履霜而至于坚冰”。

“阴始凝”，“凝”《说文》：水坚也。阴之用开始显著，使水为霜。

“驯致其道，至坚冰也”，“驯”《说文》：马顺也，引申为顺服、顺从。“霜”至于“冰”亦非一日能成。君子治事，能渐近于正，顺以进则终能成。不失于礼则近于义，不失于义则近于道，是谓“驯致其道”。

六二：直方，大。不习，无不利。

“直”《说文》：正见也，即正视之意，与曲相对。解作正直。

“方”与圆相对，解作方正、有规矩。《礼记·深衣》：“以直其政，方其义也。”

《论语·子路》：“叶公语孔子曰：吾党有直躬者，其父攘羊，而子证之。孔子曰：吾党之直者异于是，父为子隐，子为父隐，直在其中矣。”父亲偷羊而儿子举证，孔子不以为“直”，而以中正于义为“直”。以孔子之言论可推之，“直”因人而异，因时而异。于子而言，父子之情高于君臣之义，故以父子之伦为准则，则“子为父隐”为子之“直”。由此可知“直”即行为中于义。“方”即行为方正，有礼节，讲规矩。

“直”为不曲于正义。“方”为进退有礼。“方”人之行为，可使人最终能“直”于正义。“直于义”往往依靠“方于行”，方能致成。“直且方”为君子之要求，中于义且言行有礼，即文质彬彬。

“直方，大”，君子之作为“直且方”，即君子中于义且言行有礼，如此可称之为“大”。

“不习，无不利”，“习”当作“袭”其意为重复。《礼记·曲礼上》：“卜筮不相袭”。

“不习”即“方而未直”或“直而未方”。“方而未直”者为进学之人，不明正义之所在，循礼渐进，其“直”可期。“直而未方”者，明正义之所在，言行未能循礼。二者皆为向善者，皆可进步于“直且方”，故曰“无不利”。

《论语·先进》：“子曰：先进于礼乐，野人也；后进于礼乐，君子也。如用之，则吾从先进。”译文：“孔子说：先在日常生活中全面深入践行礼乐而后明白道义、事理的是普通百姓。先学习道义而后再有机会践行礼乐的是当前君子一类的人。如果用这两种方式来教化人，我遵从百姓的方式。”

“方而未直”者即孔子所谓“先进于礼乐者，野人”。“直而未方”者即“后进于礼乐者，君子”。如果以此两种途径吸纳所有修习道义者于其中，可使教化大行，道义兴盛，故“无不利”。

此爻明“坤”道应中于义且能行为有礼，君子行教化民应当效法之。

《象》曰：六二之动，直以方也。“不习无不利”地道光也。

“六二之动”，言地之动也，比作君子之作为。

“直以方”即“以直而方”，地之动，中于道且行为有则、有序。君子之动，贞于道而有礼、有节。“直以方”，“直”而后“方”。

“地道光”，“地之道”即中正有节。“地道光”即世人或“直而方”或“方而直”，最终皆能致于中正有节，故曰“地道光”。

六三：含章可贞。或从王事，无成有终。

“章”应为“彰”，“彰”《说文》：文彰也，纹彩，引申为文采。

“含章”，蕴含文采。以地而言具“山、泽、陆、林”之形态为地之“章”。以君子而言具“温、良、恭、俭、让”之品格为君子之“章”。“含章”有“厚德”之意。

“可贞”，可以行其义。地之“可贞”在于可顺于天而承载万物。君子之“可贞”顺于道而弘道化民。“含章”为先决条件，而后可从义。“可贞”即可行“载物”之用。

“或从王事”，“或”不必之辞，君子“含章”若不逢时，则“安贞”守道，逢其时则“从事于王事”。“王事”者，即弘道化民。

“无成”，教民有成，道义光大，为“有成”，“无成”则反之。《论语·子路》：“子曰：苟有用我者，期月而已可也，三年有成。”

“有终”，虽于事或“无成”，但于君子修德而言为有得，故为“有终”。寓意“厚德”是“载物”之基础。

此爻明修养自身道德，才能治事，承担其道义。同时要积极进取，谋求弘道化民。

《象》曰：“含章可贞”以时发也。“或从王事”知光大也。

“以时发”，待时而发也。君子德智具备，待时机可以践行道义。即先“厚德”，待时机可以“载物”。

“知光大也”，“王事”为教化之大者，可光大道义。君子应时刻谨记弘道化民之职责，力行教民化民之事。换言之君子厚德应当积极谋求“载物”。

六四：括囊，无咎。无誉。

“括”《说文》：束也，即捆扎。

“囊”《说文》：橐（tuó）也，二字互训，即袋子、口袋。一说二者乃大小之别，“橐”大而“囊”小，一说二者乃有底无底之别，“橐”无底，“囊”有底。《淮南子·本经训》：“鼓橐吹埵（duǒ），以销铜铁。”《诗经·小雅·公刘》：“乃裹公侯粮，于橐于囊。”《道德经》：“天地之间犹橐籥乎？虚而不屈，动而愈出。”

“鼓橐吹埵”，“埵”鼓风箱之风管，则“橐”为鼓风之皮袋，依据其鼓风原理当有两个口，一为出风口，一为进风口。

考“籥”为竹管乐器，其口亦有两类，一吹气口，一出气口，“橐”与“籥”并用，可证其形制相仿，亦可证“橐”为两端开口。

“乃裹公侯粮”其中“公侯粮”即干粮，既然用来装“干粮”所以“橐”与“囊”皆不会太大，其体量亦相仿，不存在大小之别。由以上推之，“囊”应为有底之口袋。“橐”应为两端开口之口袋。

“括囊”即捆扎口袋之口，使其内物不出。此处以“囊”喻人，人之言行为“囊”中之物，括约人之言行，即君子慎言慎行以治事，此爻呼应“履霜”之意，皆有警戒谨慎之意。《论语·子张》：“子贡曰：君子一言以为知，一言以为不知，言不可不慎也。”一句话就可以察知君子之明智与否，所以说话要小心谨慎。《论语·为政》：“子曰：多闻阙疑，慎言其余则寡尤。多见阙殆，慎行其余则寡悔。”多听闻，有疑问的保留，小心说没有疑问的，则可少犯错。多见识有风险的别干，谨慎干没有风险的，则少后悔。君子以言行治事，欲不失于正，则须慎言慎行。

“无咎”，“括囊”非不言不行，为慎言慎行，不当之言，不当之行“括”之。言须及于义，行须于中于义。“无咎”即无过失、错尤。

“无誉”，“无”通“勿”。“誉”通“豫”，此处解作逸豫、安舒。《吕氏春秋·孝行》：“人主存，则名章荣，下服听，天下誉。”“无豫”即“勿豫”，不能放佚，不能安于逸豫。

此爻明君子治事必时刻保持敬慎之心，如此可保无咎。安于逸豫，则必有失。

《象》曰：“括囊，无咎”慎不害也。

“害”《说文》：伤也。“慎不害”慎言行则不伤于自身，不害于事成。

六五：黄裳，元吉。

“黄”《说文》：地之色，古代五正色，青、赤、黄、白、黑，其它杂色。青在东，于时属春；赤在南，于时属夏；白在西，于时属秋；黑在北，于时属冬；黄在中，于时属夏秋之交，阴阳变化之际。《礼记·月令》天子春“衣青衣”，夏“衣朱衣”，秋“衣白衣”，冬“衣黑衣”，于秋夏之交“衣黄衣”。古人以黄色为五色之中，以空间而言亦在东西南北之中。

“裳”《说文》：下裙也。“衣”《说文》：依也，上曰衣，下曰裳。夏商周时期，将衣、裳分为两部分，着于上身曰衣，着于下身曰裳。古衣长多至膝盖，衣之后裾或长至足部。裳，其先由前后两块布幅，系于腰间，后演变为今日之裙。下裳穿着时前幅先系于腰间，后幅再系于前幅之外，前后两幅扣合，裳下沿略高于脚踝。古人无今人之长裤，用较窄之布缠绕于腿上，由足至膝斜缠，或有数层之多，称窄布为“邪幅”。

《礼记·玉藻》：“无君者不贰采，衣色正，裳间色，非列采不入公门”。“无君者”，离开国邦者；“不贰采”，衣与裳不能是不同颜色；“衣正色”，衣必须用“青、赤、黄、白、黑”五正色；“裳间色”裳可杂色。“非列采”即非衣裳颜色有别，即衣与裳必须不同色。“入公门”，入政府机构，即不得从事公事。

以上考之，衣裳别色乃重其纹彩，君子从事于公务，亦重其“文”。“衣裳”为君子“文”之表征，比喻君子之文采，君子须具文采方能从“王事”。

君子之文采“温、良、恭、俭、让，宽、俨、惠、敏、信”，地之文采“山、泽、陆、林”。君子以文采而交接人，地以文采养鸟兽虫鱼，君子具文采能化兆民，以成就爱人之德，地具文采能养众生，以成就载物之德。

“黄裳”，裳在下，非衣服之主也。黄在中，可配“青赤白黑”而成“文”。“黄裳”可配“青衣”、“赤衣”、“白衣”、“黑衣”。“黄裳”取义“黄在中、裳在下”而能随时义配四色衣。比喻君子“守中道，持谦卑”而能随时义，以成其文采。“守中道，持谦卑”，君子文之质也。

“元吉”，“元”者，为始，为根本。君子“守中道，持谦卑”，以此行事，配合时义则治事易有功，故为根本之吉，为“元吉”。

此爻明君子行为贵在“中”。坤在乾与万物之中，顺乾而载物，坤必须能和合二者，方能成其功，故坤之“文”，即坤之行为态度必须“在中”。

《象》曰："黄裳元吉"文在中也。

"文在中也"，"中"中道也，上顺于道，下得于人，为"在中"。君子欲成"载物"之功必有其"文"，其"文"必顺于上而和于下。"黄裳"即为"文中"之象征。

上六，龙战于野，其血玄黄。

"野"《尔雅》：邑外谓之郊，郊外谓之牧，牧外谓之野，野外谓之林，林外谓之坰（jiǒng）。邑，指国都，国都以外每十里分界，依次称"郊，牧，野，林，坰"。《说文》解释"野"为"郊外"乃笼统而言。

"战"《说文》：鬭（dòu）也。

"鬭"《说文》：遇也。

"鬥"《说文》：两士相对，兵杖在后，象鬥之形。即争斗之斗。今天"鬭、鬥"皆简化为"斗"。"鬭"作"遇"解，有两相接合之意，"鬭畸眼"即"斗鸡眼"，鬭，为两瞳孔相对，畸，意思为偏差、偏斜，瞳孔不正。《左转·庄公十一年》："凡师，敌未陈曰败某师，皆陈曰战。"凡军队交战，敌人未摆开阵势将其打败叫做"败某师"，双方皆摆好阵势叫做"战"。以上推之，"战"有相接而后争斗之意。

"龙战于野"即"二龙战于野"，一为得时义之龙，一为失时义之"亢龙"。"亢龙"居位不退，故与得时义之龙争斗。"野"寓意得时义之龙出于"渊"而渐进于上。"亢龙"失时义，故必败。

"龙战于野"，寓意"坤"德者，懈怠于时义，则必与顺应时义者冲突，终究被替代。

"其血玄黄"，"玄"《说文》：黑而有赤色为玄，泛指黑色。"玄黄"即黑与黄。一龙之血为玄色，一龙之血为黄色。黑色为北方之色，代表正义衰微之色。黄色为中央之色，代表中正之色。玄龙比作失时义者，黄龙比作在中正者，二龙相争，即正邪之争，正必胜邪。

"玄黄"歧解甚多，于此证明之。《尚书·武成》："惟其士女，篚厥玄黄，昭我周王。"译文："那里的男男女女，用他们的竹筐装着黑色与黄色的丝帛来晋见周王，以此来显扬周王的中正之德。"此则故事讲武王伐纣成功，人民表达敬爱之情，以黑色与黄色的布帛作为晋见之礼，昭示武王以中正驱逐不义之功绩。其用词为“昭”，即是以“玄黄”昭示武王为战胜不义之中正者。

“玄黄”《尔雅》：病也，并非指身体病变，而是指精神有问题，如胆怯、慌张等。《诗·周南·卷耳》：“陟（zhì）彼高岗，我马玄黄。”译文：“登上高高的山脊，我的马神态紧张。”马身临险境必然紧张，故此处“玄黄”应为紧张之意。紧张为“玄黄”引申意，“玄黄”之象征意义为：以中正之德征于不德、不义。于马而言从命为中正，恐惧不前为不义，从命犯险故为“玄黄”。

由上可证“玄黄”为中正与不义之象征。

“龙战于野，其血玄黄”，中正者与失时义者冲突，身皆受伤。

此爻明君子治事，不可自得，明察时义，不懈进取。慢于时义，必被淘汰，居功自恃，灾必逮夫身矣！

《象》曰：“龙战于野”其道穷也。

“其道穷也”，慢于时义者道穷。

用六：利永贞。

“用六”，六为阴数之在中者，其德为和中，故“坤”在数为六，故曰“用六”。此处为占筮遇《坤》卦变为《乾》卦之占辞。即筮卦遇《坤》变《乾》，用“利永贞”解卦。

“利永贞”，永远保持中正。

君子治事与时俱进，中正于道义。

《象》曰：“用六永贞”以大终也。

“大终”即功业与德业皆能得善果。

第三卦　屯 ䷂ 坎震

元亨，利贞。勿用有攸往，利建侯。

“屯（zhūn）”《说文》：难也，象草木之初生，屯然而难，即艰难之意。《屯》卦为君子弘道化民之始。

“元”，此处为始，为根本。

“亨”，可致通达。

“利贞”，秉持贞正而行则有成。

“侯”《尔雅》：君也，即君王，此处指候国。

“建”《说文》：立朝律也，建立朝廷律例。此处为建立之意。

“建侯”即建立候国。

“勿用有攸往”，《屯》之时君子于未开化之所在谋求弘道化民。起始必以随顺众人为主，择机取信于人，继而谋求和同于人。君子所有举措必须以民情为依据，不能以主观愿望从事，即“勿用有攸往”。

“利建侯”，利于建立候国，可以凭借国家体系弘道化民，“建侯”是光大教化的最佳途径。寓意君子弘道当有所凭借。

《彖》曰：刚柔始交而难生，动乎险中，大亨贞。雷雨之动满盈，天造草昧，宜建侯而不宁。

“刚”为愚昧之民众。“柔”为有道之君子。

“刚柔始交”即君子与民众开始交接往来，此君子弘道化民之始。

“难生”，“生”《说文》：进也，象草木生出土上。“难生”即难以上进。彼时民智蒙昧，君子欲发明民智，一时难行，故曰“难生”。

“动乎险中”，即君子以明入暗，以智化愚，以势单谋于势强，是君子犯于险也。

“大亨贞”即“大亨以正”。《易》卦辞为“元亨，利贞”之卦有：《随》、《临》、《无妄》，其《彖》释为“大亨贞”或“大亨以正”。所以依例推知此处“大亨贞”即“大亨以正”。

“大亨”即“元亨”，从根本上保证事业通达，必须秉持贞正而行，即“大亨贞”。解释“元亨，利贞”。

“雷雨之动满盈”，“雷”比喻君子之动，行教民之事。“雨”比喻君子之教化，以德润民。“满盈”雷声与雨水盈满天地之间，比喻君子行教以道义泽润万民。

“天造草昧”，“造”《说文》：就也。《尔雅》释为“为”。为造就、成就之意。“草”应为“屮（chè）”，“屮”《说文》：草木初生也。有“幼小”之意，此处指事物之初始。“昧”《说文》：昧爽，且明也。即天将明之际，此处比喻文明初始、人智初开。

“天造草昧”即上天成就幼小与蒙昧者，使之壮大、文明。

“宜建侯而不宁”，“宁”应为“贮（zhù）”，二者古时通用。“贮”《说文》：积也，即积藏、储积之意。

“宜建侯而不宁”，君子谋求为人主，谋求“建侯”目的在于弘道化民，而不应当在于自利。“不贮”即不积藏为私有，即君子“建侯”旨在使“草昧”者同化于道义，而非为主宰民众以自利。即立国为公，执政为民之意。

“雷雨之动满盈，天造草昧，宜建侯而不宁”，上天以雨水滋养万物，而上天并无所求。君子者当效法上天，建立国家、教化，以道德滋养民众，但不能以此谋求私利。

《象》曰：云雷，屯。君子以经纶。

“云”蕴含雨水，比喻君子之教化，蕴含德义。“雷”德为动，比喻君子行教化民。君子谋求以德义教民，故“云雷”为“屯”。

“经”《说文》：织也。织布的纵向丝线，横向为纬，经纬相成为织。织布必须先张纵向丝线，故《尔雅》解释为“基”，为起始之意。

《诗·大雅·灵台》："经始灵台，经之营之。"此处解作规划、筹划。

"纶"此处解作"整理、治理"。《诗·小雅·采绿》"言纶之绳"即"我整理他的钓鱼绳"。

"经纶"即规划、整理之意。《礼记·中庸》："唯天下至诚，为能经纶天下之大经，立天下之大本，知天下之化育。"这句话的意思为：只有至诚之人，方能规划、整理国家的纲领，确立立国之根本，管理天下之化育。这段文字当中"经纶"与"立"与"知"三者并用，其中"知"意思为管理、治理，推知"经纶"解作规划、整治。如此与"建侯"之意相合。

"君子以经纶"，君子规划如何"建侯"，整理"建侯"需要的条件。亦即筹备"建侯"以行教化。

初九：磐桓。利居贞，利建侯。

"磐桓"应为"般（pán）还（huán）"。"般"《尔雅》：还也。"般"《说文》：辟也，象舟之旋，象舟在水上旋转。"般"与"还"都有旋转、返回之意。《礼记·投壶》："宾再拜受，主人般还曰辟。"

"般还"即返回之意，此处指重复行事。

君子始行弘道化民之事，民众愚昧深固，不能一时接受、理解君子之教化，故君子应反复劝教，故曰"磐桓"。

"利居贞"，"居"此处为"蓄养"之意。"居贞"即蓄养正气。《诗·小雅·巧言》："为犹将多，尔居徒几何？"民众一时不能顺从，君子应逐渐教导，不断蓄养正气，如此最终可以有成，故"利居贞"。

"利建侯"，谋求君王之位，谋求以国家体系弘道化民，如此才能广大教化、光大道义。

此爻明初始行教必然多费少得，但要不断进步，要谋求于高远、广大。

《象》曰："虽磐桓"志行正也。以贵下贱，大得民也。

"志行正也"，"磐桓"不为过，事之必然。文明肇始，愚昧深固，君子反复教民以道义，是"志在使民众行于贞正"。

“以贵下贱，大得民也”，此处所谓“贵”指君子，谋公利者为“贵”，谋私利者为“贱”，为小人。儒教中不存在社会人格的高低贵贱之别。君子即守道德、讲礼义、谋求公德、公利之人。小人即不明礼义、不守道德，谋求私利、不计公德之人。小人可以教化为君子，君子失其本分则变为小人。

君子以能教于不能，以德亲于不德，故能使民众信服、顺从，可“大得民”。

六二：屯如邅（zhān）如，乘马班如。匪寇婚媾，女子贞不字，十年乃字。

“邅”《说文》：趁也，引申行进艰难之貌。《楚辞·哀时命》：“车既弊而马疲兮，蹇邅回而不能行。”

“乘”《说文》：覆也，压覆之谓也。“乘马”此处比喻御民。

“班”《说文》：分瑞玉也。此处为分开、决裂之意。《左传·襄公二十五年》“男女以班”，“班”即分列。

“寇”《说文》：暴也，强暴者、入侵者、敌人。

“婚”《说文》：妇家也，古礼：娶女子昏时，妇人阴也，故曰婚。“姻”《说文》：婿之家也，女子所以因依也，故曰姻。

“媾”《说文》：重婚也，互为婚亲，姻亲，即今之换亲。

“字”指人之表字，此处作动词解为“取字”。男子取字代表成人，女子取字代表许嫁。《礼记·曲礼上》：“男子二十，冠而字；女子许嫁，笄（jī）而字。”

“屯如邅如”，“邅如”即行进艰难的情状，治“屯”如同行进艰难的情形。寓意“刚柔始交难生”为事理之必然。

“乘马”，人强行乘马，比喻强行驾驭民众。

“班如”即分裂的状况，君子与民众分离、决裂。教化之初，君子德信不足以使民众顺从，强“乘”之则有决裂之害。如同马未驯服，强乘马必掀人于马下，马失而人伤。

“匪寇婚媾”，寇者，敌我之谓，“匪寇”即非为敌人。“婚媾”，我即汝之姻家，汝即我之姻家，我又为婚家，汝亦为婚家。君子与民众非敌我关系，而是婚媾关系。君子给予民众以道德，君子同时应接纳民众之风土人情，如此为义。君民互相取信、交流，是为“婚媾”。“婚媾”者，比喻君子和同于民众。

“女子贞不字，十年乃字”，《礼记·内则》：“女子十年不出，十有五年而笄（jī），二十而嫁，有故，二十三而嫁。”可知古时女子从十岁起不能随意外出，在十五岁之时许嫁并“笄而字”。此处所谓“不字”当指女子未能许嫁，言外之意不同意与君子“婚媾”。“贞”此处解作“占筮”，女子通过占筮决定不嫁于君子，寓意女子不信从君子，亦表明时机未成熟。“十年乃字”即十年之后同意嫁给君子，寓意君子要经过不懈追求方能感动其人。

此处用“女子”比喻民众，以“贞不字”比喻未能信服、顺从君子。“十年乃字”比喻最终归顺君子。“十”为数之极，“十年”言取得其人信从必经历一较长时间，并非确数。

此爻明初始行教之难，不可急于求成，否则有失，当不懈追求，最终可以赢得“女子”归。

《象》曰：六二之难，乘刚也。“十年乃字”反常也。

“乘刚”即教化愚昧、不顺从之民众，君子欲御民以正道。

“反常”，“反”应为“返”，古时二者通用，《左传·宣公二年》：“亡不越竟，反不讨贼。”“返”《说文》：还也，复也。“常”《尔雅》释为法则、常规、规律，此处为正道之意。“反常”返归正道。

六三：即鹿无虞，惟入于林中，君子几不如舍，往吝。

“即”《尔雅》：尼也。尼《说文》：从后近之。此处为追逐之意。《左传·昭公二十一年》：“华氏北，复即之。”

“即鹿”，追逐鹿，此处比喻君子追求教民有成，追求“建侯”有功。

“虞”司山之官，掌管山泽禽兽者。此处比喻了解民众情况之人，可以辅助君子建立功业。“虞”亦泛指所有职事不同的官员。

“吝”《说文》：恨、惜也。错未大成，小有失而憾惜。“悔”《说文》：悔恨也。错至大成，事至于败而怨责。

“惟入于林中”，“惟”通“唯”作“仅仅、只是”解。“林”比喻社会，仅仅只是进入民众之中。

“君子几不如舍”，“几”《尔雅》：近也。靠近、接近之意。君子靠近亦是徒劳，不会有得，不如舍弃。

“往吝”，坚持凭借一己之力，执意而为，最后徒劳无功，唯有吝惜。

“即鹿无虞，惟入于林中，君子几不如舍，往吝。”君子没有虞官帮助而去追逐麋鹿，只是入得丛林而已，纵然能靠近猎物，但终究不能猎获，如此还不如放弃，如果执意而为，徒劳无功，唯有吝惜。

寓意君子来到民众当中，欲弘扬道义，但如果不依靠了解群众的人来帮助，贸然行事，必定劳而无功，唯有吝惜。

此爻明欲取得弘道化民之成果，必须依靠众多熟悉情况者的帮助，以此深入了解民情，而后制宜，不然徒劳无功。

《象》曰：“即鹿无虞”以从禽也，君子舍之。“往吝”穷也。

“从”《说文》：随行也。此处解作追赶，《孙子·军争》：“佯北勿从。”

“禽”《说文》：走兽总名。即走兽总称。

“从禽”即追逐走兽。此处比喻不讲策略、方法去猎取禽兽，结果只能劳而无功，故“君子舍之”。

“穷也”，“即鹿无虞”之方法不能通行，“穷”即阻塞不通。

六四：乘马班如。求婚媾，往吉，无不利。

“乘马班如”，君子不可遽然使民众信服、顺从，强行御民于正道，则有决裂之忧。故以婚姻取信之、和同之。

“求婚媾”，此处指民众求与君子“婚媾”。民众主动“求婚媾”，寓意民众愿意与君子交流。

“往吉，无不利”，君子在民众信从基础之上开展弘道化民之事业可致吉。“无不利”君民两得。

此爻明君子弘道化民当调动民众之积极性，如此则“无不利”。

《象》曰：“求”而“往”，明也。

“明”《尔雅》：朗也。明朗、光明之意。

民众信服君子，愿意与之交往，君子因此可深入、广泛的弘扬道义。君民交流是教化施行之始，如此则民智渐开，社会文明可待。“明”此处指人文将明，道义将光大。

九五：屯其膏。小贞吉，大贞凶。

“屯”此处解作困于、难于。

“膏”《说文》：肥也，有肥美、丰硕之意。《国语·晋语》“不能为膏，而祇（qí）罹咎。”

“屯其膏”，一时难以使民众道德丰盈。彼时君子难以使人民道德多积，因为民众愚昧深固，道德不能迅速丰满，此亦事理之必然。所以“小贞吉，大贞凶”。

“小贞吉”，使民众从小节、小事、小义开始守正，逐渐可以丰满其道德。“大贞凶”，如果直接从大节、大事、大义着手，使民众遽然就道，则必然有“乘马班如”之“凶”。故“小贞吉，大贞凶”。

此爻明弘道化民不可操之过急，不断蓄养正气，从微小处着手整治，如此能不断进步，最终弘道能成。

《象》曰：“屯其膏”施未光也。

“施”指君子宣扬道德，施行教化。

“施未光也”，君子之教化未能光大，道德未能著于民心。

上六：乘马班如，泣血涟如。

“泣”《说文》：无声出涕曰泣。涕者目液也，即泪水。此处指无声哭泣，内心极为忧伤之表现。

“涟”《说文》：澜也，水之大波。“涟如”即“如涟”，“涟如”泪流不止之情形。

“涕”之出，忧于心也，“血”之出，伤于身也。“泣血”身心俱伤，比喻忧伤至极。《礼记·檀弓上》：“高子皋之执亲之丧也，泣血三年，未尝见齿，君子以为难。”译文：“高子皋居丧，身心伤痛三年，很少张嘴说话，君子都以为难为。”

“泣血涟如”，君子御民不当以致身心有伤。

此爻明君子行教化民不得其正道，虽立心良善，不能善成，空有“泣血”之伤。

《象》曰：“泣血涟如”何可长也？

“何可长也?”，“乘马”不得其法，御民不得其道，徒忧伤，而不可致长远。

第四卦　蒙 ䷃ 艮坎

亨。匪我求童蒙，童蒙求我。初筮告，再三渎，渎则不告。利贞。

“童”应为“僮”，“僮”《说文》：未冠也。即未加冠的少年。古时男子二十加冠为成人。

“蒙”应为“冡（měng）”，“冡”《说文》：覆也。“冡”《尔雅》：奄也。“奄”《说文》：覆也。故“冡”为“覆盖”之意，引申不明、未开化、愚昧。《蒙》卦讲君子去人蒙昧之事。

“童蒙”即指德智未明之人。

“筮”《说文》：易卦用蓍（shī）草。引申为占卦、占筮。古人有疑问、不明之处，占卜求于神明以决疑。占筮之要旨在于有疑问之人要主动，其次求教者要心怀诚敬。君子教人亦要察此，不然徒劳无功。

“渎”应为“嬻（dú）”，《说文》：媟（xiè）嬻也。“媟”《说文》：嬻也。即今之“亵渎”，即轻慢、不尊敬。

“亨”君子不断去除民众之蒙昧，则世人明智，则文明永葆昌盛，故治“蒙”为通达之道，为“亨”。

“匪我求童蒙，童蒙求我”，治蒙之道必待“童蒙”主动求教，君子若主动教导其人，必大费而少得，甚而徒劳无功。此为治蒙之原则。

《论语·述而》：“子曰：不愤不启，不悱不发。”译文：“教育学生不到他苦思不得其解的地步不要去教导他，学生不主动思考不要进一步再去给他阐发。”再有《屯》卦中民众“求婚媾”则“无不利”。可见求学者主动求教乃是教人之原则。

“初筮告，再三渎，渎则不告”，初次求教则明告之，其人不信，再三求问，则不予理睬。因为心不诚敬才会再三求告，如此是为亵渎。求教者要心怀诚敬是为求学之原则。

“利贞”去人之蒙，发人之明，必教之以正理、正义、正道，不然则害人，则祸道。

《彖》曰：“蒙”，山下有险，险而止，蒙。“蒙，亨”以亨，行时中也。“匪我求童蒙，童蒙求我”志应也。“初筮告”以刚中也。“再三渎，渎则不告”渎蒙也。蒙以养正，圣功也。

“山下有险，险而止，蒙”，艮为山，坎为险。山之德为止。险指伤害民众之险恶事物，譬如邪僻。民众蒙昧故身临险境而不知，君子发明其智慧，民众因而明智、明理则不以身犯险，是“险而止”，故为“蒙”。君子治蒙可以“止人犯险”。

“以亨，行时中也”即“蒙之亨，因为君子行事以中为准则”。“以亨，行时中也”即“行时中以亨”之倒装。“行”即作为、治事之意。“时”通“是”，解作“以为是，以为准则”，“时中”即“以中为是，以中为准则。”

“志应也”，民众思进，君子志在弘道化民，君民之志相应。

“以刚中也”，“刚”为求教者。愚昧者求教于有识者，是明智之行为，是上进之始，是中于义之行为。所谓“中”即符合进学之道。

“渎蒙也”，求教者心不诚敬，亵渎治蒙者。

“蒙以养正，圣功也”，此句释“利贞”。去人之蒙，发人之明，必教之以正理、正义、正道，如此可成就使民众德智明通之功业。

《象》曰：山下出泉，蒙。君子以果行育德。

“泉”《说文》：水源也。

“泉”比作正道。“山”之德为止。君子治蒙当予人以正道，同时止其为非。民众能行于正道则可致远，功德无限，如泉水之无穷而致远。君子止其为非可以保证其人得于正道。如此为“蒙”。

“果”此处解作果决、果断，“果行”即君子果断制止民众之愚昧，不容许其滋长。“育德”培育道德。“果行育德”即君子果断制止民众之愚昧，以此培养道德。

初六：发蒙，利用刑人，用说桎梏以往吝。

“发”《说文》：射发也，引申启发、打开。

“刑”《说文》：罚罪也。即惩罚罪过。

“刑人”即惩罚犯罪者。

“桎”《说文》：足械也。

“梏”《说文》：手械也。“械”《说文》：桎梏也，木制刑具以束缚手脚。

“说”应为“脱”此处为“去掉、解下”之意。

“发蒙”即启发蒙昧者，此处指开始教导蒙昧之人。

“利用刑人”，利于处罚犯过失者，寓意教导蒙昧者要树立规矩，对于违犯者要惩戒之。

“用说桎梏”，解除对蒙昧者的手脚约束，寓意对修习者不加严格管束。

“以往吝”，如果不能对蒙昧者进行约束，任凭其恣意而为，则终有不美，有吝惜，故曰“以往吝”。

此爻明治蒙要树立规则，对违规者要进行处罚，同时不能放松必要的管束，否则必有失。

《象》曰：“利用刑人”以正法也。

“以正法也”，确立规矩，亦即确立规则的权威，使蒙昧者服从。

九二：包蒙吉，纳妇吉，子克家。

“包”《说文》：子在妊中，引申包容、包含之意。

“克”《尔雅》：胜也。即胜任、能之意。

“包蒙”即治蒙者包容求学者，耐心教导同时给予改正过错的机会。

“纳妇吉”，“纳妇”此处指纳妇之礼，即男女成婚礼，即“纳采、问名、纳吉、纳征、请期”。

“纳妇吉”，寓意治蒙者应当遵循客观规律，循序渐进以教导蒙昧者，如同行“纳妇”之礼步骤井然，如此方能致吉。“纳妇吉”即“以亨，行时中”之意。

“子克家”，“子”比喻继承君子之道者，“克家”即可以齐家。“子克家”教子有成而可以承家，寓意治蒙者以使蒙昧者继承道义为目的。“子克家”同时寓含治蒙者当怀父母之心，持久以行教之。

此爻明君子如何治蒙。

《象》曰：“子克家”刚柔接也。

“接”《说文》：交也。此处为交接之意。

“刚”即蒙昧者。“柔”即治蒙君子。

“刚柔接”，蒙昧者修教有成，是蒙昧者顺从治蒙者教化之结果，故曰“刚柔接”。

六三：勿用取女。见金夫，不有躬，无攸利。

“取”即“娶”，“取女”即“娶妻”。

“勿用取女”，男求女为婚姻，男子应主动。《礼记·昏义》：“父亲醮（jiào）子而命之迎，男先于女也。”“勿用取女”寓意治蒙者不应主动谋求前往教化蒙昧者，而是等待其人来求教，故曰“勿用取女”。

“金夫”此处指治蒙者，形容君子德行高尚而尊贵。《左传·昭公十二年》：“思我王度，式如玉，式如金，刑民之力，而无醉饱之心。”译文：“念及我王的为人风范，如玉般温和，如金般尊贵，根据人民的力量来作为，自己不敢有醉饱的贪逸思想。”《诗经·卫风·淇奥》：“有斐君子，如金如锡，如圭如璧。”译文：“有文采的君子，品德如金如锡般高贵，如圭如璧般美好。”

“躬”《说文》：身也，“躬”此处有“弯身”之意。“有躬”此处意思为行礼，弯身致敬。《管子·霸形》：“桓公变躬迁席，拱手而问。”

“见金夫，不有躬”即妇人见到“金夫”而不弯身行礼。寓意君子不教授内心没有诚意而行为无礼的人。

“无攸利”即教授没有诚意、不懂尊敬的人，不会有收获。心不诚敬则必学无所成，君子徒劳无功。

此爻明治蒙应让蒙昧者主动求教，对于行为不能谦卑有礼者，君子即便教导亦不能有功。

《象》曰：“勿用娶女”行不顺也。

“行不顺”，有德者主动往求无德者而教化之，不合人情事理，故曰“行不顺”。

六四：困蒙，吝。

“困”此处解作困于。

“困蒙”即君子困于治蒙。治蒙要求蒙昧者主动求教，要心怀诚敬。蒙昧者不信从，不主动，则远于君子之教化，为“吝”。

此爻明治蒙有“吝”。

《象》曰：“困蒙”之“吝”，独远实也。

“独远实”，“实”《说文》：富也，富实之意。此处指德高智明。蒙昧者不能顺从教导，独行而远离明慧。

六五：童蒙，吉。

“童蒙”即从幼小之时进行正义教导，则容易造就，故“吉”。

儿童易于顺从治蒙者，容易教成。

此爻明治蒙及时则会事半功倍。

《象》曰：“童蒙”之“吉”，顺以巽也。

“巽”《说文》：具也，具《说文》：共置，引申齐备之意。“巽”此处为完备之意。

“顺以巽也”，治蒙者应使受教者逐步顺从教导，最终能完全行于正道。“顺”而后“巽”为事理之必然。

上九：击蒙。不利为寇，利御寇。

“击”此处为“攻击”之意，《说文》释“攻”为“击”。

“寇”《说文》：暴也。“暴”《尔雅》：强也。

“为寇”即为敌。“御寇”即抵御敌人。

“击蒙”即与愚昧、不德做斗争。

“不利为寇，利御寇”，治蒙者不能把蒙昧者作为敌人来攻击。治蒙者与蒙昧要共同一致攻击不德、不义等思想与行为，视不德、不义为共同敌人。

此爻明治蒙要时刻明确目的为去除非义，而非攻击个人。

《象》曰：“利用御寇”上下顺也。

“上下顺也”指治蒙者与蒙昧者和顺，视不义、不德为共敌，二者为师为友。

第五卦　需 ䷄ 坎乾

有孚、光、亨，贞吉。利涉大川。

“需”《说文》：须也，遇雨不进，止须也。“须”《说文》：待也，期待之意。“需”由“有所期待”引申为需求、欲求之意。《需》卦为君子治民之需，养民之事。

“孚”《说文》：信也。

“光”《说文》：明也。《尔雅》释为“昭、显”。此处指君子之事业光大。

“有孚”，君子治民需可取信于人，即君子德行孚众。

“亨”，治民之需为君子弘道化民之基础工作，可保证君子之事业亨通。

“有孚、光、亨”，君子治民之需，可以取信于人民，可以光大君子之事业，可以使君子弘道化民之事业亨通。

“贞吉”，君子治民之需应遵循客观规则行事，如此则“吉”。

“利涉大川”，利于涉越大河，比喻君子治民需应广泛、深入推行。

《彖》曰：“需”，须也，险在前也，刚健而不陷，其义不困穷矣。“需：有孚、光、亨，贞吉。”位乎天位，以正中也。“利涉大川”往有功也。

“须”《说文》：待也，期待之意。此处引申为需求、欲求。

“险”指坎而言，此处意思为“困难”，指养民，解民之需。

“刚”指君子意志刚强。《易》中“刚柔”有两种含义：其一，“刚”为不德者、小人；“柔”为君子、有德者。其二，君子、有德者意志“刚”；小人，不德者意志“柔”。

“险在前也，刚健而不陷，其义不困穷矣”，虽然解民之需有其困难，但君子意志刚强，行为勇壮则一定不被困难所阻陷，因为从道义上来讲治民之需符合天道，所以不会至于困穷。言外之意虽然困难但一定会得到人民的拥护以及上天的保佑。

“位乎天位，以正中也”，君子治民需之行为，符合上天之作为。天使云行雨施、季节流行，可以滋养育成万物。君子治民需，能以资粮养天下人民。二者同功。天有常而人信，君子有恒而民信；天道因育成万物而光大，君子养育万民而君子之道亦光大。天道亨通，君子之道亦亨通。天道贞正，君子治事亦秉持贞正。故曰“位乎天位”。“以正中”，正行以中义，即君子治民需以践行其养民之义。

“往有功也”，所谓“有功”在于解决民众之基本需求，可以保障、促进君子弘道化民之事业。

《象》曰：云上于天，需。君子以饮食宴乐。

“云”比喻君子养民教民之事业。“天”德为“健”。“云上于天”比喻君子强健推行养民之事业。“云上于天”可施雨养万物，君子力行其事业可养兆民。

“宴”《说文》：安也。即安适、安乐之意。

“乐”《尔雅》释“愉、悦”为乐。

“饮食宴乐”，君子治民众之饮食，从而可保障民众生活安乐。

初九：需于郊，利用恒，无咎。

“恒”《说文》：常也，即法则、规律之意。《诗·小雅·天保》：“如月之恒，如日之升，如南山之寿。”“恒”指月相变化规律，月亮圆缺一次为一月，故为“常”。古人以月历为参照编制历法，指导农业生产。“恒”此处指时节、节气。

“郊”《说文》：距国百里为郊。《尔雅》：邑外为郊。即距离城邑十里之内为郊。推测应该以《尔雅》解释为准。古人农耕以人力、畜力为主，如果农田距离城邑太远则不方便耕作，所以“郊”应该指城外十里范围之内。此处泛指郊外农田。

“需于郊”，君子解民众饮食饱暖之需，率民众务农桑于郊野。

“利用恒”，务农桑必依时节而动，故“利用恒”。“恒”天之常也，节气、寒暑也。

“无咎”，君子依天时而务农桑，丰欠由天，君子无咎，君子行常道而矣。

此爻明解民众衣食之需，根本之道在务农桑。

《象》曰：“需于郊”不犯难行也。“利用恒，无咎”未失常也。

“犯”《说文》：侵也。

“犯难行”，挑战困难以做事。

君子依天时，用民力耕作于郊野，是最为基本且易行之谋食手段。所以说是“不犯难行也”。

君子依时节率民众务农桑于郊野，解民众饮食饱暖之需，是顺天道而行，故曰“未失常”也。

九二：需于沙，小有言，终吉。

“沙”即沙河，颍水支流，又名濦水。古颍水在流经今河南省周口市境内时分流为沙河。经淮阳县南向东南流至今安徽省怀远县南注入淮河，今大部分已堙。今仍有沙水名为沙颍河。《尔雅》释“颍”为沙，亦指沙河。沙河大部分在河南境内，一部分在安徽注入淮河。故推测沙河应当大部分或全部流经当年作《易》者所在之国。

“需于沙”，治理沙河以防水患，引沙河之水灌溉农桑。“需于郊”是解决衣食的基础，“需于沙”是解决衣食的保障，前者是顺天命，后者在尽人事。君子认为养民之道在“顺天”，是为存身立命之基础，并不能使人民“安乐”，只有“尽人事”才能使人民的生活有保障，才能达到“宴乐”的地步。“治理沙河以防水患，引沙河之水灌溉农桑”，这样才能旱涝保收，民众之“需”方能有保障。

“小有言”，治理沙河，兴修水利是“犯难行也”，故于人略有微词，于事略有周折。君子治水需动全民之力，民众愚昧往往见利而后动。防水患是防于未然，治水利图于保障，民人不能先见其利所以“小有言”，最终民众受其益，故“终吉”。

此爻明要从根本上解民之“需”在于兴修水利，在于尽人事。

《象》曰：“需于沙”衍在中也。虽“小有言”以终吉也。

“衍”《说文》：水朝宗于海也，即水循河道流汇于海。此处解作“根据地势治理河道使之顺畅”。

“衍在中也”同于“利用衍”。意思为：“根据‘水朝宗于海也’的道理来治理沙河，使水为农桑之用，又不使泛滥成灾。”

虽“小有言”以终吉也。虽然民众“小有言”，因为君子有“需于郊”之功，所以君子“有孚”于民，故“需于沙”能行、能成。“需于沙”功成，而后民人生活安乐，故曰“终吉”。

九三：需于泥，致寇至。

“泥”《说文》：泥水，泾水支流，出北蛮中郁郅郡。可参考马莲河，柔远河。郁郅郡即今甘肃庆阳县。泥河流域在商代或为鬼方等少数民族之势力范围。鬼方等少数民族侵扰商朝边境，在《易》中有“高宗伐鬼方”的记载。

“需于泥”，我方民众日益增多而需要不断扩大土地疆域。如此新开发区域远离我中心防御力量，如此则有敌寇之患。泥河即远离我中心城邑之区域。

“需于泥”，指君子欲保证广大民众“饮食安乐”，必须扩大生产土地面积。“需于泥”即开垦泥河流域之土地。

“致寇至”，新开垦区域远离中心防御力量，所以容易招致敌寇侵掠。

此爻明欲保证广大民众“饮食安乐”必须扩大土地面积，但敌寇侵扰是其忧患，须要妥善安排。

《象》曰：“需于泥”灾在外也。自我“致寇”，敬慎不败也。

“灾”《说文》：害也。古代“灾”有不同写法，火灾为“烖”、水灾为“災”、兵戈之灾为“㦲”，各有其字。此处指兵戈之灾。

“敬”《说文》：肃也，肃恭之意。

“慎”《说文》：谨也，小心谨慎之意。

“灾在外”，面临外敌侵扰。

“自我致寇”，“自”此处解作因为。因为我远离中心防御力量，而招致敌寇侵掠。君子者能明察于此而谨慎从事，有所防备，亦可立于不败之地。

六四：需于血，出自穴。

“血”此处应为“恤”，恤《说文》：收也，即赈恤、体恤、关爱之意。

“需于血”，民众不仅需要衣食之需，还需要精神上的关怀。社会管理者应谋及于此。

“穴”《说文》：土室也。此处指君子之家。夏商时期一般民众多居住在平地起建或半地穴式的房屋里。半地穴式的房屋室内地面低于室外从半米到两米不等，房屋的墙壁用土夯筑而成，厚度多在半米至一米之间。一般所谓古人“穴居”大多是指这种土室。

“出自穴”，对民众之关爱应该出自君子之家，此处寓意掌国家教化者应当关爱天下人民。亦即国家有义务给予民众精神上的关怀。“自穴”指君子之家，寓意朝廷。

“需于血，出自穴”，体恤民众是君子的必要职责。可以赢取民众之敬爱，使上下亲和。

此爻明给予民众精神上的关爱，是掌教化者之必要职责。

《象》曰：“需于血”顺以听也。

“听”此处为“治理、管理”的意思。《荀子·王霸》：“士大夫分职而听。”

君爱民，民敬顺，如此则天下治矣！亦即君子仁爱以治国。

九五：需于酒食，贞吉。

“酒食”言饮食之美。民众有“酒食”之用则君子治需有成，养民有功。

“需于酒食”，民众衣食丰足、生活安乐。

“贞吉”，衣食丰足、生活安乐，但不可奢侈淫逸，应守礼义。为人君者当养民教民兼用，使民众“仓廪实而知礼节，衣食足而知荣辱”。

此爻明富民为弘道化民之基础，但“富而好礼”方为至善。

《象》曰：“酒食贞吉”以中正也。

“以中正”，使民众富而知义，知义而行礼。

上六：入于穴，有不速之客三人来，敬之终吉。

“入”《说文》：内也，象从上俱下。“内”《说文》：入也，自外而入也。“入”与“内”都有“进入”的意思，区别在于“从上而下”与“从外而内”。由“入”可知君子所居“穴”为半地下“土室”。

“速”《尔雅》：征也，征，召也。

“征”《说文》：召也，行于微而闻达者即征之。即对于身份低微但声望闻达之人要召之于朝廷。“速”应为召请贤良之意。

“入于穴”即君子归于自穴，归家。此处君子之“穴”有“朝廷”之意。

“有不速之客三人来”，君子进入家中发现有几位未召请而自来的人。“三人”指多人，并不是确数。之所以说是“客”，表示来者并无恶行。既然不为盗寇，且先于主人到达主人之“穴”中，则一定是慕主人之名而来，有预谋之事要与君子说道。当此时君子显著区别于民众之处莫过于治“需”有功，德行昭著。“三人”一定是信孚于君子而前来归顺、辅助。“客”此处亦可以解作“门客”。

“有不速之客三人来”即“得道者多助”之意，亦是卦辞之“有孚，光，亨”之证。

“敬之终吉”，君子以礼待之为“敬之”，君子得辅助者，故“终吉”。

此爻明治需可得人助，即正义之事业必能壮大，亦即孔子所言

“德不孤必有邻”。

《象》曰：“不速之客三人来，敬之终吉”虽不当位，未大失也。

“虽不当位”，彼时君子未有君王之位，行君臣之事而无君臣之名，故曰“不当其位”。

“未大失也”，虽无君臣之名，能行君臣之义，能成教化之功，不违大义故曰“未大失也”。

第六卦　讼 ☰☵ 乾坎

有孚窒，惕、中吉，终凶。利见大人，不利涉大川。

“讼”《说文》：争也。此处指诉讼。

“窒”《说文》：塞也。引申为遏止、抑制。

“惕”《说文》：敬也。此处为敬慎之意。《左传·襄公二十二年》“无日不惕，岂敢忘职。”

“有孚窒”，民众必须信服君子，君子方能遏止争讼。

“惕、中”，君子治理诉讼当怀敬慎之心，同时要中正裁决。如此为“吉”。

“终凶”，争讼之事若晓之以义理，能化解则为善，争执不下，最终依靠强力裁决则凶，故曰“终凶”。

“利见大人”，“大人”为秉持中正者，“大人”处理争讼，明道义以化解纠纷，使争讼者信服。

“不利涉大川”，君子教民以德义为根本，以行政法制为保障，过度强化法治作用则是舍本逐末。所以君子治理讼事，以法治为手段，以弘扬道德礼义为根本，谋求从根本上息讼。“涉大川”即强化治理诉讼职能，是以君子不用。

《彖》曰：“讼”上刚下险，险而健，“讼”。“讼，有孚窒，惕、中吉”刚来而得中也。“终凶”讼不可成也。“利见大人”尚中正也。“不利涉大川”入于渊也。

“上刚下险”，乾为刚健，坎为险难。

“险而健”，君子以刚健临险难。社会争讼为险难之事，然君子以大道治讼，以天德处之，化险为夷，使归之于正。

“刚来而得中也”，“刚”指争讼者。“来”寻求君子判决诤议。“得中”君子晓之以情理而息讼，争讼者明义理。

“讼不可成也”，“成”即完成之意，指诉讼走到强力裁决阶段。讼事不能化解最终以行政手段强力断决，即使能依法公正裁决，能对违背义理者进行惩戒，然终究争讼者昧于正义，争讼行为有伤风化，为教化之失。故为“凶”。

“尚中正也”，治讼要以正义为标准，以法制为准绳惩戒不德、不义之行为，使争讼者得到公平、公正之处理。

“入于渊也”，“渊”《说文》：回水，水回旋而不进。比喻难以出离之境地。如果以诉讼作为化解民众争端的主要手段，那么民众争端就会陷入恶性循环，即无论法制如何健全总不能完全应对层出不穷的争端。最终导致社会道德破坏殆尽而社会争讼不能止。只有以德治为根本，以“不生讼”为目的，方为正道。法制只可作为辅助，不然则治理社会必“入于渊”。

《象》曰：天与水违行，讼。君子以作事谋始。

“违”《说文》：离也，背离之意。

“天”道上行，“水”道下行。君子制止争讼而使道义上行，是以“下”致“上”，以水道而成天道，为“讼”。

“君子以作事谋始”，民众之所以争讼，原因在于不明道理，不讲礼义。君子“谋始”，即使民众明理义，如此则可从根本上息讼。《论语·颜渊》：“子曰：听讼吾犹人也，必也使无讼乎！”斯之谓也。

初六：不永所事，小有言，终吉。

“永”《说文》：长也。《尔雅》：远也。引申为长远、深远。

“不永所事”，不用对各种诉讼做大量、详细的具体管理。言外之意要对产生“讼”的原因深入、细致分析，从道义上找出原因，然后用礼义道德从根本上解决。

不要对治理争讼投入过多行政资源。治讼只是辅助手段，宣扬礼义道德方才是“谋于始”，才能从根本上解决争讼。

“小有言”，君子治讼使民众明理、明义为首要，以约束、惩戒为次要。故君子治讼不完全追求以完备之法律对所有争讼进行精确处理，虽然于事有不美，但不违大旨，如此行事，最终可使社会和谐，家庭和睦，故为“终吉”。

退而言之，即便掌教化者谋求建立完善而健全的法治，其事亦难，仍难以避免“小有言”之不足。两相比较仍以“不永所事”为有利。

此爻明治讼之原则。

《象》曰：“不永所事”讼不可长也。虽“小有言”其辩明也。

“辩”《说文》：治也。“辡”《说文》：罪人相与讼也。所以“辩”之原意应为“治讼事”。

“讼不可长也”，“长”使盛大之意，指对争讼之具体事例作过多、过深的管制。即一味健全法制，完善司法，以治理诉讼。

君子教民以德为本，以“不生讼”为目标，“讼长、讼成”皆为教化之失。

“其辩明也”，君子治讼知本末所在，为“明”。虽人有微辞、事有不美，但此为天下事理之必然，不失根本，不违大义，终能致吉。

九二：不克讼，归而逋（bǔ）。其邑人三百户，无眚（shěng）。

“归”，返回。

“逋”《说文》：亡也，逃离之意，此处解作隐遁、潜隐。

“眚”《说文》：目病，生翳也。引申为过失。

“不克讼”即“不胜讼”，君子不能使争讼者回归道义，不能从根本上息讼。“不克讼”并非指不能解决某一争端，不能处置某一争讼者，而是从社会管理角度不能合理制止社会过多争讼。“不克讼”之原因在于教化未光大。

“归而逋”，君子不能制止争讼，其根本原因在于争讼者不明道义，未信从君子教化。故“不克讼”则君子应回归到宣扬道义上来，而不应以“治讼者”处之，更不能强化“治讼者”职能。

“逋”指君子潜隐其“治讼者”身份，“归”指君子归向“传道者”的职位。“不克讼”提醒君子道义未广大，未“有孚”于民，只有“归而逋”，再深行教化，才能“克讼”。“归而逋”是“行之不得反求诸己”。

“其邑人三百户，无眚”，“邑人三百户”言其地域小也。君子在小范围内深入推行教化，宣扬道义，如此可确保多数民众能信从道义，最终达到从根本上息讼的目的。“三百户”寓意君子应深入开展教化，确保民众信从道义。只有深入开展教化，才能最终使天下息讼，君子能如此作为则无过，故曰“无眚”。

此爻明“克讼”之根本在于深入宣扬道义，在于教化。

《象》曰：“不克讼，归逋”窜也。自下讼上，患至掇（duō）也。

“窜”《说文》：匿也，从鼠在穴中。此处有“归隐”之意。

“患”《说文》：忧也，引申为弊病，祸害。

“至”意为“极、最”。

“掇”应为“惙（chuò）”二者篆文形近。“惙”《说文》：忧也，忧虑。

“自下讼上”，“不克讼”这种情形的深层原因为民众不信从君子之教化，民众与君子有争议，称之为“自下讼上”。

“患至惙也”即“祸患使人极为忧虑”，人民不服从君子教导，这是君子行教极为忧虑之事。君子之职责为教民化民，如果人民不信服，不听从，可谓“大患”。

六三：食旧德，贞厉，终吉。或从王事无成。

“食”《左传·哀公元年》：“违天而长寇雠，虽悔之，不可食已。”“食”有“返回、再来、重做”的意思，引申为反悔、伪诈。《尔雅》释为“伪”。《管子·幼官》：“修春夏秋冬之常祭，食天壤山川之故祀，必以时。”其中“食”即为“重做”之意。

“旧”指“以前的，原来的”。

“食旧德”，君子“不克讼”，重新做宣道教民之工作。

“贞厉”，“厉”励也，“励”作也。君子遵循正义而作为，即遵循取信于人，和同于人而后使人顺从道义之规则行事，以此最终使民众信从道义，从而有效息讼，故曰“终吉”。

“或从王事无成”，“或”，不必之辞。“从王事”，此处指以“治讼”管理民众。“无成”即不能使民众和谐相处。寓意若一味强调以行政法治力量解决社会纷争，往往“无成”。此时应当深入推行道德礼义，方能解决“王事无成”之困境。

此爻明“治讼”应以教化为本，兼用政法，二者相得益彰。

《象》曰：“食旧德”从上吉也。

“从上吉也”，“上”指教民以德。无论君子有无权位，以德服人始终是君子的根本途径，行政法治为其次，为“下”。若民众皆能信从道义则社会“无讼”，故君子教民以德为根本，故曰“从上吉”。

九四：不克讼。复即命，渝，安贞，吉。

“渝”《尔雅》：变也。《说文》释为“水变污也”，亦有变意。

“复”《说文》：往来也，又曰行故道也。往而复来。

“命”此处指君子弘道化民之使命。

“安”《尔雅》：止也，宁也。

“即”此处为“从事，就于”之意。《列子·周穆王》：“昼则呻呼而即事，夜则昏惫而熟寐。”

“复即命”即“归逋，食旧德”。

“渝”即指君子“从王事无成”转而“食旧德”。由“治讼者”转变为“传道者”。

“安贞”，安于贞正。即教民遵从以德化民的常则，立身不失君子之义。

“不克讼。复即命，渝，安贞，吉。”即掌国家者不能有效制止社会争讼，则回归到宣扬教化上来，深入弘扬道义。君子此时回归“传道者”身份，安于贞正，可致吉。

“复即命”为工作方向调整。“渝”自身定位调整。“安贞”为立身、治事之准则。做到此三者则“吉”。

此爻明如此应对“不克讼”。

《象》曰：“复即命，渝，安贞”不失也。

“不失也”，不失于弘道化民，不失君子之义。

九五：讼，元吉。

“元”《说文》：始也。

“元”此处指治讼要“谋于始”，从道义层面解决，不生讼为上，如此为“吉”。

此爻明治讼之根本。

《象》曰：“讼，元吉”以中正也。

“以中正也”，合乎其义，治讼而吉，为“中正”。

上九：或锡之鞶（pán）带，终朝三褫（chǐ）之。

“或”代词，指因讼事而信服于君子之人。

“锡”《尔雅》：赐也。“赐”《说文》：予也。给予，赐予。

“鞶”《说文》：大带也，以革为之也，即束腰之装饰皮带。

“朝”《尔雅》：早也，早晨。“终朝”，一个早晨的时间之内。

“褫”《说文》：剥衣。引申为脱去。

“锡之鞶带”即君子治讼而大得民望，人民赐予鞶带表示尊重。

“终朝三褫之”即一个早晨的时间内君子多次解去鞶带。说明拜访君子者人数众多，以至于君子一个早晨的时间内多次系上、解去鞶带。君子视鞶带为民众之信任，所以系在身上示人。

“或锡之鞶带，终朝三褫之”，君子并不以为荣，因为只要人民有讼事即是教化之不足。由君子系上、解下鞶带可见君子之明哲。

此爻明治讼事成功，人民信服君子，于君子而言治讼则是末技，“讼长”则表明君子道业有失。

《象》曰：以讼受服，亦不足敬也。

“服”信服、服顺。《楚辞·天问》：“舜服其弟，终然为害。”

“以讼受服，亦不足敬也”，因为治理诉讼而接受民人的顺服，不值得尊敬。对君子弘道化民而言，以德服人为上，而治讼为下，故曰“亦不足敬也”。

第七卦　师 ䷆ 坤 坎

贞，丈人，吉，无咎。

“师”《说文》：二千五百人为师，凡军旅皆称师。

“丈”应为“支”二者篆体形似，“支”《尔雅》：载也。引申为“支撑、承载”。

“人”此处指人民，《孟子·告子下》：“先名实者，为人也。”

“支人”即承载人民的安全，亦可以说保护人民生活安全。

传统版本作“丈人”，解释为“有德之长者”。首先“丈人”在古代多指老年男子，并没有尊贵贤明的意思。其次若解释为“丈人统领军队则吉”，《师》卦没有这一层意思，且与“长子帅师”矛盾。“长子”未必是“丈人”。“丈人吉”也不合乎常理，“师”之吉在于得民心，在于名正言顺，在于兵将上下齐心。周武王并非“丈人”率师伐纣而一举成功即是明证。《子夏易传》作“大人”，更是想当然。《易》中只有《困》卦卦辞有“大人吉”，《否》卦九五爻有“大人吉”，且都指在艰难困顿之中“大人能吉”，从中可知“大人”之特征在于道德高尚，能力卓越。此处写作“大人吉”与大人德行丝毫无涉。《子夏易传》必伪书也！

“贞，丈人，吉，无咎”，军队必须能维护正义、公利，保护人民安全，如此则吉，反之则“有咎”。

《彖》曰：“师”众也，“贞”正也。能以众正，可以王矣。刚中而应，行险而顺，以此毒天下，而民从之，吉又何咎矣？

《尔雅》释“师”为“众”。“众”《说文》：多也。

“正”即正义，军队必须为维护正义、公利，保护人民而用，如此为“正”。

“能以众正，可以王矣”，“以”即率领之意，《左传·僖公五年》：“宫之奇以其族行。”“正”通“征”，《墨子·明鬼下》：“天下失义，诸侯力正。”

“能以众正，可以王矣”，能够率领众多的人征伐，这样的人可以称王了。

“刚中而应”，“刚中”民众行其义，“应”民众响应君子之号召入伍。

“行险而顺”，以战争维护公利以及人民安全，为正义之举，符合人民意愿所以虽险难亦顺从。

“以此毒天下，而民从之，吉又何咎矣？”“毒”应为“笃”，古时“毒、笃、竺、管（dú）”皆通用，《说文》皆释为“厚”，此处引申为坚固、固实。以正义之师坚固天下统治，而民众顺从，吉利而已哪里有咎过？“以此毒天下”即解释“支人”，坚固其统治即承载人民安全之意。

《象》曰：地中有水，师。君子以容民畜众。

“地”德为顺。“水”德润物。“师”以利益人民为目的，即“支人”；以顺从道义为准则，即“贞”。故“地中有水”为“师”。

“君子容民蓄众”，君子蓄养民众。言外之意，保护民众是蓄养民众的必要条件。

初六：师出以律，否臧凶。

“出”《说文》：进也，此处指出外征战。

“律”《尔雅》：法也。此处指号令、军规。

“臧”《说文》：善也。《尔雅》：善也。杨树达《积微居小学述林·释臧》：“臧”本从臣、从戈会意，后乃加爿（zāng）声，字面意思为“战败者为奴不得横恣”。“不得横恣”指行为表现好，称之为善。《诗经·小雅·小旻（mín）》：“谋臧不从，不臧覆用。”其中“臧”亦是指计谋好之意。可见“臧”用来形容人与事物之好。

“否”《说文》：不也，事之不然。

“否臧”此处解作“不好”。

“否臧凶”，不能很好地遵守军规则凶。军队遵守军规行事为表现好，反之为表现不好，即“否臧”。

“师出以律”，军队之进退必须遵守军规，此为治“师”之基本原则，违反必“凶”。

此爻明治“师”必以律。

《象》曰：“师出以律”失律凶也。

“失律凶也”，失去了律令管束军队就会有凶险。

九二：在师中，吉，无咎。王三锡命。

“中”《尔雅》释为“殷、齐”，二者有“中央”的意思。《列子·黄帝》“不知斯齐国几千万里”，“齐国”即“中央之国”。

“在师中”即“在师旅中央”，意思指君子要完全掌握、主宰军队。古代行军设前军、左军、右军、后军、中军。中军为主帅所在。《左传·宣公十二年》：“军行，右辕，左追蓐（rù），前茅虑无，中权，后劲。”译文：“军队行进，右军紧跟主帅车辕，左军寻找干草以备宿营，前军举旗在前防患敌人，中军指挥全局，后军以精兵压阵断后。”在此爻中“在师中”并非完全指君王在“中军”掌控军队，意在权力上能主宰军队。

“吉，无咎”意思指“在师中”为治师的不二法则，如果不“在师中”则凶，则为咎。

“王三锡命”，“锡命”即赐予名分或职位。《左传·庄公二十七》“王使召伯廖赐齐侯命”译文“周天子让卿士召伯廖前去赐予齐桓公侯爵”。

“王三锡命”，君王多次赐封爵位予人。寓意国家不断强大。君王只有具备强大的军事力量才能保护国家安全稳定，才能使小国归顺，才能保障天下太平。

此爻明治军的法则以及军队的重要作用。

《象》曰："在师中吉"承天宠也。"王三锡命"怀万邦也。

"承"《说文》：奉也，受也。承献，承受之意。此处为承受。

"天"《说文》：颠也。"颠"即头顶，引申至高无上。

"宠"《说文》：尊居也，即尊贵的地位。

"怀"《尔雅》：来也，至也。

"承天宠"，承接尊贵的地位，即君子处主宰者的地位。

"怀万邦也"，"万邦"言众多国家，代指天下。君王以师行正义，故天下归顺。

六三：师或舆尸，凶。

"舆"《说文》：车舆也，即车厢，泛指车，此处指战车。

"尸"《说文》：陈也，此处有"横陈"之意。

"舆尸"指战车翻覆，军队混乱或战败之象，此处指战败。

"师或舆尸"，师出无必胜之理，或有"舆尸"亦是常也。师之胜在天时、地利、人和诸多因素，圣人也无必胜之术。

"凶"，军队战败则不能成其功，故"凶"。

此爻明战败为"师"之常，战败则有失，故为"凶"。

《象》曰："师或舆尸"大无功也。

"功"《说文》：以劳定国也，有言"事功曰劳"。《周礼·夏官·司勳》"国功曰功"，即有事功于国为功。

"无功"即不能克敌制胜。

"大无功"，军队以克敌制胜为有功，战败不仅无功而且有失，故为"大无功"。

六四：师左次，无咎。

"左"在正常社会生活中，古人尚左，以左为贵、为尊，而在丧事、军事等所谓凶事活动中，则以左为卑下之位。

《老子三十一》："君子居则贵左，用兵则贵右。兵者不祥之器，非君子之器，不得已而用之，恬淡为上。胜而不美，而美之者是乐杀人。

夫乐杀人者，则不可以得志于天下矣。吉事尚左，凶事尚右。偏将军居左，上将军居右，言以丧礼处之。杀人之众，以哀悲泣之，战胜以丧礼处之。”

《礼记·檀弓上》：“孔子与门人立，拱而尚右，二三子亦皆尚右。孔子曰：二三子之嗜学也，我则有姊之丧故也。二三子皆尚左。”亦是“吉事尚左，凶事尚右”之例证。

“次”此处为“次一等”之意。《荀子·君道》：“上贤使之为三公，次贤使之为诸侯。”

“师左次”即“师以左为卑、为下”，言外之意“师”为凶器，君子以德服天下为上。

“无咎”，行军以凶道处之则“无咎”，若不能以此态度对待战争则是“是乐杀人”，则为“咎”。

此爻明师乃凶器，本质反于仁道，君子须明此道，而慎用之。

《象》曰：“左次，无咎”未失常也。

君子以德服天下，征伐为凶道，为下策。君子以凶制不仁，为不得已之举，君子明此，故曰“未失常也”。

六五：田有禽，利执言，无咎。长子帅师，弟子舆尸，贞凶。

“田”此处为“农田”。

“禽”《说文》：兽总称也。

“执”《尔雅》释“秉”为“执”，为执持之意。此处有“依靠、使用”之意。

“言”《说文》：直言曰言，论难曰语。此处为“喊叫”之意。

“执言”使用喊叫吓唬的方法。“言”此处比喻军队的声威。寓意使用军队之声威。

“田有禽”即农田之中出现禽兽，窃民之利，比喻外来敌人侵害我方利益。“禽”比喻敌人。

“利执言”田有飞禽走兽伤我谷物，适合用声音吓唬之使走。

“田有禽，利执言，无咎”，如飞鸟禽兽损害我田之谷，我若捕之，劳而不获或伤于谷，故不若以声音吓唬驱散，我亦无劳，谷亦无伤。师之用若此，以我之声威驱走敌人，我不有劳，民不有伤，如此“无咎”。

孙子有言：“上兵伐谋，其次伐交，其次伐兵，其次伐城。”斯之谓也。师用威为上，用力为下，用力则两伤，此师之至道也。

“长子帅师，弟子舆尸”，“帅”应为“率”率领。

“长子”，合法继承君位者，“弟子”非继承君位者，与“长子”相对。师为国之重器，非王者不能掌师，君王必授师予王位继承者，不然则乱。“弟子舆尸”此处指非法继承人掌握军队则会利用军队行不义之事，祸乱军队。此处“舆尸”指军队混乱之象。

“贞凶”弟子帅师为不义，故其义穷也。

此爻明用师之道，伐谋为上，掌握军队者“名正”为要义。

《象》曰：“长子帅师”以中行也。“弟子舆尸”使不当也。

“行”此处为“正确的行为准则、运行规则”。《史记·仲尼弟子列传》“天下无行，多为家臣”。《说文》释“毐（ǎi）”为“人无行也”。“行”含有正义的意味往往译为“德行”。

“中行”符合师道的运行规则。“以中行也”使继承王位者率领军队则不易作乱，反之如果“师”不掌握在王者手中，往往生乱。

“使不当也”，非法继承王位者掌握军权，则使用军队从事不义之事，故曰“使不当也”。

“舆尸”传统解释为“用车载战士尸体，战败之象”。首先只要是战争就有死伤，古人有条件的情况下往往把战死的士兵运回埋葬，所以“以车载尸”并不能代表军队失败。再者九五爻“长子帅师，弟子舆尸”的对比旨在说明“名不正”之危害，“帅师”与“舆尸”相对，“长子帅师”为“中行”，则“弟子舆尸”必为“不中行”，可见“舆尸”应为军队混乱之意。

再者“长子帅师，弟子舆尸”这其中如果有长子一定可以打胜仗，弟子一定打败仗的意思，则不符合常理。所以“舆尸”解释为“兵车横陈”，比喻战败或祸乱军队。

上六：大君有命，开国承家，小人勿用。

“君”《尔雅》：王也。

“大君”即王之大者，不仅为国家之君王，亦为道义之教主。为师为君。

“有”此处解作“占有、拥有、掌握”，《孟子·万章上》：“富有天下，而不足以解忧。”

“命”即命令。

“开国承家”，开创国家，承继宗祀。

“小人勿用”，小人者务于私利者，掌师必行不义。

“大君有命，开国承家，小人勿用”，即“大君”拥有命令，指挥军队开创国家，承继宗祀，小人不得使用。

此爻明师为君王之器，维护道义，保卫家国，小人不得使用。

《象》曰：“大君有命”以正功也。“小人勿用”必乱邦也。

“正”此处解作确立，《孟子·离娄上》：“不以六律不能正五音。”

“以正功也”，君子用“师”确立功业。

“必乱邦也”小人不德，谋于私利或昧于道义，掌控军队则祸乱邦国。

第八卦　比 ䷇ 坎坤

吉。原筮一元、永贞、无咎。不宁方来，后夫凶。

“比”《说文》：密也，即亲近、接近之意。此处为亲比、亲附之意。《尔雅》：释为“辅助”，乃“亲近”意思之引申。

“吉”，《比》卦讲无德者亲比于有德者，小人亲比于君子，君子亲比道义，皆能通过亲附而进步于上，故为“吉”。

“原”《说文》：水泉本也。引申为本源、根本。此处解作本于、以某为本。

“筮”即卜筮之蓍（shī）草。

“原筮”即人之行为本于卜筮，即以上天指示为自身行为的根本准则。寓意人比于天。

“元”，有所亲比是人存立于社会之根本。比如人之信仰或者习俗皆为“比”。

“永贞”，亲比于上可长久保持贞正。

“无咎”，只有亲比于上，方能无咎。

“原筮—元、永贞、无咎”，“元、永贞、无咎”是对“原筮”的阐发，亦是对“比”道的阐发。“原筮”乃人比于天，乃“比”之大者，故以“原筮”为例解释何为“比”。

“不宁”，“宁（zhù）”《说文》：辨积物也。分别而集聚物品的器具，引申为聚合之意。《诗·周南·葛覃》“归宁（zhù）父母”即“回家与父母团聚”。

“宁（zhù）”与“寧（níng）”在《说文》为分别不同两字。“寧”

解作“宁可”，今文皆写作“宁”。《说文》中有“貯（zhù）”释为“积”，由“宁（zhù）”会意而来，二者常通假，“建侯而不宁”是其例。“宁”写作“寧”则是纯粹错误。

“方”通“旁”，此处解作“广、遍”，《淮南子·主术训》：“常一而不邪，方行而不流。”

“不宁方来”，未能聚合于道义者广泛来亲比于君子。

“后夫凶”，“夫”语气词，无义。后不来者，不亲比于君子之道，有失正道之“凶”。

《孟子·尽心下》：“孔子曰：过我门而不入我室，我不憾焉者，其为乡原乎！乡原，德之贼也。……非之无举也，刺之无刺也，同乎流俗，合乎污世，居之似忠信，行之似廉洁，众皆悦之，自以为是，而不可入尧舜之道，故曰德之贼也。”此处“乡原”又作“乡愿”，意思为“乡党之原人”，所谓“原人”原意为质朴之人，多作贬义解作愚昧无知、随波逐流之人。“乡愿”简单讲即媚俗，媚俗者没有一定的信仰，行为无规矩，为“不宁”者之一。孟子说“不可入尧舜之道”，即是言“乡愿”者不能亲比于道义。不能出离“乡愿”者即为“后夫”者，即孔子所言“过我门而不入我室”者，故此处言“后夫”者有失正道之凶。

《彖》曰：“比”吉也。“比”辅也，下顺从也。“原筮—元、永贞、无咎”以刚中也。“后夫凶”其道穷也。

“辅”《尔雅》：弼也，辅助。亲比而得辅助。

“下顺从”，下顺从于上，即下比于上，如民众比于君子，君子比于大人。

“以刚中”，使民众能比于上。以卜筮使民众明白人比之于天的道理，从而民众能行比于君子之事。

“其道穷也”，远离正道，不能致远，故曰“其道穷也”。

《象》曰：地上有水，比。先王以建万国亲诸侯。

“地”德为顺。“水”德润下。民众顺从君子，君子亲爱民众，如此为“比”。

“先王”，开创之王，开事物之先者，此处指开创诸侯政治之君王。

“建万国，亲诸侯”，君王者建立万国，愿天下之民众皆比于道义，亲比于诸侯即躬行“比”道。

初六：有孚比之，无咎。有孚，盈缶终来，有它吉。

“盈”《说文》：满器也。

“缶”《说文》：瓦器，所以盛酒浆也。

“盈缶”此处比喻小人，亦可以为普通民众。古人相见皆执礼物，君子者执玉帛，小人者执食物酒浆不拘。“盈缶”即缶器内盛满酒浆，盈满意在表明其人心诚，此处比喻诚心亲比于君子之小人。《孟子·滕文公章句下》：“君子实玄黄于篚以迎其君子，小人箪食壶浆以迎其小人。”

“终”此处解作“尽、全”，《左传·宣公十二年》：“亦终夜有声。”

“它”应为“他”，此处为他们。

“有孚比之，无咎”，对于所亲比之对象，首先要内心信服，如此则“无咎”。内心不信服，则必不能长久。

“有孚”，君子欲使人来亲比，当先谋求使人信服。

“盈缶终来”，广大民众信服君子，诚心前来亲附君子。

“有它吉”，“有”《尔雅》中释“幠（hū）、庞”为“有”，幠意思为覆盖，庞意思为高大的房屋，两字皆有庇护之意，可引申为佑助。《荀子·大略》：“友者，所以相有也。”此爻为上对下的帮助，解作庇护为确。

“盈缶终来，有它吉”，广大民众诚心亲附，君子应当庇护他们，如此可光大教化，为吉。

《论语·述而》：“互乡难与言，童子见，门人惑。子曰：与其进也，不与其退也，唯何甚！人洁己以进，与其洁也，不保其往也。”孔子希望别人进步，只要诚心向道皆帮助之而不计较其人之身份，即“有它吉”之意。

此爻明“比”道基本原则，要“有孚”而比，其次对前来亲附者能给予帮助，如此可光大事业。

《象》曰：《比》之初六，“有它”吉也。

“比”之作用在于使民众亲附从而教化之，故“有它”可致吉。

六二：比之自内，贞吉。

“比之自内”，以德比行，以行比德。“比之自内”即君子自省也。《论语·学而》：“曾子曰：吾日三省吾身，为人谋而不忠乎？与朋友交而不信乎？传不习乎？”即为“比之自内”。

“贞吉”，“自比”应以正义为准则，如此为吉。

此爻明“比”之根本在于“自比”即自省，自省知不足而后能比于贤者。

《象》曰：“比之自内”不自失也。

“不自失也”，自我不失于道义。

六三：比之匪人。

“比之匪人”，“匪人”即错误之人。所亲比者德行浅薄、水平低下、甚至为邪门歪道。不仅不能帮助亲比者进步，亦或有伤于正行、正德。

此爻明“比”之失，选择正确的亲比对象尤为重要。

《象》曰：“比之匪人”不亦伤乎！

“不亦伤乎”，亲比于错误之人，不但无益且有害，故曰“不亦伤乎？”

六四：外比之，贞吉。

“外比之”相对于“比之自内”，即比之于贤于己者。

“贞吉”，“外比”应以正义为准则，则吉。

此爻明应亲比于贤者。

《象》曰：外比於贤，以从上也。

“比于贤”，君子亲比于贤者以进德修业。

“以从上”，亲比于贤者为积极向上，故曰“从上”，“从上”为贞。

九五：显比。王用三驱，失前禽。邑人不诫，吉。

“显”《尔雅》：光也。光显、显扬。

“驱”《说文》：马驰也，驱赶、鞭策之意。

“诫”《说文》：敕也，告诫、警戒。

“显比”，显扬“比”道，倡导比于己，比于贤。

“三驱”，古人田猎一面张网，人从其他三个方向围合，如此迎人而来的禽兽则逃离，只有奔向张网方向的禽兽被擒获。古人认为如此擒获禽兽是天意，是“仁”的体现。

“失前禽”，“前”指面前、正对的。“前禽”正对人而来的禽兽，即迎面而来的禽兽。君子舍弃迎面而来的禽兽。

“王用三驱，失前禽”，君王田猎只在一面设网，从三面驱逐禽兽，任由不该为人所获之禽兽逃离。此处比喻君子设正义之教于天下，号召、引导世人来亲比之，有不信、不从者君子任由之。寓意君子治“比”，谋求“有孚比之”。

“邑人不诫，吉”，“邑人”即国人。国人不用告诫而能自行亲比于上，如此为吉。言外之意君子应当使国人受道德感召而自觉亲比于上，如此说明君子行教有成。

此爻明君王之“比”。

《象》曰：“显比”之吉，位正中也。舍逆取顺“失前禽也”。“邑人不诫”上使中也。

“逆”《说文》：迎也。“顺”即同向。

“位正中也”，君子光大“比”道可弘道化民，为正义之举，合乎君子之位。

“舍逆取顺”，舍弃迎面而来的禽兽，获取自投罗网的禽兽。比喻君子教化来亲比者，舍弃背离君子者。

“上使中也”，“上”为“尚”，推崇之意。“使”《尔雅》：从也，依从、顺从之意。《诗·小雅·雨无正》：“云不可使，得罪于天子，亦云可使，怨及朋友。”

“上使中也”，推崇使民众自行依从于道义。

上六：比之无首，凶。

“首”此处指首要亲比对象。君子为小人之“首”，大人为君子之“首”，父母为子女之“首”，老师为学生之“首”，君王为民众之“首”。

“比之无首”，无所亲比则无所适从，则不能从于上，故为“凶”。

此爻明“比”无“首”则“凶”。

《象》曰：“比之无首”无所终也。

“终”此处为归止之意。

“无所终”，其人无所归止。譬如乡愿者，随波逐流。

第九卦　小畜 ☴☰ 巽乾

亨。密云不雨，自我西郊。

“畜（xù）”《说文》：田畜也，蓄养田猎来的动物。

“蓄”《说文》：积也。“蓄”与“畜”都有“收聚”的意思，“畜”指蓄养田猎来的动物，“蓄”原意指蓄积耕作而收获的谷物。此处“畜”作“蓄积”解。

《小畜》讲君子与道义得其正位且民众响应，于君子行教而言如此局面可谓“小”有成就。在此基础之上，君子积极谋求弘道化民事业之进步，故为“小蓄”。

“密云不雨”，“雨”比作德义。“不”解作“无”，《诗·邶风·终风》：“终风且曀（yì），不日有曀。”“不雨”即无雨。“密云不雨”比喻虽然君子之教化未能广施德义于世人，但其条件趋于完备，继续推进可有功。

“自我西郊”，“西郊”为正义所在之方。《礼记·乡饮酒义》：“天地严凝之气，始于西南而盛于西北，此天地之尊严之气也，天地之义气也。”“自我西郊”寓意君子从道义出发，教民以德义。如果“自我东郊”则是从物利出发，教民以致富。

《彖》曰：“小畜”柔得位而上下应之，曰小畜。健而巽，刚中而志行，乃亨。“密云不雨”尚往也。“自我西郊”施未行也。

“柔得位而上下应之”，君子得其正位，道义居于正位，曰“柔得位”。“上下应”人民顺从君子，君子力行教化。

“健而巽”，“巽”《说文》：具也，具备之意。君子积极经营教化，教化强健推行，日臻完备。

“刚中而志行”，“刚中”民众中其义。“志行”民众志于上进。亦即民众力求中正。

“乃亨”，教化上行，日臻完备，民众力求中正，如此可亨通。

“尚往也”，君子经营教化，继续进取，终能有成，故“尚往也”。

“施未行也”，“施”解作恩惠、好处，此处指君子之德教。《左传·僖公二十八年》：“楚有三施，我有三怨。”君子之德教未能实行。换言之道义未能“普施”。

《象》曰：风行天上，小畜。君子以懿文德。

“风”行使万物俱从。“天”德强健。教化强健推行，民众顺从，如此为“小畜”。

“懿”《说文》：专久而美也，专一持久而得来之美，用以形容品行美。

“文德”文采与德行。

“君子以懿文德”，君子坚持修养道德，磨砺品行。志于道，勇力进取，此为君子之“小畜”。

初九：复自道，何其咎，吉。

“复”《说文》：往来也，即返回，引申为践行、实践，此处为使动用法，使践行。《左传·哀公十六年》：“吾闻胜也好复言，而求死士，殆有私乎?”

“自”此处解作“用”，《书·皋陶谟》：“天秩有礼，自我五礼有庸哉。”《荀子·儒效》：“知之曰知之，不知曰不知，内不自以诬，外不自以欺。”

“道”《尔雅》：直也。不曲、正直之意。《文子·自然》：“行道者而被刑。”

“何”《说文》：儋（dān）也，即负荷之意。韦昭《齐语》：“背曰负，肩曰儋。任，抱也，何，揭也。”其中“揭”即以手举，《说文》

释为“高举”。“何”原意应为用手举，古人笼统而言以手、以背、以首皆称之为“儋”。“儋”即“担”。“何”此处解作检举、揭发、指出。

“复自道”即“复用直”。以正直之行为准则要求其人践行道义。亦即要求其人直行于道义，

“何其咎”即指出其人毛病所在，检举其错误。

“复自道，何其咎”，以正直之行为准则要求人，去其人之咎过。如此可使人“直于义，方于行”，教人有成，故“吉”。

此爻明用“直以方”的方法可以使民众回归道义。

《象》曰：“复自道”其义，“吉”也。

“义”此处解作“合乎正义”。《论语·述而》：“不义而富且贵，于我如浮云。”

“‘复自道’其义”，使民众实践正义用直其行的方式，符合情理，合乎正义，故可致吉。

九二：牵复，吉。

“牵”《说文》：引前也，牵引之意。

“牵复”，君子引导人民践行道义。

此爻明引导民众践行道义是君子行教化的主要方法。

《象》曰：“牵复”在中，亦不自失也。

“在中”，自觉践行为上，强制践行为下，引导民众符合君子行教之义，曰“在中”。

“亦不自失也”，引导民众实践道义，为君子的根本职责，如此作为君子不失其义也。

九三：舆说辐。夫妻反目。

“舆”车厢，此处代指车。比喻君子之德教，载民之“道车”。

“辐”《说文》：轮轑（lǎo）也，即车轮的辐条。

“说”即“脱”，脱离。

“反”即“返”，返还，送还之意。

“目”此处解作“瞪、怒视”，《史记·刺客列传》：“盖聂怒而目之”。

“反目”即双方互相怒视。你瞪我一眼，我还瞪你一眼，双方互不相让。俗语“以眼还眼”亦即此意。“反目”此处形容不和顺。

“舆说辐”，车子失去辐条的支撑，则不能载重，不能行远。比喻君子之教化体系有缺失、不完善，则不能载民致归。

“夫妻反目”，夫妻不和顺，即“家未齐”，寓意小事、小节尚不能善成，则大事、大节更不能行。

此爻明君子行教化民必须建立完善的教化体系。即：“欲善其事，必先利其器。”同时行教要从基础做起，从小事、小节做起，循序渐进，稳步向上，最终成其功。

《象》曰：“夫妻反目”不能正室也。

“不能正室也”即不能齐家，家室不能齐正，不足以治国，平天下。言外之意应当退而“格物致知，诚意正心。”

六四：有孚，血去，惕出，无咎。

“血”应为“恤”，恤《说文》：收也，即赈恤、体恤、关爱之意。

“惕”《说文》：敬也，恭敬之意。

“血去”，君子前往施关爱于民众，亦即前往行体恤民众之事。

“惕出”，民众生恭敬之心。

“有孚，血去，惕出”，君子“有孚”于民众，且能施关爱于民众，如此民众生尊敬、敬惕之心。

“无咎”，君子能取信于人，能行体恤民众之事，则“无咎”，反之则“咎”。

此爻明以信，以仁可以取得民心。

《象》曰：“有孚，惕出”上合志也。

“上”应为“尚”，推崇之意。

“上合志也”，君子推行教化，以民众自觉有志于道义为上。

九五：有孚，挛（luán）如。富以其邻。

“挛”《说文》：係也。“係”意思为用麻绳围束。张顺徽《说文解字约注》：“今俗于物之不易以手动者，係之以绳索，然后资众手持绳索以引取之，是其事也。”张先生释“攣”为以绳索牵引，人多从之。我以为“攣”由“䜌（luán）”与“手”会意，“䜌（luán）”《说文》释为“不绝、连续不断”，故“攣”之原意应为众人手牵手。《齐民要术序》：“妇女作裙，挛缩如羊肠。”羊肠形状曲折往复与人手牵手相向而立之情形相似。

“富”《说文》：厚也，即富足。此处指增益人民道德，使民德厚。

“以”此处解作连及，《论语·尧曰》：“朕躬有罪，无以万方。”

“邻”《说文》：五家比连谓之邻，引申亲近者。

“有孚挛如”，“攣如”即如手手相牵的情形。把对道义之信，以人传人的方式广大之。君子行教使先进牵引后进，如此传递下去可以引之无穷，最终众民皆从化。

“富以其邻”，富有而连及其邻人，比喻先进者帮助身边之后进者。邻而又有邻，不可计数，终全民皆化。

此爻明弘道应当使先进者帮助后进者，如此则可以广大教化。

《象》曰：“有孚挛如”不独富也。

“不独富也”，先进者应帮助后进者。

上九：既雨既处，尚德载；妇贞厉，月几望；君子征凶。

“雨”此处作“下雨”解，比喻君子以德教人。

“处”《说文》：止也。

“载”《说文》：乘也，上覆之下载之，承载之意。

“厉”解作“作，作为”。

“几”《尔雅》：近也。

“望”《说文》：月满与日相望，指月圆之日。

“征”《说文》：正也，行也。《尔雅》：行也，引申为强行争取、求取。

“既雨既处”，既行既止、且行且止。君子教化人民因材施教，相机行事，当止则止，当行则行。所止之时，即民众未得其义，故止。民众得其义，则进于上。

“尚德载”，君子崇尚以德服人，以德载行。言外之意不强制民众从事。

“妇贞厉”，“妇”为人妻，以顺于夫为义，此处比喻顺从教化者。君子行教当使民众顺从道义，且能积极进取，如此为“妇贞厉”。

“月几望”，民众顺从且积极向上，则君子之道大明于天下不远矣！

“君子征凶”，教化世人当循序渐进，不能根据民情用事，主观强行推进，则有“凶”。《论语·子张》：“子夏曰：君子信而后劳民，未信则以为厉己也。”其中“未信而劳”即为“征”。

“既雨既处，尚德载；妇贞厉，月几望；君子征凶。”君子教化民众要循序渐进，提倡以德服人，以德载民；顺从于君子者能自觉行于道义，那么君子之道大明于天下也就为时不远了；要依据现实用事，贸然主观强求，则有凶险。

此爻明行教之要。

《象》曰：“既雨既处”德积载也。“君子征凶”有所疑也。

“德积载也”，使民众逐步积累道德，最终可以实现以道德承载其行为。“德积”即“厚德”。

“有所疑也”，受教化者未信。

第十卦　履 ䷉ 乾兑

履虎尾，不咥（dié）人，亨。

“履”《说文》：足所依也，即鞋。引申为践踩、行走。《尔雅》中解作“礼”。《说文》中释“礼”为“履”，用来祭祀神灵以求福报的礼节。“屦（jú）”《说文》：履也。推测“履”与“屦”原来分别指“礼”和“鞋”，都有“用以行”的意思，后来二字通用。所以此卦中“履”兼有二意。《履》卦讲礼教。

“咥”应为“齷（音 zhī，今文无此字）”，齷《说文》：啮坚也，咬坚硬的东西。徐灏《段玉裁说文解字注笺》：“今粤语中仍说咬硬东西为齷。”

“履虎尾，不咥人”，践踩虎尾而虎不咬人。如此情形，说明老虎已驯服于人。虎驯服于人比作民众顺于君王。民众顺于君王，则君王管教而民众能不犯上作乱，是为“不咥人”。

“亨”，礼为民行之所依。人民行礼则行为中于义，所以为“亨通”之道。《礼记·曲礼上》：“夫礼者，所以定亲疏，决嫌疑，别同异，明是非也。”通过礼可以规范人的言行，使合于正道，同时礼本身即是道的演绎。《礼记·曲礼上》：“修行言道，礼之质也。”“修行”即修正人的言行，“言道”即宣道，礼仪本身即为道的展现。

《彖》曰：“履”柔履刚也。说而应乎乾，是以“履虎尾，不咥人，亨”。刚中正，履帝位而不疚，光明也。

“柔履刚”，“柔”为君子，“刚”为民众。“履”此处通假于“厘”，“厘”解作治理。《书·尧典》：“允厘百工，庶绩咸熙。”古时厘、履（古音lǐ）、釐（lǐ）同音通用。《尔雅》释“履”为“福、禄”即通假于“釐”，“釐”《说文》释为“家福”。《诗·周南·樛（liáo）木》“福履绥之”，其中“履”通“釐”。《诗·颂·臣工》：“王釐尔成。”《国语·周语》“釐改制度”其中“釐”通“厘”。

“柔履刚”君子管治民众，此处指君子以礼管教民众。

“说而应乎乾”，“说”即“悦”，民心悦服。“乾”代表正道，比喻主导教化者。人民内心愉悦而顺从君子，行于礼义，所以“履虎尾，不咥人，亨”。

“刚中正”人民中于义，正于行。

“履帝位而不疚”，人民能从礼，则君子行至于君王之位而不担忧。“疚”《尔雅》：病也。《说文》释为“贫病也”。《诗·小雅·采薇》“忧心孔疚，我行不来”，《诗·周颂·闵予小子》“茕茕在疚”，二者都指人在困顿之中忧心苦闷，并不是指身体的病痛而是指心病。所以此处解作“担忧”。

“光明也”，礼教光明于天下。

《象》曰：上天下泽，履。君子以辩上下，定民志。

“天”比喻道。“泽”德为悦。道义下而亲民，民众心悦而动，上进于道，如同礼之亲民，民循礼而致道，即“悦而应乎乾”，如此为“履”。

《礼记·曲礼上》：“礼从宜，使从俗。”意思即为礼应当以处事适宜为原则，礼应当顺从民众风俗为原则。可见亲民是礼的原则。（注释：所谓顺应风俗并非指迎合违背道义的歪风，而是指顺从风土人情制定礼节。‘不妄悦人’是礼的原则。）

“辩”应“辨”，“辨”解作“判别，区分”，《左传·成公十八年》：“不能辨菽麦。”

“定”《说文》：安也。

“君子辨上下”，君子制定礼制区分高低贵贱，使上下有等，男女有别，长幼有序。

“定民志”，使民众志于礼义。

初九：素履，往无咎。

“素”《说文》：白緻缯（zhì zēng）也，白色细密而未加工的丝织品。此处为“未加修饰、朴素、质朴”的意思。

“素履”即质朴的礼。礼的作用是节制民行，使之行于义。礼能和民情且中于道最为可贵，在民情与道义二者之中，又以合道义为先。此处“素履”指礼能满足达义的功用即可，不讲究繁琐、华丽。“素履”即简而能达义之礼。《论语·八佾》：“子曰：礼与其奢也，宁俭。”即是此意。

“素履，往无咎”即君子使人民使用质朴的礼，而达到行合于义的目的，如此则无咎。过度讲求礼的形式则远离了礼的根本宗旨，则为“有咎”。同时礼并不避繁琐，有的盛大礼节甚为繁琐，但并不能因费事而减省。《礼记·曲礼上》：“礼，不辞费。”即是此意。

此爻明“履”尚俭。

《象》曰：“素履”之“往”，独行愿也。

“独”应为“笃”，此处解作专注、重视。《荀子·修身》：“笃志而体，君子也。”

“行”此处解作“做、实施”，《左传·隐公元年》：“多行不义，必自毙。”

“愿”应为“願”，解作愿望，此处指礼所要达到的道义，即具体礼仪所承载的道义。

“愿”与“願（yuàn）”在《说文》为分别不同的二字。“願”即今“愿望”之“愿”之繁体。“愿”自古至今未变，只是汉字简化后更加混淆了二字的意思。“愿”《说文》：谨也，引申质朴而恭谨。《荀子·王霸》“无国而不有愿民”，“愿民”即朴实、质朴的人民。此处解作“质朴”。《荀子·富国》：“污者皆化为修，悍者皆化为愿。”

“独行愿也”，行使简朴的礼，注重于使礼达于义。

九二：履道坦坦，幽人贞吉。

“坦”《说文》：安也。“坦”之本意指地面平坦，“安”为引申义。“坦坦”道路平坦的样子。

“幽”《说文》：隐也，引申有“昏暗、昏昧”之意。《楚辞·九章·怀沙》：“修路幽蔽，道远忽兮。”《礼运》：“祝嘏辞说藏于宗、祝、巫、吏，非礼也。是谓幽国。”“幽国”，使国家昏昧。“幽人”指昏昧之人，未开化之人。

“履道坦坦”，言礼应该包纳人所有言行，使之无不由礼，礼无所不能规范。譬如，夫妇之礼，父子之礼，君臣之礼，兄弟之礼，朋友之礼，丧之礼，祭天之礼，行兵之礼，邦交之礼等等，总而言之“履道坦坦”即礼无所不包且可使上下和顺。

“幽人贞吉”，昏昧之人秉持礼而行可致吉。

此爻明礼要健全，同时礼对未开化的民众，对没有机会跟老师学习的人尤其重要。“幽人”可以循礼而明智，修德。礼即是天下人之师，礼之用可谓极大。可惜时至今日所谓礼仪之邦，礼仪丧失殆尽。复兴礼教，吾辈任重而道远！

《象》曰：“幽人贞吉”中不自乱也。

“中不自乱”，礼无所不包，人循礼而往，则不至于乱矣！此处所谓“中”即中行于礼。

六三：眇能视，跛能履，履虎尾，咥人凶。武人为于大君。

“眇”《说文》：一目小也，一只眼小。

“跛”《说文》：行不正也，走路瘸拐。

“眇能视，跛能履”，目虽眇能视物，足瘸亦能行走。虽能视物必不如两眼明亮，虽能走路毕竟不如双足健全行远，比喻礼必须合于大道，若只能成全小节、小义，则不能使人致远。礼不能使人明智、明德，得于大道则非善礼。

“履虎尾，咥人凶”，老虎咬人证明未驯服于人，此处比喻民众未顺从于君子。教民行礼的前提为人民顺从道义，不然礼不能行。亦可以说君子要先取信于民，然后才能用礼。

“凶”，民众未能信服而行管教之事，则必有犯上作乱之举，甚而伤害行教者，故为“凶”。

“武人为于大君”，“武人”即勇武之人，亦指军士，听令而向前。此处指意志刚强者。“大君”政教兼施的君王。君子欲用礼化民，成就“大君”之业，必须要有“武人”的刚强意志，必须有杀身成仁的勇气。弘道化民之使命为君子之令，道义所在，“虽千万人吾往矣”！

此爻明礼要合于道，要能使人致远。君子要“有孚”于民而后管教之。君子推行教化要有刚强的意志，无比的勇气。

《象》曰：“眇能视”不足以有明也。“跛能履”不足以与行也。“咥人之凶”位不当也。“武人为于大君”志刚也。

“不足以有明也”，指不能使人民智、明德。

“不足以与行也”，指不能使人致远，终得于道义。

“位不当也”，人民未信从于君子，君子“位不当也”。

“志刚也”，君子弘道化民之意志刚强。

九四：履虎尾，愬愬（sù），终吉。

“愬”应为“诉”，此处解作“惊恐”，《公羊传·宣公六年》：“灵公望见赵盾，诉而再拜。”“愬愬”有所恐惧的样子。君子恐惧自身行为有失而非畏艰险。《说文》释“虩（xì）”为“《易》‘履虎尾，虩虩’恐惧。”“愬愬”或为“虩虩”。

“履虎尾，愬愬，终吉”，君子推行礼教，要有敬畏之心，应小心从事，不然则有失人之凶。

此爻明君子推行礼教，教民要有“战战兢兢，如履薄冰”的心态，最终才能有成。

《象》曰：“愬愬，终吉”志行也。

“志行也”，君子“愬愬”之原因，在于君子担心自身行为失于仁义。君王虽然有养民、教民的功德，不敢有统治人民的想法，所以君子恭敬、节俭以行仁，谨慎、谦让以行礼。“愬愬”是君子以仁义行教化民的表现。人民顺从于君子，君子讲“仁义”以教民，如此则天下向道，道义盛行，即君子弘道化民之志上行，故曰“志行”。

九五：夬（guài）履，贞厉。

“夬”《说文》：分决也。“决”《说文》：行流也，即疏导而流通。

“夬履”，及时考订礼的是非，去除不合时宜的礼制，建立适合当前的礼制，从而使礼始终能达于时义，民众遵循礼才能得道。

因为社会发展，义随时变，义迁而礼不变，则是“以古之政，御今之民”，亦为缘木求鱼，所以礼要不断变革、进步，才能合于道义。《礼记·中庸》：“非天子不议礼、不制度、不考文。”“议礼、制度、考文”即是修正礼仪，改定制度，考定文学。

“贞厉”遵循贞正而行。及时考订礼，且要以时义为准则。

此爻明“礼”需要不断修正才能致用，“议礼”要以义为准则。

《象》曰：“夬履，贞厉”位正当也。

“位正当也”，君王行“夬履”正当其位。“议礼”乃君王之职责。

上九：视履考祥，其旋元吉。

“考”此处解作“考核”，《孟子·告子上》：“所以考其善不善者。”

“视”《说文》：瞻也，引申有视察，监察之意。

“祥”《说文》：福也。《尔雅》：善也。

“旋”《说文》：周旋，旌旗之指麾也。即随旌旗指挥转动。此处指礼的制定、使用、废止为周而复始的流程。首先制定礼，监察礼的使用，考核礼的优劣，再重新制定，继续监察，继续考核……

“视履考祥”，监察礼的运用情况，考核礼的善与不善。

“其旋”，指礼的制定与废止流程为周而复始的循环。

“元吉”，“元”此处有“基础，根本”的意思。指正确的经营礼，是以礼教治国的根本，正确运行礼可致“吉”。

此爻明礼的正确用法，依法可致吉。

《象》曰：“元吉”在上，大有庆也。

“在上”，正确的经营礼是以礼教治国的根本，为最高成就，所以为“在上”。

“庆”《说文》：行贺人也，即祝贺人有吉事。

“大有庆也”，君王治礼有方，礼教有成，则国家昌盛。称之为“大”，在于礼教利益广大，以至于可化天下。

第十一卦　泰 ䷊ 坤乾

小往大来，吉，亨。

“泰”《说文》：滑也，段玉裁《说文解字注》：“水自手中下滑甚利也。”“滑”《说文》：利，指流利、顺畅。“泰”此处指君民上下交流顺畅。

“小往大来”，如果国家上下交流顺畅，那么君王就容易推行道义，容易教化人民，称之为“小往”。人民信服君王，顺从管教则容易有成果，称之为“大来”。通俗讲即不用大费周折去做事，但成果却丰硕。

“吉，亨”，治理国家若君民上下交流顺畅，则为吉祥，可致亨通。

《彖》曰：“泰，小往大来，吉，亨。”则是天地交，而万物通也。上下交，而其志同也。内阳而外阴，内健而外顺，内君子而外小人，君子道长，小人道消。

“交”应为“这（jiāo）”，“这”《说文》：会也，交会、交合之意。

“天地交而万物通也”，天地交合寒来暑往，万物随天地变化而春生秋实。

“上下交而其志同”，君子有孚于民，民众顺从君子，上下交往而同化民心。

“内阳而外阴，内健而外顺”，阳动于内，阴和于外，阳动而健，阴和而顺。以君子立身而言内心意志刚健，行为柔顺。

“内君子而外小人，君子道长小人道消”，“内”应为“纳”此处解作“结纳、结交”。以治事而言，结纳君子而摒弃小人，君子之道义日渐兴盛，小人之邪恶日渐消亡。

《象》曰：天地交泰，后以财成天地之道，辅相天地之宜，以左右民。

“后”《说文》：继体之君。段注“后”之言“後”也，开创之君在先，继体之君在“後”也。“后”与“先王”相对。

“财”应为“裁”，此处有“主宰、主导”的意思。《荀子·非十二子》：“一天下，财万物，长养人民，兼利天下。”“财成”即主导且成就。

“相”《尔雅》：视也。监察之意。“辅相”辅助而监管。

“宜”《尔雅》：事也，适宜之事。

“左右”《尔雅》：导也。教导之意。

“天地交泰”，天地交合通畅。

“后以财成天地之道”，君王效法天地交泰之道，在国家中主导、树立君民上下交泰之道。即治国以使上下交泰为主导精神。

“辅相天地之宜”，君王在治国中，辅助促成、监管实施符合天地交泰原则的诸事宜。即在治国中落实上下交泰。

“以左右民”，树立上下交流的精神，确立上下交流的途径，以此教导人民。

初九：拔茅，茹以其汇，征吉。

“茅”《说文》：菅也。菅草与茅草泛称则为同类草，但二者亦有区别。

“茹”《说文》：饲马也。即喂马。《尔雅》释“啜”为“茹”，啜有品尝之意，有言“吴越之间贪饮食者谓之‘茹’”。推知此处“茹”应解作“喂食”。

“汇”应为“彙（wèi）”。“彙”《说文》：虫，似豪猪者。郭璞注：“彙，今蝟，状似鼠，毛如针。”《尔雅》释为“毛刺”，即刺猬。刺猬性格孤僻，胆小易惊，昼伏夜出，此处比喻各具特色、难以交往的民众。

“拔茅，茹以其汇”，君子拔茅草以喂刺猬。寓意君子谋求于民众交好，必须要根据民众的具体境况，采取针对性措施，才能达到上下交泰的目的。以刺猬而言，只有以茅草根作为食物给予刺猬，刺猬才能乐于接受，如若给予其他不合其胃口的食物，则必然不能接受。

“征吉”，投合民众只是良好的开端，继续深化利民、亲民，最终可以使人民信服、归顺、成就于道义，故能“吉”。

此爻明要达到君民交泰，首先要投合民众。

《象》曰：“拔茅，征吉”志在外也。

“志在外也”，投合民众的目的在于取信于民，使君民上下交泰。君子志在教化人民，志在于以道义化民，故“志在外也”。

九二：包荒，用：冯河；不遐遗；朋亡。得尚于中行（háng）。

“荒”应为“巟（huāng）”，“巟”《说文》：水广也。引申为广大。

“冯河”《尔雅》：徒涉水也。

“遐”《尔雅》：远也。引申为边远之地。

“包荒”，包容广大，指君子教化世人“有教无类”。

“冯河”，指君子教化世人唯以德信服人，无所凭籍。

“不遐遗”，教化不遗弃远方的人民，指君子教民无远近之分也。

“朋亡”，君子教民无亲疏之别也。

“用：冯河；不遐遗；朋亡”，即君子教化世人，无所凭藉，无远近，无亲疏，亦所谓“包荒”。

“得尚于中行”，“尚”有承奉之意，《长门赋》“得尚君之玉音”，此处解作遵从。“中”即中于义。“行”解作“规律、规则”，《诗经·小雅·十月之交》：“日月告凶，不用其行。”“中行”即合乎道义，符合规律。君子治“泰”必须要遵从“中行”而为，如此方能广得民众。

此爻明如何经营上下交泰。

《象》曰：“包荒，得尚于中行”以光大也。

“以光大也”，君子遵循“中行”而为，必能光大教化。

九三：无平不陂，无往不复。艰贞无咎，勿恤其孚，于食有福。

“平”《尔雅》：大野曰平。

“陂（bēi）”《说文》：阪（bǎn）也。“阪”《说文》：坡者曰阪。

“恤”解作“担忧”之意。

“食”，古人龟卜，在灼龟之先，在龟壳上以墨画出纹路，若灼龟壳之裂纹与预先画好的墨画吻合，称之为“食墨”，简称“食”。《尚书·洛诰》：“惟洛食”。“食墨”直译为“与墨画重合”。“食”有“复合、重复”之意，“返回、再来、重做”为引申意。此处“食”指“食墨”，寓意符合天意，必得天助。

“无平不陂”即“没有平坦与陡坡的分别”，比喻君子行教没有顺境、逆境之说，君子兢兢业业从事。

“无往不复”即“没有既往与将来的分别”，比喻君子对于过去不执着，对将来不妄想，君子立足当下之义。

“平陂”地势之高低，“往复”时间之往来。君子行教天下唯道义是瞻。

“艰贞无咎”，“艰”《说文》：土艰治也。引申为艰难。此处有“坚守、力行”的意思。君子欲使上下交泰，坚守贞正而行，则无咎。

“勿恤其孚”，要广范的植信于人民，不用担忧不能取信于人民。

“于食有福”，“福”《说文》：佑也，神助也。君子坚行正义，广范植信于人民，符合天意，必得上天保佑。

此爻明欲使上下交泰必须坚守贞正，力行亲民、教民。

《象》曰：“无往不复”天地际也。

“际”《说文》：壁会也。指墙壁交汇之处，引申为交接。

“天地际”即天地交，天地交于义。晨昏线如果视作天地的交接地点，那么如果处在晨昏线上，就永远没有白天或黑夜，就没有过往亦没有将来。“天地际”比喻君子立身之所，君子立于义，即立于不易之地。

六四：翩翩，不富以其邻，不戒，以孚。

“翩”《说文》：疾飞也。又说“轻盈而翔”。《诗经·四牡》：“翩翩者鵻（zhuī），载飞载下，翩翩者鵻，载飞载止。”“翩翩”应为疾缓随意而飞，寓意非“中行”也。

“不富以其邻”，不能以先进教后进，不能帮助亲近者上进。寓意教化不能按规律逐步推广、光大。

“不戒，以孚”即不用警戒惩罚的办法，要使人民内心信服。

此爻明治“泰”要遵守的规则。

《象》曰：“翩翩，不富”皆失实也。“不戒，以孚”中心愿也。

“翩翩”者恣意而飞，比喻君子做事不循“中”。“不富”则不按规律做事。不能以“中”为准则，不按客观规律做事，则脱离实际，故曰“失实也”。

“中心愿也”，受教化者内心诚服。“愿”此处解作“愿意、情愿”，《左传·隐公三年》：“群臣愿奉冯也。”

六五：帝乙归妹，以祉，元吉。

“帝乙”即殷商帝王乙，为商纣之父，《尚书·酒诰》、《尚书·多士》皆有“自成汤咸至于帝乙”。《尚书·多方》：“乃惟成汤……以至于帝乙。”由文章意思可知，“帝乙”应为商纣之父，且有贤名。

“归妹”即嫁女。

“帝乙归妹”即君王嫁女，寓意在上位者必须要与下位者交往，此为天理。君王嫁女与臣民为上下交好之大举。

“以”此处解作“率引、引发”，《左传·僖公五年》：“宫之奇以其族行。”

“祉”《说文》：福也。“祉”为繁多、众多之福。

“以祉”，君王嫁女与臣民，这种象征上下交好的举措，可以进一步引发更多上下交好的行为，从而会得到更多福祉。“以祉”即引发众多福祉。

“元吉”，“元”此处解作“基础、根本”，君王有上下交好的认识，可以践行上下交好的行为，是上下交泰的基础，故“元吉”。

“帝乙归妹，以祉，元吉”，君王嫁女于臣民，可以形成上下交泰的局面，率导更多福祉，为根本之吉利。

“帝乙归妹”颇多歧解，近代学者认为与《诗经·大明》中记载周文王娶亲为同一事，指商王乙嫁女于文王。按历史考证，文王继位之初为商王文丁执政，文王之父季历被文丁所杀。于情理来说商王乙不会与周文王通婚。商王乙嫁女于文王之说很能成立。这种解释亦与爻义无涉。

此爻明治“泰”要从上而下，由大而小。

《象》曰：“以祉，元吉”中以行愿也。

“中”即中于义。

“行愿”，实施上下交泰之愿望。

“中以行愿也”，遵循道义实施上下交泰之愿。

上六：城复于隍（huáng），勿用师。自邑告命，贞吝。

“复”此处解作“反覆”，《诗经·小雅·蓼莪》：“顾我复我，出入腹我。”

“城”《说文》：以盛民也，用以容纳民众的城市。此处指城墙。

“隍”《说文》：城池有水曰池，无水曰隍，即护城河。《尔雅》释为“壑也”

“城复于隍”，“城，隍”为城邑设施，用以管理、保护人民。城墙倾倒于护城河之内，寓意城墙从内部推倒，隐喻人民不服从君王管教。君王离心离德更遑论上下交泰，指君王不能善成其弘道化民之职责。

“自邑”君子教化之邦域。

“告”此处有“告诫”之意，《论语·颜渊》：“忠告而善道之。”

“命”《尔雅》：告也，此处解作“命令”。

“勿用师”，师者御寇也。“城复于隍”原因并非是受到外来侵犯，而是君民内部不合，行取信、利民之事则可化解。妄用“师”则是缘木求鱼，适得其反。

“自邑告命”即君子邦域之内原本信服君子之道的人民，现在也需要告诫，甚至命令。言外之意君子不得民心，人民不情愿顺从。“不戒，以孚”、“邑人不戒”与此正好相反。

“贞吝”，正义有失故“吝”，及时改正不至于凶。

此爻明治“泰”要以民众信从为基础，失去民心则上下交泰无从谈起。

《象》曰：“城复于隍”其命乱也。

“命”此处解作“教令”。《左传·昭公十二年》：“惟命是从。”

“其命乱也”，掌国家教化者不得治国正道，乱行教令，最终使人民背离。

第十二卦　否 ☰☷ 乾坤

否之匪人，不利君子贞，大往小来。

“否”《说文》：不也。事之不然。此处解作“闭塞，不顺畅”与“泰”相对。

“匪人”为“非人”，违背人事、人道之意。

“否之匪人”，“否”违背人事、人道。交合为正道，为人事之常。

“不利君子贞”，闭塞之境况不利于君子行贞正。

“大往小来”，君子者有所持守，处困境积极营求于下，但劳费甚大，其所得甚少。

《彖》曰：“否之匪人，不利君子贞，大往小来。”则是天地不交而万物不通也，上下不交而天下无邦也。内阴而外阳，内柔而外刚，内小人而外君子，小人道长，君子道消也。

“天地不交而万物不通”，天地违行，万物不通。

“上下不交而天下无邦”，上下不交，其志违行，民不信服，不顺从君子，则无君王之位，则“天下无邦”。

“内阴而外阳”，阳主动于内，阴主顺于外，若阴阳背反，则其人妄乱。

“内柔而外刚”，内意志不刚强则不能有成，外行为不柔顺则必有伤。此为人之“否”。

“内小人而外君子，小人道长，君子道消”，结纳小人而排斥君子，邪恶渐长，正义渐消。此为处世之“否”。

《象》曰：天地不交，否。君子以俭德辟难，不可荣以禄。

“俭”《说文》：约也。行为克制之意。段注：“约者，缠束也。俭者，不敢放侈之意。”此处有“节制、克制”之意。

“辟”应为“避”《说文》：回也。即回避。

“荣”《尔雅》：木之曰华，草之曰荣。即草木之花，引申为荣耀。

“禄”此处指官位。“荣以禄”以居官而显荣。

“否”之时君子不得其位，小人行其道，君子守义，小人妄为。君子若直道而行必有伤害，不若慎行以避难。《论语·宪问》：“子曰：邦有道，危言，危行；邦无道，危行，言孙。”即“俭德辟难”。道义不行之际，君子“荣以禄”则是同流合污，君子“不仕不义”。《论语·宪问》：“子曰：邦有道，谷；邦无道，谷，耻也。”《论语·泰伯》：“邦无道，富且贵焉，耻也。”即“不可荣以禄”。

初六：拔茅，茹以其彙，贞吉，亨。

君子身处困境，积极争取可以团结的力量，最终才能化解困境。同时对不同类的民众采用针对性措施，才能使之顺从，君子在实施扩大正义力量的过程中，应秉持贞正而行，如此可致吉，可致亨通。

此爻明治“否”具体手段。

《象》曰：“拔茅，贞吉”志在君也。

“志在君也”，君子投合民众，意在壮大正义力量，志在谋求君位。

六二：包承。小人吉，大人否亨。

“承”《说文》：奉也，受也。此处为承奉之意，指愿意辅助、追随君子之人。

“承”此处指道德未必美好，但愿意从顺君子者，君子给予正确引导则能得于正道之人。处“否”之时，君子不能责全求备，只要有心向道，愿意追随君子者，君子皆应包纳之，如此可壮大正义力量。

“包承”，君子包纳愿意追随君子者，以此壮大正义力量，为化否为泰的必要选择。

“小人吉”，小人处困境而舍义取利，故小人得势。

“大人否亨”，“否亨”即“不亨”，大人处闭塞之际，安守道义，一时难以亨通，故“大人否亨”。

“小人吉，大人否亨”，于道义闭塞之际，君子“固穷”，宁守“大人之不亨”而不求“小人之吉利”。言外之意，君子要固守道义。

此爻明广泛团结群众为治“否”之根本途径，君子要固守道义，不可妄行。

《象》曰：“大人否亨”不乱群也。

“不乱群也”，“大人”困穷而不乱道义，小人滥行而祸乱族群。

六三：包羞。

“羞”《说文》：进献也。《尔雅》释为“进”。“羞”指在祭祀、朝觐等正式场合下进献祭品、礼物。指可以登大雅之堂者，寓意有一定素养之人。具体到此处指有正义感且愿意亲近君子之人。

“包羞”，此处意为仅包纳与君子志趣相投者。“包羞”有结党结社，洁身自好的意味。

此爻明君子处“否”，所争取对象为广大民众，而不是少数志趣相投者。

《象》曰：“包羞”位不当也。

“位不当也”，处“否”只有团结大多数人，才能最终改变困境。君子以主动争取群众为主要任务，追求结党结社，洁身自好，非君子之正义，亦不能从根本改变困境。所以“位不当也”，即行为不符合君子之身份。

九四：有命无咎，畴离祉。

“畴”《说文》：耕治之田也。即已经整治好的田地。

“离”《说文》：黄，仓庚也，鸣则蚕生。仓庚即黄鹂。

“畴”备于播种也，“离”命于桑蚕也。“畴”此处比喻君子为谋求治“否”成功，准备工作完成。“离”比喻时机。

“有命，无咎”，君子时刻保有自身的使命，则无咎。若不能保有自身使命，则为“咎”。

“畴离祉”，指君子做好准备工作，等时机成熟则必会有福祉。

此爻明君子要不失使命感，且要扎实工作，时机成熟，自然会得福祉。

《象》曰：“有命无咎”志行也。

“志行也”，君子不失载道弘道之志。

九五：休否，大人吉。其亡！其亡！系于苞桑。

“休”《说文》：息止也。此处有使其停止的意思。

“亡”《说文》：逃也。引申为丧失，灭亡，死亡。此处指丧失。

“苞”《尔雅》：丰也，稹（zhěn）也。指禾苗稠密，泛指草木丛密、丰盛。《诗经·唐风·鸨（bǎo）羽》：“肃肃鸨行，集于苞桑，王事靡盬（gǔ），不能艺稻粱，父母何尝？悠悠苍天，曷其有常？”“苞桑”丛密的桑树林。“苞桑”指国家树桑之公田，即人民服劳役之桑田。此处比喻公利。

“休否”，使闭塞不通的状况停止，即化否为泰。

“大人吉”，只有明哲之“大人”方能正确制止“否”，化否为泰。

“其亡！其亡！系于苞桑”，君子一定要慎于“否泰”之道，能时刻系心于公利，要以广大人民的福祉为根本，才能广聚民心，才能保证正义不被邪恶侵蚀，永葆天下安泰，不然则“其亡”必矣！

此爻明只有“大人”能正确化否为泰，维护天下公利，保证正义的绝对优势，方能保证国家安泰，而不致于“否”。

《象》曰：“大人之吉”位正当也。

“位正当也”，大人遵循正义治“否”，故“位正当也”。

上九：倾否，先否后喜。

“倾”《说文》：仄也。即偏斜。此处解作倾覆、覆灭，《左传·成公十三年》：“倾覆我国家。”

“喜”《说文》：乐也。

“倾否”即“否道覆灭”。“否”则不能中正，不能广大，不能久长，正道终究战胜邪道，回到人民中来。

“先否后喜”，君子治“否”先难后成，终能使“否”覆灭，故有喜。此处言“喜”指“否”道覆灭，君民喜悦。此处不言“吉”，意思指“泰”乃正道，常规，返回正道并不为有得，可喜而已。

此爻明治“否”先难后成，终能成功。

《象》曰：否终则倾，何可长也。

“否终则倾，何可长也”，闭塞不通的状态发展到最后一定会覆灭，不可能长久。因为在闭塞的情况下，正义不能申张，不能保证广大人民的根本利益，一小撮既得利益者、为乱道义者最终也会走到人民的对立面，必定会被强大的人民力量所消灭。可见非中正不能久长，只有中正才能广大。

第十三卦 同人 ䷌ 乾离

同人于野，亨。利涉大川，利君子贞。

“同”《说文》：合会也。会集且能致一为同。“同人”使人会合而致一，亦即同化其人。

“野”《说文》：郊外也。此处泛指远于君子教化之地域。

“同人于野，亨”，君子以礼义文教同化远于文明之人，君子推行文明于天下，亨通。

“利涉大川”，可以广泛、深入推行“同人”政策。

“利君子贞”，“君子贞”即君子之贞正。君子之贞正在于行为合乎礼义，积极谋求道义。用“君子贞”去同化未文明者必有成。

《彖》曰：“同人”柔得位得中而应乎乾，曰“同人”。“同人”曰“同人于野，亨，利涉大川”乾行也。文明以健，中正而应，君子正也。唯君子为能通天下之志。

“柔得位得中而应乎乾”，“柔”指君子，“乾”为天道，为强健，为自强不息。君子得其正位，得中道而行，且积极进取，力行弘道化民之事业，如此称作“同人”。

“乾行也”即勇力推行“同人”之政，意志刚强，行为勇壮，以乾德治事，故曰“乾行也”。

“文明以健，中正而应，君子正也”，此句话解释“君子贞”。“文明”指君子言行有文采。“健”指君子奋力图强。“文明以健”即力行文明。“中正而应”指君子中正于礼义。“应”指君子能和于人。“君子正也”君子做到“文明以健，中正而应”，可谓“正”也。

“唯君子为能通天下之志”，“为”此处解作“治、治理”。“通”解作“贯通，使同一”。唯有德君子治理才能贯通天下人之心志，使天下人同一到礼义上来。

《象》曰：天与火，同人。君子以类族辨物。

“天”德为健。“火”德炎上、化物。“与”解作交与。君子从乾道而推教化，即“文明以健”，故为“同人”。

“类”《说文》：种类相似。此处有“分别而归类”的意思。

“君子以类族辨物”，君子根据族群的差异，辨别事物的不同，采取相应的同化策略。

初九：同人于门，无咎。

“门”此处指家门，寓意临近之所在。

“同人于门”，君子推行文教化民，当从临近的地方，临近的人开始。意思同于“富以其邻”。由近及远，由小到大，由易至难，循序渐进乃是所有做事的通则。君子“同人”亦当如此，可以积累经验，可以稳固基础，如此何咎之有？

此爻明“同人”要从近处着手，逐步扩大。

《象》曰：出门同人，又谁咎也。

君子“同人”必由近及远，由亲而疏，此事理之然也。“出门同人”则近者无咎怨，能使远者来。近者不能悦服，而欲同化远者如何能行？

六二：同人于宗，吝。

“宗”此处指同宗者，宗族、宗国、宗派。泛指宗人。“宗”即君子亲近之人，亦是君子立足社会的依托。君子欲推行“同人”之政于天下，如果君子的宗人都不能与君子同心同德，那么君子就失去了基本的支持力量。

“同人于宗”是最易做的工作，甚至也可以说是同化天下的基础工作。但君子如果仅注重同化宗人，而轻慢宗人以外的人，那么就失于狭隘，有违于弘道化民的职责。君子“同人于宗”只是“同人于天下”

的先行步骤。君子目的在于“天下大同”，止于“同化一宗”则为小，为吝。

《易》卦的第二爻都是要说明如何行此卦事，第三爻说明行此卦事得失之所在。“同人于宗，吝”仅从字面来看，应该是第三爻的语言。但以推行教化的实际操作来看，“同人于宗”应该是最基础的工作。所以这句爻辞的意思有两层，第一要用“同人于宗”的方法。第二如果止于“同人于宗”则“吝”。言外之意君子要立足客观实际，着眼大义，虽然“同人”有先后，但君子不能有远近亲疏的分别之心，要立志高远。“同人于宗”是“私宗亲”，但如果目的在于“公天下”，则无咎。“同人于宗”与“同人于门”只是同化天下的必要、合理的方法而已。以教化世人而言，君子一视同仁，没有远近亲疏之别。

此爻明“同人”虽然有先后之别，但原则上要平等待人，不能有分别之心。

《象》曰：“同人于宗”吝道也。

“吝道也”教化天下应对所有世人平等看待，不应有分别之心。无论远近亲疏，无论种族邦国一视同仁，不然则为“小”为“吝道”。

世界宗教中往往有异教徒、门派争端等问题。如果此宗教确为真理，足够博爱，那么所谓“异教徒”只是“迷途的羔羊”而已，何必要仇恨之？对于无知而亵渎真神者，又何必要让其下阿鼻地狱？如果一个宗教主足够博大宽宏，怎么会生出无数门庭支派？这些问题诸家都有说辞，但“吾不信也”。孔子说人们往往“舍曰欲之而必为之辞”，我深以为然。“同人于天下”、“有教无类”才是大道。然而两千多年来大道被奄，歧道繁多，实为可悲！光复我儒教，吾辈任重而道远也！

九三：伏戎于莽，升其高陵，三岁不兴。

“伏”解作“埋伏”。《左传·庄公十年》：“惧有伏焉。”

“戎”《说文》：兵也，即兵器。

“莽”应为“茻（mǎng）”，茻《说文》：众草也。即稠密的草丛。

“陵”《说文》：大阜也。即大土山。

“兴”《说文》：起也。此处有“启发，教化”的意思。

“伏戎于莽”，在稠密的草丛中埋伏待敌。指对付强大的敌人要讲究策略才能制胜。此处指对顽愚不化的方国进行同化，要在其不可见，不可防之处，围堵之。

“升其高陵”，此处指对顽愚不化的方国进行同化，使其居于偏远之境，孤立之。

“三岁不兴”，对于顽固不化者，君子围堵之，孤立之，待其内部生变，而后君子前往而教化之。《论语・述而》：“子曰：不愤不启，不悱（wéi，思考）不发。”斯之谓也。

此爻明治理顽固者的策略。

《象》曰：“伏戎于莽”敌刚也。“三岁不兴”安行也。

“敌刚也”，君子之同化对象顽固且强硬。“敌”并非指敌人，而是指“相偶者”，即君子同化之对象。

“安行也”，安于教化的客观规律而行，即待其内部生变。

九四：乘其墉，弗克攻，吉。

“乘”此处解作“登，升”，《吕氏春秋・贵直》：“一鼓而士毕乘之。”

“墉”《说文》：城垣也。即城墙。

“克”此处解作完成，《春秋・宣公八年》：“日中克葬。”

“乘其墉”，君子之师登上顽固不化者之城墙，言外之意已攻破对方防护，完全可以使对方被动顺从。

“弗克攻”，即在“乘其墉”后不继续用武力攻打他。意在强力迫使顽固者内部生变，以攻心为上。

“吉”用师的最高境界在于，用威不用力。不伤一兵而挫败对手可谓“吉”矣。

此爻明“同人”能促使对方自变为吉。

《象》曰：“乘其墉”义弗克也。其吉，则困而反则也。

“则”《尔雅》：常也，法也。即常规、法则。

“反”《说文》：覆也。即颠覆。

“义弗克也”，如果以暴力迫使顺从，则不义。君子以德服人，以礼教化民，如果崇尚以武力解决问题，则违背君子立身处事的原则。使其内心改变，才是上策。

“则困而反则也”，原来奉行的法则至于困穷，则会推翻它。言外之意摒弃愚昧落后的规矩，接受先进文明的理念。

九五：同人，先号咷而后笑。大师，克，相遇。

“号”《说文》：痛声也。

“咷（táo）”《说文》：楚谓小儿泣不止曰嗷（háo）咷。

“号咷”指痛苦哀叹之声。

“克”此处解作战胜、制胜，《左传·僖公四年》：“以此攻城，何城不克？”

“相”《尔雅》中有“辅助”的意思。

“遇”解作“抵挡、对付”，《荀子·大略》：“无用吾之所短，遇人之所长。”“相遇”即辅助对付。

“同人先号咷而后笑”，被同化之人愚昧深厚，君子以正义，正礼教导之，约束之，其开始必不能合于礼义，故有不适，有为难，甚至不满，所以“号咷”。之后日渐熏习君子之道，言行能合于礼义，能受其利，所以“后笑”。

“大师，克，相遇”，君子“伏戎于莽，升其高陵”，“乘其墉”，皆有赖于师，但君子善用师，用威不用力，大其师之用。能如此用师者称为“大师”，能如此作为之军队也称之为“大师”，此处意在后者。“大师，克，相遇”意思为“大师”可以制胜，但“大师”只能用来辅助、配合君子。“大师”是必要条件，但“过犹不及”。

此爻明“同人”的方法。

《象》曰：同人之先，以中直也。“大师，相遇”，言相克也。

“同人之先，以中直也”，“直”此处指规则要求。同化其人之初，使“中于直”，即要求其遵守规矩。这句话解释为何“先号咷”。

“言相克也”即“大师”用以辅助制胜，意在说明“大师”是辅助地位，不能用来主导“同人”。“大师”在“同人”的过程中起到“乘其墉”的作用而止，不能攻克对方，否则为不义。“言”助词，无义。

上九：同人于郊，无悔。

“悔”《说文》：悔恨也，“悔”自怨也。

君子同化天下，但君子国之郊野仍有未同化之人。可见“同人”在广度上有成，在深度上则永远没有止境。“郊”为国之远者，远于教化之地。此处指在社会层面上远于教化的阶层，比如最底层的人，社会边缘的人。同化天下而郊有遗民，是君子教化之事未能尽善。然而君子同化天下而郊有遗民，并非君子推行教化有失，而是事理之必然，因为人有智愚，事有不齐。教化世人犹如扬沙过筛，终究有不能过者。并非君子有弃民之心，实在是有不化之人。君子“同人于郊”即尽人事，如此问心无愧，不负使命，故“无悔”。

此爻乍看似乎可以和第三爻互换，仔细分析，“同人于郊”应该是在“同化天下”之后的新问题。卦辞中说“同人于野，亨”，所以“同人于郊”如果是在“同人”之初，何谈“无悔”?《易》卦上三爻是对卦事的延伸，再阐发，考虑到爻位的因素，所以确定这句爻辞是指“同化天下”之后再深化“同人”的事情。

此爻明“同人”永无止境，君子要时刻负有使命感，保持敬慎之心而不可懈怠。

《象》曰：“同人于郊”志未得也。

君子之志，弘道天下，教化世人，天下大同，今君子之郊有不化之民，君子之志未得也。

第十四卦　大有 ☲☰ 离乾

元亨。

“有”此处解作“富有”，《诗经·小雅·鱼丽》：“君子有酒，旨且有。”君子得君王之位，厚德载民，民众响应，称之为“大有”。

“元亨”，君子有位、有德信称之为“大有”。君子兼用权位与德信行教则教化可大成，故“大有”为基础，为全面推行教化之起始，可致亨通，为“元亨”。

《彖》曰：“大有”柔得尊位、大中而上下应之，曰“大有”。其德刚健而文明，应乎天而时行，是以“元亨”。

“柔得尊位、大中而上下应之”，“尊位”不仅有君王之权位，还得民望，受人民尊重。“大中”即“大义”，君子之大义为厚德载物。“上下应之”君民上下交流顺畅而和合。君子以君王之身份践行弘道化民之使命，而民众和顺，如此为“大有”。

“其德刚健而文明，应乎天而时行”，君子弘道化民之意志刚强，行为勇壮，君子之言行富有文采，和于天道而中于时义。君子刚健则能上进不息，君子文明则能感动于人，君子从天道而行时义则治事能成。

《小畜》时，“柔得位而上下应之”。《同人》时，“柔得位得中而应乎乾”。《小畜》之时，君子得君王之位，道义未立于人民。《同人》之时，君子得君王之位，行中于义，但未能全面推行教化。“大有”之时君子以德信、权位全面推行教化于天下。

《象》曰：火在天上，大有。君子以遏恶扬善，顺天休命。

“火”其德为明。“天”其德为刚健。刚健而文明，教化大行，为

“大有”。

“遏”《说文》：微止也。即遮隐、制止。

“扬”《说文》：飞举也。引申为传布、称颂。《荀子·不苟》：“君子崇人之德，扬人之美。”

“休”《尔雅》有“安于、安定”的意思。《左传·襄公九年》：“若能休和，远人将至。”

“同人”之时火在天下，君子以力行文明，“大有”之时政教兴盛，文明昭著，不待君子征而民众能行于礼义，此时健全礼制法度，惩恶扬善，是君子当时之义务。“遏恶扬善，顺天休命”即遏止邪恶，传布良善，顺应天道，安守使命。

《论语·为政》：“子曰：攻乎异端斯害也已。”即君子“遏恶”也。“举善而教不能”即“扬善”也。《论语·微子》：“子曰：鸟兽不可与同群，吾非斯人之徒与而谁与？天下有道，丘不与易也。”即孔子“顺天休命”也。

初九：无交，害。匪咎，艰则无咎。

“交”者，君交于民，上交于下。君不交于民则文明不行，文明不行则愚昧、混乱。愚昧、混乱国家之“害”也。“无交，害”即“没有全面深入的交和，则有祸害。”

“匪咎”，“匪”应为“非”，非《说文》：违也。此处指违背正道。“匪咎”违背教化之正道为“咎”。

“艰则无咎”，“艰”有行为困难的意思，引申为力行。“则”此处指常则、法则。“艰则无咎”，力行常则，安守正道则“无咎。”

此爻明处“大有”之时，保持上下交流顺畅尤为重要。君子行使政教化民要遵循正道，力行常则，如此“无咎”。

《象》曰：初九，“无交”，害也。

一个健康社会的标志应该是社会各个方面，各个层次都可以顺畅交流，从而能有效教化世人，保障社会文明进步，和谐稳定。反之，不能有效交流，则祸乱丛生，文明倒退。

九二：大车以载，有攸往，无咎。

“车”此处比喻君子之教化体系。

“大车”即“大其车”。“大车”即健全礼制、法规、文学等体系，使无所不包，民众生活不遗一事一物。

“载”即载民致道，君子使人民行于礼义。

“有攸往，无咎”，不断健全、完善政教体系，如此则“无咎”。

此爻明要通过健全完善教化体系，才能保持“大有”的良好社会状态。

《象》曰：“大车以载”，积、中不败也。

“败”《说文》：毁也。“败”《尔雅》：覆也。此处解作“败亡，覆败”。

“积”《说文》：聚也。“聚”《说文》：会也。即会和。“积”此处解作“积聚”。“积”此处指通过健全教化体系，从而达到包纳民众所有生活行为的目的。“中”指中于道义，教化要中于道义。体系健全而合于正义，君子以此治理天下则可以处“不败”之地。

九三：公用亨于天子，小人弗克。

“公用”指国家礼制、法度、文教。

“亨”此处为“享”，解作“享有、掌握”。

“克”此处解作“能、胜任”。

礼制、法度、文教乃国家公器，用以治理天下，关系重大。如果掌握在小人手中，或不能正确运用，或谋于私利，祸乱天下，损害道德。所以关系国计民生的国家礼制、法度、文教等要掌握在天子手中，不能由小人来使用。《礼记·中庸》：“非天子不议礼，不制度，不考文。”

此爻明国家公器一定要掌握在君子手中，不能使之掌握于小人之手，不然不得其正用，祸乱国家。

《象》曰：“公用亨于天子”小人害也。

“小人害也”，小人不明道义，不能准确、有效地运用国家公器利益人民。其次小人没有操守，见利忘义。所以小人当道则有害天下。

九四：匪其彭，无咎。

“彭（bāng）”应为“搒（bāng）”，意思为杖责，此处引申为罪责。

“彭”《说文》：鼓声也，薄庚切。应作bēng或bāng。《诗经·齐风·载驱》：“汶水汤汤（shāng），行人彭彭。”《诗经·大雅·烝民》：“四牡彭彭。”《古汉语字典》：“同‘搒’，古刑法，用木板打。”《后汉书·戴就传》：“每上彭考，因止饭食不肯下。”

综括以上，“彭”本义应为打鼓之声。《诗》“行人彭彭”指众多行人走路之声“彭彭”。“四牡彭彭”则指四匹马马蹄击打在地上，声音“彭彭”，如鼓声。“搒”用木棍敲打人，亦如同鼓槌击打鼓，所以“搒”应是“彭”的引申意。当今在我家乡河北用木棍敲打人仍然称“彭（bāng）”。

“匪其彭”，君子监督教化运行，惩罚乱制者。“匪其彭”即不是其人之罪责。

“无咎”应为“勿咎”，不是其人之罪责，则不能责罚之。

此爻明“大有”之时，君子监管教化运行，一定要明察是非对错，惩恶扬善。

《象》曰：“匪其彭，无咎”明辨，晢（zhé）也。

“辨”《说文》：治也。此处有明辨，分别的意思。

“晢”《说文》：昭晢，明也。即光明之意。

明于理义而审查其是非，谓之“明辨”，“明辨”是非则使正义光明，光明为“晢”。

六五：厥（jué）孚交如，威如，吉。

“厥”《尔雅》：其也。

“威”《尔雅》：则也。《说文》：姑也。即婆婆。引申为可畏。林义光《文源》：“象戈戮人，女见之，女畏慑之象。”综上，“威”之意当为可使人敬畏，此处解作“威严，尊严”。

“如”解作“如……的情况，如……的状态”。

“厥孚交如”即如同君子用在人民中的信用与民众交往，使人民顺服的情形。

“威如”即如同以威严临之的状态。

“厥孚交如，威如，吉”，君子以政教治国，能使用自己的信用，威严交于人民，则吉。

此爻明“大有”之时，能以威信交于民众，使国民行于礼义，则至为吉祥。

《象》曰：“厥孚交如”信以发志也。“威如”之吉，易而无备也。

“易”此处解作“容易、简单”。《荀子·乐论》：“吾观于乡而知王道之易易也。”

“备”《说文》：慎也。其象形为人立于盛箭矢的容器旁。“备”指有所挟持而戒慎于来犯者。此处解作“戒慎，防备”。

“信以发志”，君子以自己的信用使人民顺从，使人民志于道义。即君子以自身道德声望感染人民，取信于民众，使民众有志于礼义。

“易而无备也”，如果人民敬畏君王，君王的威严可以慑服民众，从而使民众向道，则无需以诸多法令、规则戒备人民作乱，如此是最简单、容易且有效的教民手段。

上九：自天佑之，吉无不利。

佑，助也。天，道也。君子弘道化民能顺应天道，安守本分，上天则保佑之，能君民皆利，故曰“吉，无不利”。

此爻明“大有”之时要顺应天道，则君民皆利。

《象》曰：“大有”上吉，自天佑也。

“上吉”，“上”即向上之意。指遵循正道深入、广泛推行教化，可致吉。君子德合于道而往以治事则能得“天佑”。

第十五卦　谦 ䷎ 坤艮

亨，君子有终。

“谦”《说文》：敬也。不自满、自大，虚己下人。《尚书·大禹谟》：“满招损，谦受益。”

“终”此处有“最终归止”之意。谦德为君子最终之归止。

“亨”即以谦虚的态度来修身、治事，可致亨通。

“君子有终”，“有”助词，置于名词前无实义。谦虚是君子道德修养的终极境界。

《彖》曰：“谦，亨”天道下济而光明，地道卑而上行。天道亏盈而益谦，地道变盈而流谦，鬼神害盈而福谦，人道恶盈而好谦。谦，尊而光，卑而不可踰（yú），君子之终也。

“天道下济而光明”，“下”即卑让。“济”《尔雅》：益也。天道卑让以利益万物，以此天道亦光明。

“地道卑而上行”，地道卑顺以承天载物，以此能上合道义。

“天道亏盈而益谦”，“亏”《说文》：气损也。引申为减损。“益”《说文》：饶也。即增益。即天道减损自满者，而增益自谦者。

“地道变盈而流谦”，“变”此处解作“改变，变化”，有舍弃的意味。“流”《尔雅》：求也。即寻求。地道舍弃骄盈者，而寻求谦和者。

“鬼神害盈而福谦”，“鬼神”者可保佑、惩戒世人。鬼神伤害骄逸自大者，赐福于谦逊敬顺者。

“人道恶盈而好谦”，人道厌恶自满自大，而喜欢谦逊恭顺之人。

“谦，尊而光，卑而不可踰，君子之终也”，“踰”《说文》：越也，即超越。谦者德崇而行卑，故合于天道，顺应地道，保佑于鬼神，和于人道。其位尊，其德光显，行卑而德崇，何可踰也？君子修行之终极境界，谓“君子之终也”。

《象》曰：地中有山，谦。君子以裒（póu）多益寡，称物平施。

“地”其道卑，其德厚以载物。“山”其为物崇高，其德为止。君子行止恭让，道德崇高，寓崇高于卑让之中，如此为“谦”。

“裒”应为“掊（póu）”，掊《说文》：引取也。

“称”《说文》：铨也。即测量轻重。

“益”增益，利益。

“裒多益寡”，君子以自身之德厚而增益德薄之人。

“称物”权衡物有，“平施”平等分配。

“君子以裒多益寡，称物平施”，君子以德厚帮助德薄者，衡量财物以平等分配。君子如此作为是效法天地之道，以期“下济而光明”、“卑而上行”。

初六：谦谦君子，用涉大川，吉。

“谦谦”，谦虚恭敬的样子。

“用涉大川，吉”，君子在修身、治事之中广泛、深入实践谦虚之德，可致吉。

此爻明君子立身、处事要一贯秉持谦虚的态度。

《象》曰：“谦谦君子”卑以自牧也。

“卑”《说文》：贱也。引申为自下，谦让。

“牧”《说文》：养牛者。引申为治理、约束。

“卑以自牧”即“自牧以卑”，以谦卑来要求自己，约束自己。

六二：鸣谦，贞吉。

“鸣”《说文》：鸟声也。引申为声明、表达、宣扬。《庄子》：“天选子之形，子以坚白鸣。”

“鸣谦”，君子宣扬谦德，号召民众践行谦德。

“贞吉”，谦是立身处事的态度，其正义为内心恭敬而言行谦逊。如果言行卑顺而内心骄盈，则失谦德之正。唯有表里如一，才能感人，才能久长，才能致“吉”。

此爻明应宣传谦德，民众践行谦德，要以内心敬顺为根本。

《象》曰：“鸣谦，贞吉”中心得也。

“中心得也”即“使中心得也”，使其人有谦让之心。内心谦让则言行一定谦和，不然徒有其表。“中心未得”则流于奸佞、巧诈。

九三：劳谦。君子有终，吉。

“劳”此处解作劝勉、鼓励。《吕氏春秋·孟夏》：“劳农劝民。”

“劳谦”，鼓励、褒奖民众实践谦德。

“君子有终”，君子得居尊位，道德广播，且言行恭敬，君子据此劝勉民众实践谦德，则必能得民众响应，故曰“吉”。

此爻明掌教化者应鼓励民众实践谦德。

《象》曰：“劳谦君子”万民服也。

“万民服也”，君子以身作则，树立、引导谦让之风，则万民顺服。

六四：无不利，㧑（huī）谦。

“㧑”《说文》：以手指也。即用手指示、指挥。此处解作指挥。

“鸣谦”，君子明义于民，民众若能自行谦德则为最善。“劳谦”，君子劝民行谦，民众听从君子则为善。有乖张、不明义者，则君子指挥之，要求之，如此为“㧑谦”。

“无不利”，于教化有利，于民众有利。

“无不利，㧑谦”可写作“㧑谦，无不利”。此处之所以倒装，因为谦德之本在于内心谦恭。教人谦和以攻心为上，从外部要求，约束为下策。倒装突出表示“㧑谦”为无奈之选择，其为辅助手段，为下策。

此爻明劝民行谦德，必要的外部要求仍是十分必要而有利的。

《象》曰：“无不利，㧑谦”不违则也。

“不违则也”即没有违反教化人的常规。人有不齐，有学而知之，有困而学之，有困而不学者。掌教化者对于不能自觉上进之人，有所强制要求，亦符合情理。“㧑谦”循常理，故“不违则也”。

六五：不富以其邻，利用侵伐，无不利。

“富以其邻”，即是“裒多益寡”，“不富以其邻”即是不能行谦德。若为君王不能行“下济而光明”、“卑而上行”之事，则不能教化世人，则失君王之正义。如此则必为正义者“侵伐”之。

“侵伐”言外之意指谦德应当用以国家教化。

“无不利”，讨伐不义可利义两得，故“无不利”。

《孔子家语·始诛》：“既陈道德，以先服之；而犹不可，尚贤以劝之；又不可即废之；又不可而威惮之。若是三年，而百姓正矣。其有邪民不从化者，然后待之以刑，则民咸知罪矣。”

“鸣谦”者是“陈道德”也。“劳谦”者是“尚贤以劝之”。“㧑谦”者是“废而威惮之”。“侵伐”者是“邪民不从化，待之以刑”。“鸣谦”在先，“劳谦”在次，“㧑谦”在后，“侵伐”在终。

以此爻之用辞而言，可以置于第三爻或第六爻，其情形同《同人》之六二，意在同时说明行谦德应“富以其邻”。

此爻明推行谦德于天下为君子之义务。

《象》曰：“利用侵伐”征不服也。

“征不服也”即讨伐不能行谦德者。

上六：鸣谦。利用行师，征邑国。

此“鸣谦”之意如同《同人》上九之“同人于郊”。“同人”、“谦”永无止境，故君子时刻不可懈怠。

“利用行师，征邑国”即“侵伐”天下不德之国。天下未大同，则君子“侵伐”不止。

“利用行师，征邑国”，君子之国治，进而平天下。

此爻明君子推行谦德，不可须臾懈怠。要志存高远，心怀天下。

《象》曰：“鸣谦”志未得也。可用“行师，征邑国”也。

“志未得也”，君子愿谦德行于天下之志未得。

“可用‘行师，征邑国’也”，一国之德化成，应推之于天下。

第十六卦　豫 ䷏ 震坤

利建侯，行师。

“豫”《尔雅》：乐也。内心和悦称之为豫，又指豫乐之事。

“利建侯，行师”，利于建设侯国，出师征战，二者皆军国大事，寓意“豫”道致用广大。

《论语·子张》：“子夏曰：君子信而后劳其民，未信，则以为厉己也。”君子先取信于民，而后方能使民众服从治事。如果民众未能信从，而强制民众从事，民众则认为是残害。君子使民众从其事，先谋求使民众心悦诚服，而后民众方能力行之，如此为“豫”道。

《彖》曰：“豫”，刚应而志行，顺以动，“豫”。“豫”顺以动，故天地如之，而况建侯行师乎？天地以顺动，故日月不过，而四时不忒（tè）。圣人以顺动，则刑罚清而民服。“豫”之时，义大矣哉！

“如”《说文》：从随也。即遵循，依从之意。

“过”此处为“失”之意。《管子·立政》：“宁过于君子，而毋失于小人。”《国语·周语上》：“天地之气，不失其序，若过其序，民乱之也。”

“忒”《尔雅》：差也，爽也。即差错。

“清”此处解作清闲、清静，有偃息之意。《庄子·在宥》：“必静必清，无劳女形。”

“刚应而志行”，“刚”指民众，民众顺应教化，且志于道义而行。

“顺以动，豫”，内心顺服而行其事，称之为“豫”。

“故天地如之，而况建候行师乎”，天地亦遵循“顺以动”之原则，何况建国、用师之事？

“天地以顺动，故日月不过，四时不忒”，天地运行以万物顺动为原则，所以日月运行无过失，四时无差错。天地“豫”，则日月有常，四时有序。

“圣人以顺动，则刑罚清而民服”，圣人以民众顺动为原则，以此治事，则民众无罪责，刑罚偃息，人民服顺。

“豫之时”，“时”《尔雅》：是也。即正、允当之意，此处解作积极意义。《诗·小雅·頍（kuǐ）弁（biàn）》：“尔酒既旨，尔肴既时。”其中“时”即合适、可口之意。

“义大矣哉”，“豫”之积极意义在于“义大”。使顺而后动，为治事之正理，故“豫”合于道，为“义”。

“大”指意义重大或利用广大。“义大”指其义重大。

《颐》、《大过》、《解》、《革》之《彖》辞皆曰“之时，大矣哉”；《豫》、《遁》、《旅》、《姤》之《彖》辞皆曰“之时，义大矣哉”；《坎》、《睽》、《蹇》之《彖》辞皆曰“之时，用大矣哉”。其中“义”与“用”即利与义。“之时，大矣哉”即利义兼得，意义重大且致用广大。“义大”或“用大”则单指其重要一面。

《象》曰：雷出地奋，豫。先王以作乐崇德，殷荐之上帝，以配祖考。

“奋”《说文》释作“大飞”，引申意“振动、振作”。《孟子·尽心下》：“奋乎百世之上。”

“崇”《尔雅》：高也，重也。即尊崇，推重。

“殷”《说文》：作乐之盛称殷。引申为盛大、深厚。此处指盛大的舞乐。

“荐”《尔雅》：进也。即进献。

“配”即“配享”，祭祀时同时兼祭其它鬼神，以配其祭祀之鬼神。主祭与配祭者德行相似，此处“上帝”与“祖考”都是今人之根源。

“祖考”即祖先。《荀子·成相》：“下以教诲子弟，上以事祖考。”

“雷”其德为动。“地”其德为顺。“雷出地奋”即“雷奋”出自于地顺。顺而后动，为“豫”。

“先王以作乐崇德”，先王作乐舞用以推崇道德。古人的乐舞皆有所指。《论语·八佾》：“子谓《韶》：尽美矣，又尽善也。谓《武》：尽美矣，未尽善也。”其中《韶》这首乐曲，相传为舜时作，《武》传周武王时作。分别歌颂舜之德与武王之功绩。孔子说《韶》这首乐曲，音乐优美，并且合于“中和温顺”的礼乐标准，可谓完美。《武》这首曲子，音乐优美，但未尽和于礼乐之义，所以不能说是完美。可见乐舞用以“崇德”。

“殷荐之上帝”，以盛大的乐舞进献于上帝，歌颂上帝的功德。

“以配祖考”，祭祀上帝，以祖先配享。

以殷盛之乐舞祭祀上帝同时以祖考配享，以此歌颂二者功德。以盛大之歌舞敬鬼神，即内心和悦而后动之举。寓意天地、祖先依从“顺以动”之原则养育万物，教化世人，使皆能得于正道，从而其人内心服顺、和悦以祭祀之，此为“豫”之成。

初六：鸣豫，凶。

“鸣豫”，“豫”之正义在于内心服顺、和悦而喜乐形之于外。“豫”为自内而外之喜悦，自外而内则为非义。君子教民应谋求民众能得于道义为根本，民众有得而后能豫乐。若宣扬豫乐，以豫乐为追求目标，违背君子教民之根本，失其正义，为舍本逐末之举，故“凶”。

“豫”之根本在于内心和悦。如果只是追求外在、肤浅的喜乐，不务求内心、长久的喜悦，则是本末倒置。“豫”不能通过宣扬而得到，应该是人民内心满足、愉悦之后的自然表现。君子之职责在于不断设立符合礼义的豫乐形式及内容，使民众乐有所乐。如此是“豫”之正道。“鸣豫”为邪道。

此爻明“豫”之正义在于由内而外，内心愉悦是根本，反之则凶。

《象》曰："初六鸣豫"志穷，凶也。

"志穷，凶也"，君子志在以道化民，教化之根本在于人心，如果行教不从根本着手，则弘道化民必至于困穷之地。"鸣豫"违于"豫"之本，必至于"凶"。

六二：介于石，不终日，贞吉。

"介"同于"界"，《说文》释为"境"，即田地之边界。此处解作隔离、分开。《左传·襄公九年》："天祸郑国，使介居二大国之间。"

"石"此处指药石、石针，古人治病的工具。《礼记·内则》："古者以石为针，所以为刺病。"《韩非子·喻老·扁鹊见齐桓公》："疾在腠理，汤熨之所及也；在肌肤，针石之所及也；在肠胃，火齐之所及也。"

"介于石"即与药石分离，远离疾病。寓意"豫"要积极健康，时刻保持正义。

"不终日"即在一天之内，寓意发现问题及时解决。

"介于石，不终日"，君子治豫要以正义为导向，时刻注意远离邪恶，若出现偏差则及时纠正之。

"贞吉"，保持贞正可致"吉"。君子治"豫"，要使民众乐于正道，如此为"贞正"。《论语·子路》："子曰：君子易事而难悦也。悦之不以道，不悦也。小人难事而易悦也。悦之虽不以道，悦也。"此处所谓"悦之以道"即其乐合乎礼义，为正；"悦之不以道"所得违背道义，其乐不合乎礼义，为邪恶。譬如孔子时期，郑国之音乐不合乎雅乐标准，但乡愿之民众悦其淫荡，如此则为"悦之不以道"，非"贞正"。

此爻明治"豫"要远离邪恶，保持贞正。

《象》曰："不终日，贞吉"以中正也。

"以中正也"，谨守豫之义以行其正。

六三：盱（xū）豫，悔。迟有悔。

"盱"应为"旰（gàn）"二者篆文形似。"旰"《说文》：晚也。《左传·昭公十二年》"日旰君劳"。今天我的家乡土语说"旰了"即是表示事情失败，应该是由“晚了、来不及了”的引申。

“盱豫”，不能及时设立、给予民众符合礼义的豫乐方式与内容，那么民众就会以不义、淫邪的方式与内容来豫乐。如此则会惑乱正义，为乱社会。至于此种境地，违背了君子教化初衷，所以君子有“悔”。因为君子不及时作为，以至于淫邪造就而一时难除，所以说“迟有悔”。《论语·八佾》“放郑声，郑声淫”，可知郑国的音乐淫邪是执政者“盱豫”所致，即执政者懈怠于治“豫”。

此爻明治“豫”之失。

《象》曰：“盱豫，有悔”位不当也。

“位不当也”，君子居其位而失其察，慢其事，致淫乱丛生，在其位不谋其政，是“位不当也”。

九四：由豫，大有得。勿疑，朋盍簪。

“由”《尔雅》：自也，从也。此处解作遵循。《孟子·滕文公下》：“得志，与民由之；不得志，独行其道。”

“盍”《尔雅》：合也。此处解作“联合、会合”。

“簪”应为“簮（zuǎn）”，二者篆体形似。“簮”《说文》：丛也，即丛聚之意。《尚书·无逸》：“乱罚无罪，杀无辜，怨恨有司，是丛于厥身。”“丛”即聚集之意。

“疑（níng）”《尔雅》释为“休”，有停滞、固定之意。《诗经·大雅·桑柔》：“靡所止疑。”《荀子·解蔽》：“以可以知人之性，求可以知物之理，而无所疑止之，则没世穷年不能偏也。”

“由豫”，遵循“豫”之正道。

“大有得”，遵循“豫”之正道，可以促进弘道化民事业之进步，于君子行教而言，利义皆得，谓“大有得”。《礼记·乐记》：“知乐则几于知礼矣，礼乐皆得，谓之有德，德者得也。”其中“知乐则几于知礼矣”即“由豫”而得“礼”。

“勿疑”即不要停滞，指豫乐之形式与内容，要随时代不断进步，不能固化。

“朋盍簪”，朋友联合聚集起来。壮大高尚的礼乐力量，才能引导良好的豫乐风气。

“勿疑，朋盍簪”，遵循豫乐之正道，可以促进弘道化民事业之进步，但在此过程中要不断推陈出新，使豫乐形式与内容都能与时代契合。同时要联合、聚集志同道合的朋友，不断壮大正义、高尚力量，从而可以起到保障、引领正义风尚的作用。“勿疑”与“朋盍簪”相辅相成，才可以保证“大有得”。

此爻明如何治豫能有功。

《象》曰：“由豫，大有得”志大行也。

君子行礼乐之教而民从之，教化大行，是“大有得”也，君子之志“大行”也。

六五：贞疾，恒不死。

“疾”《说文》：病也，疾重则为病。引申为毛病、缺点。

“贞疾，恒不死”，如果防患于事物的小毛病，那么事物就永远可以存在，不灭亡。此处指君子治“豫”，如果能防患于小节、细节，小的过失及时改正，那么积极健康的豫乐是可以长久保持的。

此爻明治“豫”要防患于微小弊病，如此可长久保持高尚的礼乐。

《象》曰：六五“贞疾”乘刚也。“恒不死”中未亡也。

“乘刚也”，“乘”此处有“整治”之意。“刚”指不义、不德之事。君子整治违背于“豫”道之邪恶行为。

“中未亡也”，“中”即合于“豫”之道也。“未亡”不有失也。

上六：冥豫。成有渝，无咎。

“冥”《说文》：幽也。《尔雅》：晦也。此处解作昏昧、不明。《礼记·哀公问》：“寡人蠢愚冥烦。”

“成”应为“诚”，《诗经·小雅·我行其野》：“成不以富，亦祇以异。”《说文》释为“信”。此处解作真心，真诚。

“渝”《尔雅》：变也。即改变。

“暝豫”即昧于豫，不能正确把握、依从“豫”道。此处指君子与民众都有可能不明“豫”之正义。

“成有渝”即认识到错误，真心做出改变，则“无咎”。“成有渝，无咎”言外之意，治“豫”为长期且繁重之工作，有所出入亦在所难免。

此爻明治“豫”有不明、不足，要及时改正。

《象》曰：“冥豫”在上，何可长也。

“在上”，指昏昧于“豫”道者为在上位之君子。

“何可长也”，在上位之君子不明正义，不能使“豫”行于正义而至于淫邪，其位必不能久长。“何可长也”言外之意，“豫”关系重大，民众昧于豫则失德，君子昧于豫则有失天下之患，掌国家者不可不慎！

第十七卦　随 ䷐ 兑震

元亨，利贞，无咎。

“随”《说文》：从也。此处解作随从、使随从。《随》卦讲民众随顺国家教化，随顺君子之事。《随》卦是《屯》、《需》、《泰》、《同人》等卦的综合阐发。

“元”即始、根本。民随君，贤随圣，圣人随天地，天地随道。随顺于上，随顺于有道者，是上进之起始。

“亨”，随道广大，天随道，地随天，人随义，贤随圣，不肖随贤，臣随君，妇随夫。随顺于正道，可以有得，可致亨通。

“利贞”，随从于正义，方能有得，随从于非义则致害。

“无咎”，能随从于正道“无咎”，不能随从于正义、有德者，则为“有咎”。言外之意，“随”为上进之必要选择。

《彖》曰：“随”，刚来而下柔，动而说，“随”。“大亨贞，无咎”而天下随时。随时之义大矣哉！

“刚”为民，为不德。“柔”为君子，为道义。“刚来而下柔”即不义、不德、不明者前来随顺于有道者。

“动而说”，民众随顺正义而能有得，故而民悦。

“大亨”即“元亨”，随顺正道，可使民众明德智，君子教化上行，君民皆利，故为“大亨”。

“而天下随时”，“而”此处解作这样、如此。《战国策·赵策一》：“而可以报知伯矣。”君民皆有所随，且能遵循贞正，不违此而行，如此则天下万物随天时而动。“天下随时”亦即万物行于正道。

“随时之义大矣哉”，万物随天时而生，君子随时义治事，无论人事、物理皆要随时而动，故其“义大矣哉”。

《象》曰：泽中有雷，随。君子以向晦入宴息。

“泽”，其德为悦。“雷”，其德为动。动而后悦，为“随”。

“向”此处解作临近、靠近。《尚书·盘庚上》：“若火之燎于原，不可向迩。”

“晦”《说文》：月尽也。即每月最后一天，引申为日暮、天黑。《楚辞·天问》：“自明及晦，所行几里？”

“向晦”即临近夜晚。

“宴”《说文》：安也。“宴宴”《尔雅》：尼、居、息也。即安定、居止，休息之意。

“宴息”即安歇，休息。

“君子以向晦入宴息”，君子在傍晚时分安歇，即君子随顺天时而作息。此处不言“向明而作”意在突出知“止”，唯有能止于义，止于德，而后方能有得。随从于君子，随顺于道义即是止于善。《礼记·大学》：“知止而后有定，定而后能静，静而后能安，安而后能虑，虑而后能得。”

初九：官有渝，贞吉。出门交有功。

“官”《说文》：吏，事君也。“吏”《说文》：治人者也。许慎谓“事君也”，意思有偏颇。以儒学教义考察，君王为民众之师长，养民教民。“官、吏”为辅助君王治理国家，教化人民者，亦可以说是与君王志同道合者，虽然听从君王指令但旨在服务人民，而不是侍从君王。许慎说“事君也”，有其历史背景，汉代已然是家天下，原本的儒学教义被篡改。君王以天下为私有而有“君民之心”，所以许慎说“官”为“事君”者。公天下之官为民，家天下之官为帝王，虽然皆有听命于君王的事实，但二者所为目的不同。“官”之本意应为“吏”，即管理众人者，辅助君王治理国家之人，而非独谓“事君”者也。

“官”此处解作管理、管治，《管子·海王》：“桓公问：何为官山海？”

“渝”此处解作违背、背弃，《左传·桓公元年》：“渝盟无享国。”“有渝”指违背正道者。

“官有渝”，管治不能随顺正义、违离正道之人。

“贞吉”，管治违离正道者，使随顺正义，可致吉。

“出门交有功”，“门”指君子之门，“交”与民众结交。君子出门而交民众，可有功。指君子欲使民众随顺，要从亲近者开始，由近及远，最终可使广大民众随顺。孔子说“近者悦，远者来”。

“出门交”，寓含《同人》与《泰》二卦卦义，即君子谋求民众随顺，当行《同人》与《泰》之事。

此爻明治“随”之法则，其一、管治不随顺者；其二、使民众随顺要从亲近者谋起，由近及远，逐步扩大随顺者范围。

《象》曰：“官有渝”从正吉也。“出门交有功”不失也。

“从正吉也”，君子管治不随顺者，使之随顺正道，如此可致吉。

“不失也”，行《同人》与《泰》之事，可保证治“随”不失。

六二：系小子，失丈夫。

“系”此处不能写作“係”，“系”指上下联系，而“係”指捆束。“系”《尔雅》：继也。解作连接、承继。

“丈夫”《说文》释“夫”为“周制以八寸为尺，十尺为丈，人长八尺故曰丈夫”。段注笺：“男子已冠之称也。”《礼记·内则》：“二十而冠，始学礼。”此处指成人，指社会主力，难以使随顺者。

“小子”与“丈夫”相对，未成年人，非社会主力也，社会后备力量，容易教化而随顺者。

“系小子”，君子把青少年作为教化的主要对象，亦即谋求使青少年承继、随顺君子之道。这是国家教育的首要工作。国家安定，礼义法制行于社会，其教育的主要对象应为青少年。

“失丈夫”，“失”《说文》：纵也。“纵”《说文》：舍也。“失”此处解作舍弃、放弃。《孟子·尽心下》：“士穷不失义。”

“失丈夫”，在安定、有序的国家，成人的教育主要依靠礼乐、法制等体系，使之在社会生活中受到教化。这符合社会现实，因为成人的主要职责是负责社会的正常运营，不再是一个纯粹的学习者。“失丈夫”君子不把成人作为亲与对象。

“系小子，失丈夫”，君子欲使社会持续永久遵循正义，就要把“青少年”作为教化的主要对象。换言之青少年继承正道，是社会遵循正义的可持续保障。如果“系丈夫”则一定是君子不安其位，社会未安其序，道义未行于天下之时。“系小子”则是君子得其位，礼义法制行于社会之时。“系小子”与“系丈夫”是君子不同时期的行政方略。“系丈夫”可以使君子得其位；“系小子”可以使国家保其道。

此爻明“系小子”是国家教育的主要任务，“系小子”才能使国家、人民持续随顺于道义。同时说明，君子谋求民众随顺，不同时期的对象不同。

《象》曰：“系小子”弗兼与也。

“与”此处解作亲与，《管子·形势》：“毋与不可，毋强不能。”

“弗兼与也”，“弗”解作“不”，此处指主观不作为。“兼与”同时亲与之。亲与青少年或成人，谋求使其随顺正义，此两者是君子不同时期的工作，其阶段目的不同，故二者无同时施用之可能。君子未得尊位则不能广泛行“系小子”之事，君子既得尊位则无必要行“系丈夫”之事，故“弗兼与也”。

六三：系丈夫，失小子。随，有求得，利居贞。

“系丈夫，失小子”，君子务于结交成人，一定是君子未安其位之时，礼义法制未行于世之时。君子亲与成人，目的在于得其位，彼时君子不具备“系小子”的条件，只能“失小子”。

“随，有求得”即君子“系丈夫”，能使之随顺于己，那么君子之所求即能得。换言之社会中坚力量能随顺于君子，那么君子就能得尊位，就能使道义得正位。

“利居贞”，君子欲使“丈夫”随顺，欲得尊位，欲使道义得正位，应不断蓄养正义。

此爻明治“系丈夫”可以使君子有得，但戒在“居贞”。

《象》曰：“系丈夫”志舍下也。

“舍”应为“捨”，捨《说文》：释也。放弃之意。

“志舍下也”，“下”此处指时间、次序在后，而非高下之意。“志舍下也”即此时君子志在安其位，而先放弃教化青少年的工作。

九四：随有获，贞凶。有孚在道，以明何咎？

“获”《说文》：猎所获也。引申为俘获、收服。

“随”之正义在于民众主动随从有道君子。君子通过上下交流而同化其人，从而其人主动随顺君子，此为“随”之善。其人顽愚不化，以至于用强力而使其随顺，则其义困穷。“有获”即有通过强力而收服者。

“贞凶”即其“义困穷”。

“有孚在道”，“在”《尔雅》：察也。明晓之意。《尚书·舜典》“在璇玑玉衡，以齐七政。”君子取信于民，而后使民众晓明道义。

“以明，何咎”，使民众明道而后随顺道义，此过程虽然艰难、久长，但如此行事是谋于根本，为治“随”之正道，何咎之有？

此爻明治“随”应以“取信于民”、“明道”为主要手段，以强力“获”民为下策。

《象》曰：“随有获”其义凶也。“有孚在道”明功也。

“其义凶也”即道义困穷，即失于“随”之正。但其事仍可用，“伏戎于莽”、“乘其墉”皆“获”之事。

“明功也”，“功”《尔雅》：胜也，成也。即以道义明民，可以成就使民众随顺之功。

九五：孚于嘉，吉。

“嘉”《尔雅》：美也。即赞美，引申为嘉惠、施以恩惠，多指上对下的嘉惠。《左传·襄公四年》：“君所以嘉寡君也，敢不拜嘉？”

“于”连词，解作和、与。《尚书·多方》：“不克敬于和，则无我怨。”《尚书·康诰》：“告汝德之说于罚之行。”

“孚于嘉，吉”，君子治“随”，若能取信于民，并且使民众受益，则吉利。换言之人民能得益于君子之道，从而可随顺于君子。《需》卦“需于血”即“孚”，“需于酒食”即“嘉”。君子能成此二者则民必能随顺君子，为“吉”。

此爻明治“随”要“信与利”兼施。

《象》“孚于嘉”位正中也。

“孚”是以德感人，“嘉”是以利动人，利义兼施，君子如此作为符合君子身份，且合乎道义，故曰“位正中也”。

上六：拘系之，乃从维之。王用亨于西山。

“拘”《说文》：止也。引申为拘禁、限制。

“拘系之”，对于不能自行随顺于正道者，君子强制止于义，约束之使其能承继正道。此处“拘系”的对象不分“丈夫，小子”，对“丈夫”之“拘系”，即以礼制法度约束之。对“小子”的“拘系”，即要求其学习礼义文教。

“乃从维之”即“维之乃从”，“维”《说文》：车盖（gài）维也。即系车盖的绳索，引申为维系、连结。不能自行随顺正道者需要君子不断引导才能顺从。

“王用亨于西山”，“亨”祭品也，可以通达天地鬼神。“用亨”即祭祀。“西”正义所在之方。“山”即山之神，其德以“止”为著。“西”为正义所在之方，故西山之神“止”德尤著。

“王用亨于西山”，君王奉祭品祭祀西山之神，以此昭告人民应心怀敬畏，应有所止。即人民应心怀诚敬止于正道，随顺于君子。此处不言“王祭于西山”，意在突出君王以祭祀西山之神的行为教化百姓，而不是求山神赐福。“王用亨于西山”即“鸣随”，宣扬“随”道。

此爻明治“随”的两种措施，其一“拘系之”，即强制使随从；其二感化之，即通过祭祀等形式，使其心生敬畏，自觉随顺于道。其中后者是上策，可以“小往大来”。

《象》曰："拘系之"上穷也。

此"拘系之"同于《同人》之上九"同人于郊"，同于《谦》之上六"鸣谦"。均为教化之余，而君子之功未竟。

君子"孚"不能感其人，"嘉"不能动其人，而用强制"拘系之"，故"随"道穷尽。"上穷也"即君子道穷也，"随"道穷。

第十八卦　蛊 ䷑ 艮巽

元亨，利涉大川。先甲三日，后甲三日。

“蛊”《说文》：腹中（zhòng）虫（chòng）也。虫（chòng）亦作蚛（chòng），虫食物之意。“腹中虫”谓腹内中虫食之害，自外而入故曰中，自内而蚀故曰虫。“蛊”字以“皿”与“虫”会意而成，原意指器皿中有虫子吃贮藏之物，引申为人腹内有虫。以人而言，情欲、邪恶蚀其德于内，所以中邪道为人情之“蛊”，故引申为迷惑、蛊惑。《尔雅》释为“疑”，即迷惑之意。《左传·哀公二十六年》：“太尹惑蛊其君而专其利。”

《蛊》卦讲整治迷惑道义、惑乱教化之邪僻。

“元亨”，整治、铲除惑乱道义的诸多迷惑，可从根本上保障正义不被侵害，以此使正义顺利光大，故曰“元亨”。

“利涉大川”，广泛、深入开展整治邪僻，如此则使邪僻不能惑乱正道。

“先甲三日，后甲三日”，《礼记·月令》中有“先立春三日”，“先雷三日”，“先立夏三日”，“先立秋三日”等。“先某三日”即提前明告民众，以警告某事，以防有失。“甲”即“甲日”，为元日，新时义之开端。《礼记·月令》“择元日”即指“甲日”。

天下之事随时义变化而变化。“先甲三日”即时义变化之前，即旧事之终。“后甲三日”即时义变化之初，即新事之始。

“先甲三日，后甲三日”，君子在事之终，进行警诫，在事之初，进行告诫，谨慎防备邪僻以保证民众不至于非义。“先甲三日，后甲三日”，寓意时义变迁，世事更迭，而防备邪僻之工作终而复始，永无止境。

《彖》曰：“蛊”，刚上而柔下，巽而止，“蛊”。“蛊，元亨”而天下治也。“利涉大川”往有事也。“先甲三日，后甲三日”终则有始，天行也。

“刚上”即不德、不义上升。“柔下”即道德、正义下行。“刚上而柔下”即邪僻、惑乱滋长，道德、正义被侵蚀而式微。

“巽而止”，“巽”此处解作顺从。君子整治邪僻，顺从情理而制止之，为“蛊”。

“而天下治也”，“而”此处解作这样、如此。《战国策·赵策一》：“而可以报知伯矣。”

“而天下治也”，铲除邪僻可以保障正义事业亨通，如此可使天下安定、太平。

“往有事也”，“事”此处解作治事、作为。《论语·季氏》：“季氏将有事于颛臾。”

“往有事也”，广泛、深入的整治邪僻，可大有作为。

“终则有始，天行也”，天下事物随时义变化而发展，旧义终了则事物终结，同时新义确立，新事物即开始。此为天道运行规律，即“天行也”，所以防备、整治邪恶亦永无止境。

《象》曰：山下有风，蛊。君子以振民育德。

“振”《说文》：举救也。即救济、解救。与“赈”同，涉财曰“赈”。

“育”《说文》：养子使作善也。即培养孩子使之行为良善，引申为培养。

“山”其德为止。“风”其德为顺。顺而止，为“蛊”。君子治“蛊”，顺从情理而止其不义。

“振民育德”，使民众摒弃邪恶，归于正道，同时培养民众道德。

初六：干父之蛊。有子考，无咎。厉终，吉。

“干”《说文》：犯也。即侵犯，引申为攻击、讨伐。《尔雅》解释为“捍卫”应当是引申义。“干”此处指声讨、铲除不德、不义，有匡正的意味。

“干”与“幹”在《说文》中为不同的两个字。《易》中原本应为“干”，但诸多古籍均写作“幹”，为谬远矣。由此可见文字变迁对经典传承影响重大。“干”或为“干（rén）”，二字形似且意思相近，干《说文》释为“刺”，引申为攻击、讨伐。

“考”应为“孝”二者篆体形似。孝，《说文》：善事父母者。引申为孝敬、孝养。

“干父之蛊”，讨伐、铲除父道之惑乱，匡扶父道之正义。

“有子考”，“有”为助词，置于名词前，无义。《诗·小雅·巷伯》：“豺虎不食，投彼有北。”君子匡扶父道正义，能使子孝父，则“无咎”。

“无咎”，能使人孝养父母，为“干父之蛊”初步有成。能达成此目标则“无咎”。言外之意此目标为初级层次，以孝父为基础，可以进于事君，最终进于立德、立身。

“厉”即“励”，作也。此处指发扬孝父之道。

“终”，《孝经》：“夫孝始于事亲，中于事君，终于立身。”

“厉终”，发扬孝父之道，用于事君，用于成德立身。即贯彻、践行孝道精神于始终。所谓“始”即孝养父母，所谓“终”即敬天爱人。以孝父之德，能事君，能立德、立身，故为“吉”。“厉终”是“干父之蛊”根本目的。

此爻明铲除“孝父之道”的邪僻，可以使人孝亲，进而致用于成德立身。父道关系家与国，关系情与义，故此匡正父道，意在说明治“蛊”应去除人情与道义其中之迷惑。

《象》曰：“干父之蛊”意承考也。

“意”《说文》：志也。此处解作意图、目的。

“承”《说文》：奉也。此处解作奉行。

“意承考”，君子匡正父道，目的在于使人民奉行孝道。孝道此处代表人之正道，可齐家，可治国，可修身立德。孝道致用广大，故为人之大道，所以“承考”亦即奉行人伦大道，即治“蛊”目的在于使人行于大道。

九二：干母之蛊。不可贞。

《孝经》：“资以事父以事母，而爱同；资以事父以事君而敬同，故母取其爱，君取其敬，兼之者父也。”父道兼顾情与义，母道主于情爱，君道主于道义。

母子之爱为人之情爱代表。人之情爱是君子行教之依据，君子使君道与人情交合即为义，君子治事唯有能行于义方能致远、有成。同理天下万事万物皆有其性情，依据现实，节顺事物之性情，以此治事则易得。不以其性情为依据，强行其事必不能行。诸如“色即是空”、“存天理、灭人欲”等说法，皆无视人与物之本性，为谬论，应攻击之。君子治“蛊”必依于人情。行在中是儒学宗旨，亦是客观规律。君子弘道化民，一定要以人情为依据，能使君道和于人情为上。儒教之礼以人情为依托，在人情与君道之中，故世人循礼可以全情义。《论语·学而》“礼之用和为贵”，礼能和君道与人情为贵。

“干母之蛊”即讨伐、整治迷惑母道之邪僻，匡扶母道正义。

“不可贞”为简略写法，应写作“母有蛊，不可贞”。母子情为纯粹之情爱，为人情之代表。人情是道义之基础，故具有人伦感情于教化而言为“可贞”。譬如孝道可以推之于君道，具备孝德则“可贞”于忠德。

此爻明人情是教化的依据，顺应人情则礼义能行，违离人情，必不能行。寓意治“蛊”应以人情为依据，即“巽而止”之意。

《象》曰：“干母之蛊”得中道也。

“得中道也”，治理社会、推行教化要以人情为依据，使人情与道兼顾，如此为“中道”。

九三：干父之蛊，小有悔，无大咎。

父道兼具人情与君道。父对子严而爱，子对父敬而爱，而母子以爱为本。严敬与爱的分寸把握要适宜，父严有余则不近人情，父爱有余则有失严正，子敬有余则失亲密，子爱有余则失庄重。父道虽有以上小过，但均为小节，不成大错，所以说“小有悔，无大咎”。“悔”言父道难以尽善，常失之一偏。“无大咎”即不违父子大义。

“干父之蛊，小有悔，无大咎”，寓意治“蛊”难免在情与义之间有失偏颇，但此为事理之必然，不违大义。

此爻明君子治事应力求清晰、准确把握中道，不然则有失。同时此爻暗含人情与道义之争。《论语》中有儿子举报父亲偷羊的故事，孔子说“子为父隐，父为子隐”方为正义。孔子认为亲情是人伦的根本，更是社会的基础，如果亲情与道义作取舍，一定舍道义，大义灭亲不是儒学教义。

《象》曰：“干父之蛊”终无咎也。

九三爻“干父之蛊”旨在力求在中。只有行中道，才可以致用广大，虽“小有悔”但能“终无咎也”。

六四：裕父之蛊，往见吝。

“裕”《说文》：衣物饶也。引申为富裕，再引申为宽容。《尚书·洛诰》：“彼裕我民，无远用戾。”此处可解作“姑息”。

“裕父之蛊”，姑息父道的弊病，任由父道之正义被惑乱。

“往见吝”，“见”助词，置于动词之后，译为“得”。“吝”为憾惜、遗憾。有“悔”的意味，未到悔恨的地步。

“往见吝”，不能以父道之正义匡正父道，则会有憾惜之事。

“裕父之蛊，往见吝”，寓意治“蛊”当严格从事，明辨情与义之分界，姑息、松懈则必有不美。

此爻明必须严守情与义之分界，不然失于“中道”，则有“吝”。

《象》曰：“裕父之蛊”往未得也。

不能得父道之中以治事，则不能有得，所以说“往未得也”。换言之，只有以中道治事方能有得。

六五：干父之蛊，用誉。

“誉”《说文》：称也。即称赞。

“用誉”即用嘉奖的方式来鼓励其人。

“干父之蛊，用誉”，匡扶父道正义，要遏止邪僻，同时要嘉奖良善。

“干父之蛊，用誉”，寓意治“蛊”要用嘉奖的方法激励民众自觉上进。

此爻明匡正父道要讨伐与嘉奖并用。

《象》曰：“干父，用誉”承以德也。

“承以德也”即“以德承”，“承”此处解作授予、给予。匡正父道之惑乱，对于践行父道之良善者给予道德的认可。

上九：不事王侯，高尚其事。

“不事王侯”，不侍从王侯。言外之意，君子功成而退，表明君子志在道义。

“高尚其事”，君子之功德昭著，立为世人道德楷模。《孝经孔氏传》：“七十致仕，悬其所仕之车，置诸庙，永使子孙鉴而则焉，立身之终也。”即是“高尚其事”。

“不事王侯，高尚其事”，寓意君子治《蛊》志在道义而非功名利禄，志在弘道化民而非为君为王。

此爻明君子志在道义。

《象》曰：“不事王侯”志可则也。

“志可则”君子志在立身修德，志在弘道化民，而非在于功名利禄。君子志得身退，如此之行为可以为世人表率，君子之志应为世人所效法。

《礼记·表记》：“子曰：事君，军旅不避难，朝廷不辞贱，处其位而不履其事则乱也。故君使其臣，得志则慎虑而从之，否则熟虑而从之，终事而退，臣之厚也。《易》曰：‘不事王侯，高尚其事’。”其中“终事而退”即“不事王侯”，是君子志在道义的表现。

第十九卦　临 ䷒ 坤兑

元亨，利贞。至于八月有凶。

“临”《说文》：监临也。即以上视下，引申监察。《尔雅》释为“视”，省视、视察之意。

《礼记·王制》：天子五年一巡守，岁二月东巡守至于岱宗，柴而望祀山川，觐诸侯，问百年者就见之。命大师陈诗，以观民风。命市纳贾，以观民之所好恶，志淫好辟。命典礼考时、月定日，同律、礼乐、制度、衣服正之。山川神祇有不举者为不敬，不敬者君削以地，宗庙有不顺者为不孝，不孝者君绌以爵，变礼易乐者为不从，不从者君流，革制度衣服者为畔，畔者君讨，有功德于民者，加地进律。

《礼记·王制》：“君子二月至于岱宗，五月至于南岳，八月至于西岳，十一月至于北岳巡守终也。”

《礼记》中天子巡守即是视察天下，即是“临”。君王监临天下，其事有三：其一，祭祀诸神，拜访长者，教民以敬。其二，修正礼仪、法度、文学，教民循义。其三，嘉善而除恶。

“元亨”，君王视察天下，考订礼乐、法制、文化，遏恶扬善，目的在于使人民行于正义。所以君王监察是保障教化顺利进行的一项根本举措，可以使天下人民行于中正，故为“元亨”。

“利贞”，君王监临天下一定要以宣扬教化，弘扬道义为目的。

“至于八月有凶”，《礼记·月令》：“仲秋之月，杀气浸盛，阳气日衰。”以阴阳而言，八月之后“阳气日衰，阴气日盛”。此处所谓“凶”指正义日渐消弱，邪僻日渐盛行。君子行教即是与人民之愚昧作斗争，君子道长则小人道消，小人道长则君子道消。“八月”此处比喻道义由兴盛转衰败之际。“至于八月”并非是说等到八月份，而是说如果君子不能保持道义的优势，以至于“君子道消”使“小人道长”，从而有正邪之争，则如同天地至于八月而阴阳之争。换言之君子倡行教化，时刻保持正义主导社会，那么就永远不会至于正邪争斗的地步。这句话意在提醒执政者时刻要有忧患意识，不断矫正教化之弊病，不然则有“八月”之凶。

《彖》曰：“临”，刚浸而长，说而顺。刚中而应，大亨以正，天之道也。“至于八月有凶”消不久也。

“浸”此处解作“逐渐、渐渐”，《礼记·月令》：“杀气浸盛，阳气日衰。”

“消”《说文》：尽也。引申为消减，与增长相对。

“刚”指民众，“刚浸而长”，民众逐渐进步于道义。

“说而顺”即民众心悦诚服而顺从于君子教化。

“刚浸而长，说而顺”解释《临》卦。

“刚中而应”，民众行中于道义而顺从君子之教导。

“大亨以正”，“元亨”即“大亨”，君子监察教化的施行，是保障正义不被侵蚀的一项根本举措，故称之为“大”。符合治国行教的客观规律，所以为“亨”。“以正”即秉持贞正而行。

“天之道也”即“元，亨，利贞”。君子监察天下兆民，弘道化民如同上帝监察、教化天下万物使之随顺天道。

“消不久也”，时刻注意保持正义的主导地位，因为邪僻之道随时会来侵蚀，道义随时被消减。“不久”指一旦“小人道长”，则正义很快被消减。

《象》曰：泽上有地，临。君子以教思无穷，容保民无疆。

“泽”其德为悦，“地”其德为顺。悦而顺，为“临”。

“教”《说文》：上所施，下所效也。即教导、教育、传授。

“思”此处解作心思、想法。《诗·大雅·下武》：“永言孝思，孝思维则。”“孝思”即孝亲之思。

“教思”即教人之心思，

“容”《说文》：盛也。此处解作包容。

“保”《说文》：养也。此处解作养育。

“无穷”此处指在时间上的无限。“无疆”此处指在空间上的无限。

“君子以教思无穷”，君子教民之心思无穷，即君子永远心系教民。

“容保民无疆”，君子包纳，养育广大人民，不分疆界，不计其数。

“君子以教思无穷，容保民无疆”即君子弘道化民不息，容民养民不止。

初九：咸临贞吉。

“咸”《尔雅》：苦也。与“甘”相对，引申为劳苦、困苦、刻苦。此处解作“刻苦于，以…为苦”。《尚书》“咸有一德”即刻苦修习，使品德齐正。

“咸临”即刻苦于监察，用心督行教化。

“贞吉”，视察应考订礼乐制度，监察诸侯、人民的行为，遏恶扬善，如此行事为贞正，贞正则“吉”。

此爻明要以敬慎，勤谨的态度来对待“临”，能以正义处之则吉。

《象》曰：“咸临贞吉”志行正也。

“志行正也”，君子监临天下，志在使教化行于正道。

九二：咸临，吉，无不利。

“咸临，吉，无不利”，君子刻苦用心于监察，即是以敬慎、勤谨的态度来弘道化民。如此行事“吉，无不利”。“吉”指君子之行合乎情理。“无不利”即人民正于道义，道义日渐兴盛。

此爻明治“临”必须心系教化，孜孜以求。

《象》曰：“咸临，吉，无不利”未顺命也。

“未”应为“末”，二者篆体形似。“末”《说文》：木上曰末。即树梢。引申为枝节、末端、事物细微之处。此处指教化的小节、微小之处。“末”亦包含远于君子教化者之意。

“未顺命也”，君子通过亲临监察，可以了解基层的教化得失，可以使教化的小节、微小之处顺应君子之教令。

六三：甘临，无攸利。既忧之，无咎。

“甘”《说文》：美也。此处解作“以为美好”，与“咸”相对。

“忧”《说文》：愁也。即忧虑。

“既”此处作副词，已然之意。

“甘临”，以巡守、视察为乐，不用心于监察，不以察看道义得失为目的。如果以监察道义得失为目的，则态度敬慎，见不德则忧，见良善则喜。

“无攸利”，如果不以监察道义得失为目的，只是以视察为乐，为享受，那么道义不能弘扬，人民不能利益。

“既忧之，无咎”，监察天下而心系教化，已然有忧患之心，则匡正其错误必然不远，故可致“无咎”。

此爻明“临”不能有豫乐之心，有忧患之心方能无咎。

《象》曰：“甘临”位不当也。“既忧之”咎不长也。

“位不当也”，君子监临天下，目的在于匡扶正义，如果不以此为目的，则失去“临”的正当性，非有道君王所为。以君王身份监临天下，而以享乐为目的，如此所为不合君王之位。

“咎不长也”，君王有忧患之心，则教化之弊端必能及时改正，故“咎不长也”。

六四：至临，无咎。

“至”处解作“极、最”，《孟子·尽心下》：“以至仁伐至不仁。”

“至临”即极尽监察之能，通过视察首先使人有敬畏之心。其次通过考订礼义、制度、文化等，使正义昭明。其三遏恶扬善，使人乐于向道。

“至临”即全面而有效的监察。

“无咎”，不能“至临”则为咎。

此爻明监察要完成其全部职能，则“无咎”。

《象》曰："至临无咎"位当也。

"位当也"进行全面而有效的监察，为君王职责所在。行"至临"之事，符合君王身份。

六五：知临，大君之宜，吉。

"知"此处解作"主持、掌管"，《吕氏春秋·长见》："三年而知郑国之政也。"

"大君"即"君之大者"，道义与王位兼具之君王。

"宜"《说文》：所安也。引申为适宜、适宜的事。《尔雅》释为"事"。此处解作"正行"。

"知临"掌管监察之事。《礼记·王制》："诸侯之于天子，比年一次小聘，三年一大聘，五年一朝。天子五年一巡守。"其中朝聘、巡守皆为监察。

"大君之宜"即监临乃有道君王之正行。

此爻明掌管监临、视察是有道君王的职责。

《象》曰："大君之宜"行中之谓也。

"行中之谓"，行为合于义。指君王监临下属及人民，合乎正义。

上六：敦临，吉，无咎。

"敦"《尔雅》：勉也。勤勉、努力之意。

"敦临"，君子勤勉于监察，关心教化的施行情况。

"吉"即"敦临"可致吉。

"无咎"，君子只有勤勉于弘道化民，才能不负君子使命，才能致无咎。

此爻明监察教化不得松懈，不然则有过失。

《象》曰："敦临之吉"志在内也。

"志在内"，君子自警、自勉于"临"。

第二十卦　观 ䷓ 巽坤

盥（guàn）而不荐，有孚颙（yóng）若。

“观”《说文》：谛视。“谛”《说文》：审也。谛视即审视，即详尽得察看。此处可解为观察。

“盥”《说文》：澡手也。此处引申有沐浴之意。古人祭祀之前沐浴，以表示诚敬。

“盥”多解释为“祼”或“灌”，即以酒灌地的一种祭祀仪式。《礼记·祭统》“献之属莫重于祼（guàn）”，由此可知“祼”亦属于祭献的一种，而此处卦辞曰“不荐”，即不进献祭品，如果“盥”解作“祼”则前后语意矛盾。“盥”解作“祼”或“灌”，为谬论。

“荐”《尔雅》：进也。即进献、举荐。此处指进献祭品。

“颙颙”《尔雅》释为“君子之德”，指恭敬的样子。“颙”此处应解为“恭敬”。

“若”《尔雅》：顺也。即顺从。《礼记·礼器》：“致其敬而诚若，有美而文而诚若。”“颙若”意思近于“诚若”，为恭顺之意。

“观”即是通过观察天地万物而能通晓道理。观察是学习的方法，所以君子行教化，提倡民众善于观察。《观》卦讲通过观察而学习、行教之事。

《礼记·祭统》：“夫祭之为物大矣，其兴物备矣。顺以备者也，其教之本与？”“君子之教也，必由其本。顺之至也，祭其是与？故曰：祭者，教之本也。”

祭祀是君子教化民众的一项根本内容，因为通过祭祀可以使人内心诚敬，行为随顺。人能敬顺鬼神则能从事君王，孝养父母。所以能明白祭祀的意义，则“无所不顺”。君子行教化，能使民众顺从为根本所得，所以祭祀是教化的重要内容。通过使民众观察、学习祭祀以教化人民，这是“观”的作用。

“盥而不荐，有孚颙若”，君子祭祀洁净身心，心怀诚敬，可以不用进献祭品，鬼神使人信服所以祭祀者行为恭敬顺从。

祭祀之道贵诚，“不荐”即是崇尚内心诚敬为先，形式与物质为下。鬼神必须有孚于人，才能使人行为敬顺。学习之道亦贵诚，“观”即是学习，只有诚敬才能学有所得。所学必须为人信服，方能使人恭顺。《礼记·礼器》：“无节于内者，观物弗之察也。”如果内心不恭敬，观察事物不会明通。

《彖》曰：大观在上，顺而巽，中正以观天下。“观，盥而不荐，有孚颙若”下观而化也。观天之神道而四时不忒，圣人以神道设教，而天下服矣。

“巽”《说文》：具也。即具备。“顺而巽”即“顺而备”。

“神”《尔雅》：治也。即治理。此处解作安定、治理得当。《孟子·尽心篇》：“夫君子所过者化，所存者神。”

“神道”即治道、安天下之道。

“忒”《说文》：更也。即变更。

“大观在上”，“大观”观道为大，观事为小。“上”为君。君子观“天之神道”，而得治理天下之方。

“顺而巽”即“顺而备”，君子行教使民众顺从，而后其他则无所不备。《礼记·祭统》：“顺以备者也，其教之本与。”君子推行教化应当先使民众信服、顺从，而后其它的修习则能逐渐完备。所以说“顺而巽”是教化人民的根本方法。

“下观而化也”，“下”为民，“而”此处解作“能够”。民众观察君子“不荐”之祭祀，从而能知诚敬。民众观察君子之“颙若”，而能知恭顺。民众诚敬而恭顺，如此则教化有成。“化”即教化施行。

“观天之神道而四时不忒”，观察上天安定天下之道，其能使四季更迭无差。“而四时不忒”寓意上天善治，能有信于万物，万物信服而顺应天道，从而各得其所。

“圣人以神道设教，而天下服矣”，圣人观察“天之神道”，效法天道设立教义，从而能使天下民众信服。

《象》曰：风行地上，观。先王以省方，观民设教。

“省”《说文》：视也。即省视。“方”即方国。

“风行”则万物俱从。“地”其德为顺。顺而无所不从，无所不备，如此为“顺而巽”，为“观”。

“省方观民”，考察民情；“设教”，设立教义。

“先王”指首开效法天道以教化世人之君王。

“先王省方观民，设教”，君子欲教化世人，首先要观察、了解民众，所以要“观民”、“省方”，而后“设教”化民。

初六：童观，小人无咎，君子吝。

“童”应为僮。僮，《说文》：未冠也。即未行冠礼之人，此处指未成年人。

“童观”，儿童通过观察而学习，只能简单效仿，不能领会其中精神。此处指没有思辨能力者，通过观察只能的其表，而不能得其实。

“小人无咎”，小人愚昧虽然未必能通过观察学习，领会到其中精神，理解其中真义，但如果给予正确的教导，假以时日则必能得，故“无咎”。

客观上来讲，大多学习都是通过简单的效仿开始。比如儿童，从有生以来首先效仿父母，后来效仿老师等亲近者，待到有思辨能力之后才会理解是非对错。所以说“童观”是必然过程。广大未开化民众没有思辨能力，所以其一时不能得于正义为“无咎”。

“君子吝”，如果君子观察事物，不能准确把握其精神，只得其表而不得其实，则为“吝”。君子具备思辨能力，明白是非原则，为“有节于内者”。所以君子行小人之事为“吝”，乃未用心所致。

孔子说“唯上智下愚不移”，小人愚，所以“无咎”。君子明智所以“吝”。

此爻明观察志在得其义，仅能学其事不得其义则“吝”。

《象》曰：“初六童观”小人道也。

“小人道也”，小人通过观察，仅能简单效仿其事，不能明白其中精义。

六二：窥观，利女贞。

“窥”《说文》：小视也，即视野狭小。“窥”有作闚（kuī）者，二者篆文形似。闚，《说文》：闪也，即头在门中探出观看。头伸出门外观看，是未打算仔细、长久观看的意思。此处“利女贞”，有缩小视野而专注于一处之意，所以应做“窥”解，“闚”不合此爻之意。

“窥观”即专注于某一领域、某一方面。如果能专注于一个适当的领域，通过在此领域修习，从而做到明彻通达，亦可以得于正道。天下之事与物皆随顺天道，皆为天道之不同演绎。观察学习任何事物的规律都会有助于明白道义。

“窥观”是大多数人最终能得于大道的常规途径。比如通达父子之义，那么可以推之于侍奉君王、师长，再可以推之于侍奉鬼神。比如通达夫妇之义，可以明通天地阴阳之道。

“利女贞”，利女子之贞正。女主内，女道虽不出门户亦可以得天地人伦之大道。女道由夫妇之伦能得阴顺阳之义。为人女，为人母，事父母，养子女能知父子、君臣、兄弟、朋友之义。可见女道通于大道，贞正于女道亦可以明通天地人伦之大义。

此爻明观察学习，应从某一领域着手，由此再致远。

《象》曰：“窥观女贞”亦可丑也。

“丑”《说文》：纽也，系也，即连结之意。“丑”多作“醜”，《说文》中二者为不同两个字。醜，《说文》：可恶。与此句意思断然无涉，不解义理者牵强附会而已，为谬远矣。

“亦可丑也”，虽在有限范围内修习，但深究其中义理依然可以连结于大道、大义。

六三：观我生，进退。

“生”《说文》：进也。即进升之意。学生即“学生者”之简称，即学习而上进之人。先生即“先进者”之简称，即先于他人上进之人。《论语·先进》“先进于礼乐，后进于礼乐”，其中“先进、后进”，也可以写作“先生、后生”，但后者在孔子时期已经演变为一种称谓，为避免歧义而用前者。

“我生”即“生于我者”，上进于君子之道者，此处指受君子教化之民众。“我”君子自谓之词。

“观我生，进退”，君子观察受教化民众的情况决定教育的方法及内容，当进则进，当退则退。

此爻明通过观察，不仅可以学习知识，还可以通过观察了解事物，从而便宜用事。

《象》曰：“观我生，进退”未失道也。

“未失道”，根据民众的情况进行教育，符合教人的科学原则，不失正道。

六四：观国之光，利用宾于王。

“宾”《尔雅》：服也。即宾服，因为崇敬而顺服。《说文》释为“所敬也”。此处解作臣服。

“光”《说文》：明也。即光明之意。

“国之光”，礼义文教昌盛之气象，国家之文明。

“观国之光”，观国之文明。此处意思为，君王使各邦国或诸侯观察君子之国之文明气象，从而使众邦国宾服王道。

“利用宾于王”，利用“国之光”，使来“观光”者宾服于王道。

“观国之光，利用宾于王”，王利用“观国之光”而“同人”，是“观”之大用。使诸侯“观光”而能宾服于天子，使民众“观贤者之文”而能顺服于君子。

此爻明“观”之作用广大，可以平天下。

《象》曰："观国之光"尚宾也。

"尚"《尔雅》：佑也。即辅助之意。

"尚宾"指利用"观国之光"可以辅助君王使众邦国臣服。意在说明"观"是君子行教化之有效手段。

九五：观我生，君子无咎。

"观我生，君子无咎"，对于弘道化民的君子而言，时刻关注民众的变化，是君子行教的职责所在。只有通过紧密关注民众的变化，随时调整教化，才能保证合于正义。民生发生变化而君子之教化不能随之"进退"，则失于道义，则是君子之过失。时刻关注民情，并随之"进退"，如此"君子无咎"。

此爻明观察民情，是君子行教之根本。

《象》曰："观我生"观民也。

"观民也"即"省方观民"，观察民情是行教的基础工作，只有了解民情，教化才能有的放矢，因材施教，因地制宜。

上九：观其生，君子无咎。

"观其生"即观察民众上进于道义的情况，观察时义进步情况。

"观其生"即是《临》卦之义。如果人民有违于正义，及时纠正。如果礼制、法度、文化有不合时宜之处要及时调整。同时遏恶扬善，嘉善而矜不能。如此"君子无咎"。"观民、观我生"是君子行教化的基础工作，"观其生"则是教化的保障措施。

此爻明"观"要全面、系统，如果只是"观我生"，只能做到良好的开端，只有继续"观其生"才能有成。

《象》曰："观其生"志未平也。

"平"《尔雅》：成也。即治成之意。

"志未平也"，若民众仍需要君子监临，才能保证不失于正义，则教化仍未成。亦即君子之志未成。

第二十一卦　噬嗑 ䷔ 离震

亨。利用狱。

“噬（shì）”《说文》：啗也。即咬食之意。

“嗑（hé）”《说文》：多言也。言语繁多之意。

“噬”者，啮噬食物，使食物由粗大变为细碎。“嗑”者，详细讲说，使事物易于理解。“噬”此处比作处罚犯罪者身体，使其人由违逆转为随顺。“嗑”此处比作宣讲教令以告诫民众，使民众知法守法。

“狱”《说文》：确也。即坚牢之意，引申为牢狱。《诗经·小雅·小宛》“宜犴（àn）宜狱”译文“陷入地方或朝廷的牢狱”。此处代指刑罚。

《噬嗑》卦讲以法令申告民众，以刑罚处置犯罪，从而使民众遵守社会法令。

“亨”，以“噬嗑”之道治民可致亨通。

“利用狱”，利于使用“狱”管治民众。君子使用刑罚治理国家，为必要手段。《孔子家语·刑政》：“圣人之治化也，必也刑政相参焉。太上以德教民，而以礼齐之。其次以政焉导民，以刑禁之，刑不刑也。化之弗变，导之弗从，伤义以败俗，于是用刑矣。”

《彖》曰：颐中有物，曰：噬嗑。噬嗑而亨，刚柔分，动而明，雷电合而章，柔得中而上行。虽不当位，利用狱也。

“颐”《说文》：颔也。即颌骨，应包括上下颌骨，此处代指口腔。

“章”应为彰。彰，《说文》：文彰也。即彩色花纹，引申为“文采”。

“颐中有物，曰：噬嗑”，口中之物无外乎食物与语言，啮咬食物为“噬”，以语言表达为“嗑”。

“噬嗑而亨”，食物可以养身，言语可以达意，故能“亨”于内外。惩罚犯法者的身体，以法令申告民众，可以使民众行于正道，亦为“亨”。

“刚柔分，动而明”，“刚”即“噬”，言动其形也，“柔”即“嗑”，言动其心也。“刚柔分”二者分开使用，但二者目的皆为使人行于正道，君子兼用之，则政令、法制“明”于天下。

“雷电合而章”，雷声震动于耳，使之惊惧，可比作刑罚。闪电照亮其目，使之明达，可比作申告。雷、电动使人耳目聪明。君子宣讲政令、法制与惩罚有罪兼用，则使教化富有文采，故曰“雷电合而章”。

“柔得中而上行”，“柔”指思想，“柔得中”即思想合乎正义。“上行”思想不断进步。此为政法之根本目的。

“刚柔分，动而明，雷电合而章，柔得中而上行”解释“亨”。

“虽不当位”，“当”解作适合、恰当。君子应以仁义教化民众，以刑罚惩诫民众，违背君子仁人爱物的理念，故君子“其位不当”。人之身体、性命乃上天赋予，执政者无权处治，所以刑罚其身体乃至于剥夺其性命，是代天行刑，故君子“不当位”。虽然君子“不当位”，但通过使用刑罚，警戒、处治犯法之人，可以使其改邪归正，可以保证广大民众行于正道，所以“用狱”仍然是治国之必要手段。

“虽不当位”寓含了人权至高无上，神圣不可侵犯的《易》理，此理为儒学真义。然“君要臣死，臣不得不死”等异端邪说，惑乱儒学千百年，实可叹也！

《象》曰：雷电，“噬嗑”。先王以明罚敕法。

“罚”《说文》：罪之小者。即轻微的犯法行为，此处解作处罚。

“敕”《说文》：诫也。此处解作申告。

“法”《说文》：刑也。即刑法。此处指法律、规则。

“明罚敕法”，公开处罚罪恶；申告民众以法律、政令。“明罚”即

“噬”，“敕法”即“嗑”。

初九：履校灭趾，无咎。

“履”此处解作践踏、触犯。

“校”《说文》：木囚。此处比喻法令。

“灭”此处解作消除、去掉，《吕氏春秋·恃君》：“灭须去眉，自性以变其容。”

“趾”《尔雅》：足也。

“履校灭趾”触犯法令而消去其足。旨在表明犯法必究。足用以行，之所以“灭趾”，意在警戒其行为应有所止。刑法能使民众畏惧而不犯为上，犯法则必惩罚之，如此可以防止进一步犯错，同时起到以儆效尤的作用，君子如此治狱则“无咎”。

《孔子家语·刑政》：“行刑罚，则轻无赦免。”虽然其过错轻微，但亦不可赦免，违法必究。

此爻明治理犯罪，要做到违法必究。

《象》曰：“履校灭趾”不行也。

“不”表示禁止或劝阻，相当与“勿”。《孟子·滕文公上》：“我且往见，夷子不来。”

“行”此处指在犯罪的道路上继续前进。

“不行也”，首先使受惩罚者不再犯法，其次警戒其他民众不要犯同样的过错。

《孔子家语·五刑》：“子曰：圣人之设防贵其不犯也，制五刑而不用，所以为至治也。”

六二：噬肤灭鼻，无咎。

《尚书·吕刑》古代五刑为：墨、劓（yì）、刖（yuè）、宫、大辟。墨，刺字于皮肤的刑罚，刑之轻者。劓，消去犯人鼻子。刖，去其某一四肢。宫，割性器官。大辟，处死。

“噬肤灭鼻”，先“噬”其肤，即施墨刑，再犯法则重处之，而至于“灭”其“鼻”，即劓刑。言刑罚应该由轻至重，这是行刑的原则。

“噬”此处指轻微之刑罚，主要目的为警戒。“灭”则指重罚，目的为惩戒。

《尚书·吕刑》中记载，古代刑法有五刑、五罚、五过，由过至于罚，由罚至于刑，遵循由轻到重的原则。

此爻明使用刑罚的原则，应由轻到重，渐次施用。

《象》曰：“噬肤灭鼻”乘刚也。

“刚”犯法之民，“乘”即惩治。

“乘刚”，惩治犯法之民。

六三：噬腊肉。遇毒，小吝，无咎。

“腊（xī）”应为昔。昔，《说文》：干肉也，把肉晒干之意。《说文》中释“膴（hū）”为“无骨腊”。可知“腊”应该指有骨头的干肉。

“腊肉”难以咬食，比喻不听从法令、难以警戒之顽民。

“噬腊肉”，此处指以轻刑惩罚顽民。古代五刑又名肉刑，意思指刑罚其肉体，此处以“噬腊肉”，形容不听从法令者难以用轻微的刑罚警戒，其情形如同有骨头的干肉难以咬食。

“毒”解作“怨恨、痛恨”。《后汉书·袁绍传》：“每念灵帝，令人愤毒。”

“遇”此处解作遭受，《论衡·逢遇》：“其不遇祸，幸矣！”

“遇毒”，君子处罚无行之人，不能使其信从正道，亦不能使敬畏，而招致怨恨。

“小吝，无咎”，君子处罚无行之人，不能起到警戒作用，罚而无功于君子为“吝”。言“小吝”者，指不能警戒其人亦无可奈何之事，教化终有不化之人，故君子“无咎”。

此爻明“利用狱”并非万能，终究有不化之顽民。但君子应力求能对其人起到警戒作用，不然则未善。

《象》曰：“遇毒”位不当也。

“位不当也”，君子处罚无行之人，不能有效惩诫，而招致怨恨，君子治刑罚之失也，故“位不当也”。

九四：噬干胏（zǐ）。得金矢，利艰贞，吉。

“胏”《说文》：食所遗也。指骨头上有很少的肉，以至于无法食用，只能剩余、遗弃。

“胏”已经难以咬食，“干胏”则更甚，此处比喻被广大民众所遗弃之无行者，难以警戒之顽劣者。

“噬干胏”，处罚顽劣之人。

“矢”即箭，箭之正义在于“中的”，此处比喻君子之刑法。刑法之正义在于可以除恶，除恶为其目的。

“金矢”，“金”寓意坚刚，比喻刑法严峻。“金矢”比喻严峻之刑法。

“得金矢”，“得”此处解作拥有、据有。据有严峻刑法。

“利艰贞，吉”，坚持违法必究、公平、公正的执法原则，可以树立刑法威信，故为“吉”。

“噬干胏。得金矢，利艰贞，吉。”处罚顽劣之犯法者，首先要具有严峻的刑法，同时要坚持违法必究，公平、公正的原则。如此则可以有效治理社会顽劣之人。此爻同时说明，无论何时顽劣之民永远存在，所以严峻之刑法为国家长久之必备，贞正执法为永久原则。

此爻明要建立严峻的刑法，同时坚守执法原则，如此可有效遏制犯罪。

《象》曰：“利艰贞，吉”未光也。

“未光也”，因为政法未能光大于天下，需要君子力行之。

六五：噬干肉。得黄金，贞厉，无咎。

“干肉”，泛指不听从法令，难以警戒之顽民。

“噬干肉”即惩治无行之人。

“金”，指刑具，如金印。此处代指严厉的刑罚手段。

“黄”为中色，“黄金”比喻中正而严厉的刑罚手段。

“得黄金”，据有中正而严厉的刑罚措施。

“贞厉”，“厉”即作，秉持贞正而行事。此处指秉持正义执法。

“无咎”，此处指秉持正义执法，则“无咎”，不然为“咎”。

“噬干肉。得黄金，贞厉，无咎。”处罚顽民，必须要有中正而严厉的刑罚手段，在此基础上贞正执法，如此则“无咎”。

此爻明处罚顽民，要具有中正而严厉的刑罚手段，同时秉持贞正执法。

《象》曰：“贞厉，无咎”得当也。

能以中正而严厉之刑罚手段，公平、公正的处罚犯法者，如此执法“得当也”。

上九：何校灭耳，凶。

“何”《说文》：担荷也。段注：“肩曰担，背曰负，何曰揭。”“揭”《说文》：高举也。

“何校”即以手触法。此处有玩弄、冒犯法制之意。

“何校灭耳”，玩弄法制则消去其耳朵。用以惩罚其不听告诫。

“凶”，民众对法制没有敬畏之心，恣意而为，则为乱社会，扰乱教化，故“凶”。

此爻明民众对法制没有敬畏之心则有“凶”。

《象》曰：“何校灭耳”聪不明也。

“聪”《说文》：察也。即明察之意。此处指听得详尽、明白。

“聪不明”，对君子申告之法制、政令不明了。言外之意君子要不断申告政令、法制，以使民众知晓。

第二十二卦　贲 ䷕ 艮离

亨。小，利有攸往。

"贲（bì）"《说文》：饰也。即文饰之意。"饰"《说文》：刷也。即拂拭其尘垢而发其光彩，此为"饰"之本意。增加光彩、文饰为引申意。

"亨"，天地万物无本不立，无文不行。民众以仁义为本，以礼乐为文。君子行教使民众文之以礼乐，为"亨"。

"小"应为"𠔁"，音 bié，二者篆体形似，亦可写作"别"，别，《说文》：分也，即分别、区分之意。

"别"，凡所谓"文"，皆因有不同、有变化而称为"文"。礼有简单与盛大之别，有朴素与华丽之别，有上下之别，有温婉与严肃之别。再比如音乐，《乐记》："文采节奏，声之饰也。"即"各种声色与节奏，为音乐之文"。音乐亦因为乐器不同，节奏变化才能打动人心。可见礼乐皆因其"别"而成其文，有其文而后方能致用广大。君子以"文"化民，致力于使礼乐具有文采，使刑政刚柔兼备，如此必致亨通。

"利有攸往"，利于深入推行以"文"化民。

"小，利有攸往"此句歧解颇多，《易》中有"利有攸往"与"不利有攸往""勿用有攸往"之说，"小利有攸往"首先意思不通顺，不合乎惯例，也不符合此卦卦意。《彖》辞"分，刚上而文柔"，其中"分"即解释"别"，"刚上而文柔"即解释"利有攸往"。

《彖》曰："贲，亨"柔来而文刚，故"亨"。分，刚上而文柔，故"𠔁，利有攸往"。刚柔交错，天文也。文明以止，人文

也。观乎天文，以察时变。观乎人文，以化成天下。

《贲》卦旨在教化民众使之具有文采。“文”与“彣（wén）”在《说文》中为不同两个字，“文”释为“错画”即交错刻画而成花纹，引申为修饰、增添文采。“彣”释为“䧺（yù）”，意思为彩色的花纹，引申为文采。今“文”与“彣”皆写作“文”，兼有文采、增添文采之意。

“柔来而文刚”，君子以礼乐教授民众，使民众具有文采。《论语·宪问》：“子曰：若臧武仲之知，公绰之不欲，卞庄子之勇，文之以礼乐，亦可以为成人矣。”

“分”，解释“别”。

“刚上而文柔”，即民众上进于君子之道，文饰以君子之德。“文”此处解作“以为文”。《荀子·儒效》：“《小雅》之所以为《小雅》者，取是而文之。”其中“文之”即“以之为文”。

“刚柔交错，天文也”，“天文”即天道之文采。昼夜交替，寒往暑来，为天道之文采。通过观察天文，可以知道时间的变化。

“文明以止，人文也”，礼乐刑政乃君子教化之文，礼乐行政光明于天下，以此使民众止于善，此为人道之文。通过观察人文，可以行教天下而有成。

《乐记》：“礼以道其志，乐以和其声，政以一其行，刑以防其奸，礼乐刑政，其极一也，所以同民心而出治道也。”其中“同民心”即“止”，“出治道”即“化成天下”。

《象》曰：山下有火，贲。君子以明庶政，无敢折狱。

“山”其德为止。“火”其德为明。“文明以止”为“贲”。

“庶”《说文》：屋下众也。引申为众多。

“庶政”，治国诸多政治措施，礼乐、刑政等。

“明庶政”，君子宣明礼乐刑政。“庶政”即君子治国之“文”也。

“无敢折狱”，“折”《说文》：断也。引申为决断。“折狱”决断讼狱，此处寓意以强力制止民众。“无敢折狱”，君子行教天下不敢以强力制民。言外之意应当以“文”化民，使民众自觉遵循教令而向上，“折狱”为“位不当”之举，为教化之下策。

初九：贲其趾，舍车而徒。

“趾”《尔雅》：足也。人凭借双足而行，此处比喻人之言行，人依靠言行立身、治事。

“车”比喻君子之教化体系，即君子之“道车”，用以载民者。

“徒”即步行，《礼记·王制》：“君子耆老不徒行。”

“贲其趾”即增添双足的文采，比喻使人之言行富有文采。

“舍车而徒”，舍弃所乘之车而徒步，比喻民众之言行富有文采，则不用循君子之教令，亦可自行致道。“徒”即民众自行进于道。

此爻明使民众言行富文采，是贲之根本。

《象》曰：“舍车而徒”义弗乘也。

“义弗乘也”，民众言行由礼，进退有节，可自行致道，则不用乘君子之“道车”。“趾”为根本，“车”为权宜，为工具，根本强大则无需用“车”，故“义弗乘也”。

六二：贲其须。

“须”《说文》：面毛也。颌下之毛曰须，口上曰髭，颊曰髯。此处指胡须。

“须”者为身体之附属，此处比喻小道、小节。

“贲其须”，文饰胡须，寓意全面、深入的增添人之文采。即光大“文”道。“贲其须”如同《泰》之九二“包荒”，《大有》之九二“大车以载”，《临》之六四“至临”。均为广大其道之意。

此爻明君子制“文”，虽小道、小节亦“文”之。凡民众之修身、治事无不以“文”制之。

《象》曰：“贲其须”与上兴也。

“兴”《说文》：起也。即兴起。

“上”即大道、大义、大节。

“与上兴”，虽微末小节必制之以文，使之与大道、大义、大节同兴起。如此能形成广泛、全面的“文”化体系，使人民浸淫其中，受其熏陶。

九三：贲如濡如。永贞吉。

“如”此处解作“如……的情况，如……的状态”。

“濡”《说文》释“染”为“濡”。《说文》释“渥”为“霑”。“霑”为“雨染”。推知“濡”有浸染，使渐渐同化之意。《诗经·邶风·匏有苦叶》：“济盈不濡轨。”

“永”《尔雅》：远也。此处解作长久。

“贲如濡如”即“如贲如濡”，即如同装饰、刷饰物品的情况，如同浸染物品于水中的情形，二者都为逐渐有成。君子施行“文”教当如以上两种情形，使民众不离乎“文”，浸染其中，逐渐能有文采。

“永贞吉”，以“文”化人永远保持贞正，可致吉。

此爻明“文”化要用逐渐浸染、熏习的办法，同时“文”应合乎正义。

《象》曰：“永贞”之“吉”，终莫之陵也。

“陵”应为夌（líng）。夌，《说文》：越也。逾越之意，引申为侵犯、欺凌。《礼记·聘义》：“尽之于礼，则内君臣不相陵。”“诸侯相厉以礼，则外不相侵，内不相陵。”“陵”意思为内部上下相欺凌。

“终莫之陵”，始终不会有民众侵凌上级之事，言外之意民众顺从教化。“文”皆能以道义为宗旨，民众遵循之则不会有犯上之举，故“终莫之陵也”。

六四：贲如皤（pó）如，白马翰如。匪寇婚媾。

“皤”《说文》：老人白也。即人老须发白也。

“翰”《说文》：天鸡赤羽也。《逸周书·王会》：“蜀人以文翰，文翰者，若皋鸡。”“皋鸡”即五彩山雉，又名锦鸡。孔晁注“翰，鸟有文彩者”。此处“翰”为有文彩之鸟。

“贲如皤如”即“如贲，如皤”，此处指逐渐、按次序行使以“文”化民，民众之文采逐渐形成，过程如同老人须发由黑变白一样，由少到多，由灰到白，亦如同刷饰、文饰物品要按次序，逐渐进步，最终焕然一新。

“白马翰如”即“白马如翰”，“白马”比喻未经“文”化之民。“翰”比喻“文”化有成之民。通过君子逐渐有序的以“文”化民，终究可以把“白马”变化成“有文彩的鸟”，由行地白马而为飞天锦羽，形容前后变化之大。

“匪寇，婚媾”，对于不能从顺文教者不应敌视之，而应取信之，和同之。“匪寇，婚媾”同《屯》之六二之意。“贲如皤如”同于“屯如邅如”之意。

此爻明“文”教必须遵循客观规律，循序渐进，必须取得人民信任而后行。

《象》曰：六四当位，疑也，“匪寇婚媾”终无尤也。

“尤”应为訧（yóu）。訧，《说文》：罪也。此处解作“过失，咎错”。

“六四当位，疑也”，君子行使以“文”化民，开始民众对君子有怀疑态度，不能马上信从，此种情况乃事理之必然。

“终无尤也”，君子若能通过“婚媾”等形式，亲近人民，最终取得人民的信任，则无过尤。此处“尤”指不能取信于人，甚至君民相违，即《屯》六二“班如”之失。

六五：贲于丘园，束帛戋戋（jiān），吝，终吉。

“丘”为古代田里划分单位，“地方一里为井，有税有赋。……故四井为邑，四邑为丘。”由此引申为居邑、村落。《孟子·尽心下》：“是故得乎丘民而为天子。”

“园”《说文》：所以树果也。即果园。

“丘园”此处指田间、果园，代指基层民众。

“戋”《说文》：贼也。《说文》释“残”亦为“贼”。一说“戋”与“残”音义皆同，均作伤害、残害之意。我以为此处“戋”应为歺（cān）。歺《说文》释为“禽兽所食余也”，即禽兽吃剩下的东西，引申意为少。“戋戋”即很少的样子。

“贲于丘园”即君子以“人文”教于广大基层民众。寓意君子以“文”化天下，不遗愚昧，不避艰辛。

“束帛戋戋”，“束帛”古人以“帛”为见面礼，《孟子·滕文公下》：“君子实玄黄于篚以迎其君子。”“玄黄”指黑黄两色的帛。君子以帛为觐见礼物，来迎接有德君子。“束帛”即“束帛者”，此处比作来亲附君子者。“束帛戋戋”指来亲附君子者少之又少。

“贲于丘园，束帛戋戋”，君子行文教于基层民众，虽君子勉力而教，然最初响应者寥寥。君子大费少得，故为“吝”。虽“吝”君子亦力行之，循序渐进，终能有成，故“终吉”。

此爻明君子行文教，不遗愚昧，不辞艰辛，终能有成。

《象》曰：六五之“吉”，有喜也。

“喜”《说文》：乐也。即欢喜。此处指欢喜之事。

“有喜”，此处指君子力行文教，最终民众顺从而有得，为“有喜”。

上九：白贲，无咎。

“白”为五色之一，引申为朴素、纯真。《庄子·寓言》：“大白若辱，盛德若不足。”

“白贲”，刚柔相得即为“文”，过分文饰则失“贲”之正义。“白贲”即行朴素之“文”教。

《论语·八佾》：“子曰：礼，与其奢也，宁俭；丧，与其易也，宁戚。”译文：“礼仪与其奢华不若节俭；丧礼与其简单，不若内心哀戚。”孔子认为礼的根本作用为简而达意，简而中义。适度的文饰能表达敬重之意，过分则失其根本。“白贲”亦可致用，故“无咎”。

“白贲”意思同于“素履”。《礼记·中庸》：“《诗》曰‘衣锦尚絅。’恶其文之著也，故君子之道，暗然而日章，小人之道，的（张扬）然而日亡。君子之道，淡而不厌（繁盛、绚丽之意），简而文，温而理，知远之近，知风之自，知微之显，可与入德矣。”其中“淡而不厌，简而文”即“白贲”。

此爻明“贲”以达其用为准则，过分文饰则失其正。

《象》曰：“白贲，无咎”上得志也。

“上”此处通“尚”，崇尚之意。

“上得志也”，“贲”道崇尚刚柔相得而能致用为正，达其用即“得志”。

第二十三卦　剥 ䷖ 艮坤

不利有攸往。

“剥”《说文》：裂也。即割裂、削减。《剥》卦讲道德减损之事。

“不利有攸往”即应及时制止道德礼义之损坏，若任由其发展则致大害。人之失德必自微小，小节之不察以至于大节不保，小节有失即是“剥”也。“勿以恶小而为之”是知“剥”也。

《彖》曰：“剥”，剥也，柔变刚也。“不利有攸往”小人长也。顺而止之，观象也。君子尚消息盈虚，天行也。

“剥”此处指减损道德。

“柔变刚也”，“柔”为德义，为君子。“刚”为民众，为不义、不德。

“小人长也”，若任由社会道德剥落、消减，则君子之道消减，则小人兴盛。“长”此处解作兴盛，《吕氏春秋·知度》：“此神农之所以长，而尧舜之所以章。”

“顺而止之”，君子顺应剥落情势而制止之。

“观象也”，即君子观察世情、时机，以制宜。

“顺而止之，观象也”，对于社会道德消减的情况，必须依据情势，制定合适的措施，逐步制止，欲速则不达。

“消息盈虚”，“消”《说文》：尽也。引申为衰减、消亡。“息”此处解作“滋生、增长”，《孟子·告子上》：“日夜之所息，雨露之所润。”“盈虚”即盈满与空虚。“消息盈虚”指事物发展变化。《庄子·秋水》：“消息盈虚，终则有始。”

“君子尚消息盈虚，天行也”，“尚”有承奉之意，《长门赋》“得尚君之玉音”，此处解作遵从。君子治“剥”，应当遵从情势行事，情势不同而采取不同措施。事物的发展变化总是由弱到强，由盛而衰，这是“天道运行”的法则。君子治“剥”，遵从天道运行规则行事则能有功。

《象》曰：山附于地，剥。上以厚下安宅。

“附”此处解作依附、附着。《诗·小雅·角弓》：“如涂涂附。”

“山”其德为止。“地”指德为顺。君子制止道德剥落，要以顺应情势为前提，即“止”要依附于“顺”，“顺而止”为“剥”。

“上以厚下安宅”，“上”指君子，掌教化者。“下”指受教化之民众。“厚”《说文》：山陵厚也。引申为丰厚。此处解作优待。“宅”《说文》：所寄也。即居所。“厚下安宅”即优待民众使其安居乐业。只有民众衣食无忧，安居乐业之后才有执持善行，遵守道德的可能。安民富民是治“剥”基础工作。《论语·子路》中孔子曾说先使人民富裕而后再教育之。

初六：剥床以足，蔑贞凶。

“床”为安身坐具，古代床似今天的榻，主于坐而兼卧，为居家交接之所在，此处比作道德礼义。人安身于道德礼义。

“以”作介词，解释为“在”。

“蔑”《说文》：劳，目无精也。疲劳以至于眼睛没有精神，引申为蔑视、轻视。

“剥床以足”，并非“剥床之足”的意思。如果要表达“剥床之足”的意思，则其措辞应为“剥床足”，如《履》卦中写作“履虎尾”，而不是“履虎以尾”。故“剥床以足”意思应为“损伤在床腿部位发生”。“足”此处比喻德操。

《礼记·大学》：“为人君止于仁，为人臣止于敬，为人子止于孝，为人父止于慈，与国人交止于信。”其中仁、敬、孝、慈、信为德操，即是“床之足”。

“剥床以足”则床不能立，人失去德操则不能安身。

“蔑贞，凶”，忽视正义被侵蚀，任由道德败坏，则至于凶。

此爻明德操是安身的基础，不能戒于德操之损失则必至于凶险。

《象》曰：“剥床以足”以灭下也。

“灭”此处解作“消除、去掉”。“灭下”失去赖以安身之基础，在德为失“仁、敬、孝、慈、信”。人失去赖以立身的道德，则不能为社会所容。

六二：剥床以辨，蔑贞凶。

“辨”应为辡。辡，《说文》：罪人相与讼也，即诉讼双方对辩。余推测此处“辡”应该指床的两侧扶手，主人招待客人坐于床上，各依靠扶手相对而语，情形如同“罪人相与讼”。《尔雅》中解释“回川”为“过辨”。“几”字形的河流称之为“回川”，“过辨”字面意思为“河水流经形状如同‘辨’的河道”。《尔雅》此处“辨”的意思应该指床的两侧扶手和靠背。床之扶手与靠背的形状为“几”字形，与“回川”相似。这种解释应该是“辨”原本意思的扩大。由此爻《象》辞“未有与”推敲，此处解作“两侧扶手”更为准确。“辨”此处比喻行操。礼为君子之行操。

“剥床以辨”即损伤在床的扶手，比喻礼受到破坏。听任礼败坏则致凶，故“蔑贞凶”。

此爻明破坏礼则民众行为无所凭借。忽视礼败坏，则必致凶。

《象》曰：“剥床以辨”未有与也。

“与”《说文》党与也，引申交往、亲附。《论语·子路》“不得中行而与之”同于此。

“未”此处解作“没有、不、无”，表示否定。《左传·庄公十年》：“肉食者鄙，未能远谋。”

“未有与也”即“没有所依靠，没有所亲附”，此处指礼义破坏则行为无所依从。

六三：剥之无，咎。

“剥之无，咎”多写作“剥之，无咎”为谬！通观《易》爻“咎”之用，多为“无咎”，然《夬》卦之初九有“为咎”。《剥》之卦义为“剥其德”，乃违背正义之行为，如何无咎？故六三应为“剥之无，咎。”，如此才能符合《剥》卦卦义，符合于《象》辞“失上下”。

“剥之无，咎”，逐渐损伤德行，以至于到达违反、背离正义的地步。任由正义损坏而不加制止，即君子失职，为“咎”。

此爻明君子当及时制止道德礼义的败坏，不然则君子有咎。

《象》曰：“剥之无，咎”失上下也。

“失上下”，“上下”即“上下之道”，失去道德和礼义，教化无存，则愚昧者不能明智，粗野者不能文明，失上下之道。

六四：剥床以肤，凶。

“肤”本写作臚（lú），其籀文为膚。肤，《说文》：皮也，引申为表皮。此处指床的表面装饰，比喻礼义道德之文采。温、恭、俭、让、严、敏、信等为礼义道德之文采。

“剥床以肤”，损伤在床的外表，比喻损坏道德礼义之文采，亦即人言行刚柔失当。

“凶”人文渐失是教化败坏的开始，不能及时制止则至于“失上下”，则“凶”。

此爻明人之文采渐失，是道德礼义损伤的开始，治“剥”要谋于始，谋于微末，及早制止则能免于凶险。

《象》曰：“剥床以肤”切近灾也。

“切近灾也”，十分靠近灾害。由温、恭、俭、让、严、敏、信有失，可以进而发展到违背正义，所以说“近于灾”。

六五：贯鱼，以宫人宠，无不利。

“贯”《说文》：穿物持之也。即把物品穿连起来，以便持握。

“贯鱼”把鱼穿连起来。古人有吃干鱼的习惯，《礼记·内则》中记载，夏天食干鱼。干鱼丰足表示富裕。“贯鱼”此处指使人民生活富裕。

“宠”《说文》：尊居也。即尊贵的地位，引申为宠爱、优待。

“宫人”即家庭中的用人，此处指代国家基层劳动人民。《礼记·儒行》：“儒有一亩之宫，环堵之室。”其中“宫”即宅第。《说文》解释为“室”，而并非指帝王宫殿。“宫人”有解释为“王之宫女嫔妃”者，为谬！作《易》之时“宫”定不为王室专用。解释为“宫女嫔妃”滥觞于王弼、孔颖达。

“以宫人宠”优渥家庭中之用人，此处指要优待基层劳动人民。

“无不利”，使人民富裕才能保证道德不堕落，广泛关爱人民才能使之上进于道义，所以“贯鱼，以宫人宠”可以保证义与利兼得，故“无不利”。

此爻明使人民富裕而优待之，是保证道德不损害的基础。

《象》曰：“以宫人宠”终无尤也。

“终无尤也”，关心广大人民，最终可以从根本上制止道德损坏的情况发生。如此作为则君子无过尤。

上九：硕果不食，君子得舆，小人剥庐。

“硕”《说文》：头大也。引申为大。此处解作丰硕。“硕果”，比喻养民、教民有成，国富民强。

“硕果不食”，君子富民、教民之目的并不在于享民，而是在于弘道化民。君子不以享受民众供养、尊重为目的，如此为“不食”。君子教化天下，不以利为利，以义为利。《礼记·大学》：“国不以利为利，以义为利也。长国家而务财用者，必自小人矣。”“硕果不食”与“建侯而不贮”意思相近。

“舆”即君子之政教体系，君子之“道车”，用以载民致道。

“庐”《说文》：寄也，秋冬去，春夏居。古代田中之简屋，供农民工休，春夏能居冬秋则去。庐者，治生产之所居。此处比喻君王之位。

“君子得舆”即君子之政教体系建成。君子以富民为基础，逐步使教化体系完备，使政教亨通。

“小人剥庐”，如果以统治人民、享受天下为目的，虽有君王之位亦为小人。其不能以弘扬道义为根本，终究会失去其君王之位。“小人剥庐”言外之意，小人掌国家以利为利，不以义为利。小人“食硕果”故有“剥庐”之凶。

此爻明掌教化者必须要以教化民众为根本，务于私利则君子之位不保。

《象》曰：“君子得舆”民所载也。“小人剥庐”终不可用也。

“舆”者君子之政教也，用以载民也，亦即“民所乘也”。

“终不可用也”即“食硕果”不可用。小人掌国家而务于自利，终究会失去其位。不能以弘扬道义为本，而务于利益，如此行事“终不可用”。

第二十四卦　复䷗ 坤震

亨。出入无疾，朋来无咎。反复其道，七日来复，利有攸往。

“复”《说文》：往来也。即返还之意。

“疾”《说文》：病也。疾病之意。此处解作毛病、不足。《孟子·梁惠王下》：“寡人有疾，寡人好色。”

“反”《说文》：覆也。即翻覆。即倒易其上下。

《复》卦为《剥》卦之反，小人道穷，困而后知变，返于君子之正道，故能“亨通”。

“出入无疾”，“出入”解作“有异同、有差异”。《论语·子张》：“子夏曰：大德不逾闲，小德出入可也。”《论衡·本性》：“公孙尼子之徒，亦论性情，与世子相出入，皆言性有善有恶。”

“出入无疾”，此处指其人在回归正道过程中有所出入，有所不足，亦属于正常，不算作毛病。

“朋来无咎”，“朋”《说文》：辅也。引申为朋友，此处指来亲比于君子之复归者。“来”此处作使动用法。使朋比者来归顺，则君子无咎。言外之意，君子应使“复归”者信从。其人能抛弃前非，回归正道，故称其为“朋”。

“出入无疾，朋来无咎”这两句对仗。首先对于复归于正道者而言，在此过程中有所“出入”不为过。其次对于行教者而言，要能顺应改过者，使之信从。

“反复其道，七日来复”，“复”解作“覆”，《诗·小雅·蓼莪》：

“顾我复我，出入腹我”。“反复”此处解作“翻覆”，即推翻、抛弃之意。

“反复其道”即认识到原来的错误，从而抛弃之，回归正道。

“七日来复”，古人以十为数之极，又有外事用刚日，内事用柔日之说。一、三、五、七、九为刚，二、四、六、八为柔。以天干计之，甲一，丙三，戊五，庚七，壬九。甲始，丙行，戊极，庚消，壬终。“七日”即庚日，在道极而后衰之时，介于盛极与终亡之间。“七日”之后则事物发展进入不可逆转之境地。

“七日来复”即在小人之道衰败之时，来归顺正道。“五日”之时小人之道盛，未见衰败，故不知悔改。“九日”之时大错铸成，不能回旋，不可药救。

“利有攸往”，君子应积极谋求复归者之信从，积极帮助复归者进步于正义。

《彖》曰：“复，亨”刚反动而以顺行，是以“出入无疾，朋来无咎”。“反复其道，七日来复”天行也。“利有攸往”刚长也。“复”其见天地之心乎？

“刚反动而以顺行”，“刚”指小人，“反动”抛弃小人之道而动，即回归正道。“以顺行”对于“反动”者，君子要采用顺应其情况而教导的策略。“以”此处解作用、使用。

“天行也”，天道运行的规律，即阴阳消长规律。以一年十二月来核算，“七日”应该在八月中旬，八月秋分之后则阴气胜阳。《礼记·月令》：“是月也，日夜分，雷始收声，蛰虫坏户，杀气浸盛，阳气日衰，水始涸。”

“刚长也”，“刚”即不德者，“长（zhǎng）”即成长，同于《临》“刚浸而长”，即复归者进长于正道。

“复，其见天地之心乎”，“心”此处解作“精神”，《孟子·告子上》：“苦其心志，劳其筋骨。”

“复”为事物“消息盈虚”之必然，由“复”可见天地之精神。天地之道阳极阴长，阴极阳生，如此循环往复而不息，天下之事物亦然。

《象》曰：雷在地中，复。先王以至日闭关。商旅不行，后不省方。

“后”《说文》：继体君也。段注：“后之言后也，开创之君在先，继体之君在后也。”

“闭”《说文》：阖门。即关门。

“关”《说文》：以木横持门户也。即门闩。此处指关卡，用以稽查商旅。

“雷在地中”，“雷”为动，“地”为顺。失德者反动而君子顺应，即其人进步于君子循循善诱之中。

“先王以至日闭关，商旅不行，后不省方”即“先王在冬至之日关闭关卡，商旅不出门，当今的君王承继先王的精神，在此时不视察地方”。

“至日”，“至”此处解作“极、最”。《孟子·尽心下》：“以至仁伐至不仁。”“至日”即阴至盛之日，于时令言，为冬至。《礼记·月令》：“是月也，命奄尹申宫令，审门闾，谨房室，必重闭。”意思是在冬至之月，命令太监首领重申宫中法令，察看门闾开阖、房屋封闭情况，必须做到内外都关闭。“是月也，日短至，阴阳争，诸生荡，君子齐戒，处必掩身，身欲宁，去声色，禁嗜欲，安形性，事欲静，以待阴阳之所定。”

“至日”有言夏至者，为谬论。《礼记·月令》：“仲夏……是月也，门闾毋闭，关市毋索。”此即说明夏至与冬至“必重闭”相反。“先王以至日闭关”必为“冬至”。“复”之卦义为阴极而阳，刚极化柔，亦合于“冬至”阴极而阳之义。

此《象》说明，古之君民，法象阴阳，于至阴之日“闭关”休息。“商旅不行”民不务生产交易，“后不省方”君不行政令。

初九：不远复。无祇（zhī）悔，元吉。

“祇”应为疷（qí）。疷，《尔雅》：病也，忧病不止。“疷”指思想上的疾病。《诗经·小雅·何人斯》："壹者之来，俾我祇也。"

"不远复"即不远于"复"，即及时矫正思想与行为的偏差，以保证中正于道义。《论语·学而》"曾子曰：吾日三省吾身。"即为"不远复"。"远于复"则有"剥之无"之凶。

"祇悔"，思想不及时矫正，以至于出现问题，为有"疷"。行为不及时矫正，以至于背离正义，则有"悔"。如果能对于思想与行为之弊病及时矫正之，则可以避免至于"祇悔"。

"元吉"君子时刻自戒，使不善灭于未形，这样可以从根本上防止出现过失，故"无祇悔"为"元吉"。

此爻明"复"要及时进行，放任、懈怠必有失。

《象》曰："不远"之"复"，以修身也。

"以修身也"，修身即是修复自身，矫正思想与行为之弊病，使自身正于道义。修身即为"不远之复"。

《礼记·大学》："身修而后家齐，家齐而后国治，国治而后天下平，自天子以至于庶人，壹是皆以修身为本，其本乱而末治者否矣，其所厚者薄，而其所薄者厚，未之有也。"

六二：休复，吉。

"休"《说文》：息止也。即停止之意。《尔雅》释为"安于，止于"。同时《尔雅》释"休休"为"俭"，即行为有节制，亦为"息止"引申意。此处解作节制或"使……止于"。

"休复"即君子节制、约束失德者"复"于正义。即君子顺应其人之情况，教导其进步于道义。能使失德者回归正道，于教化而言，为"吉"。

此爻明引导失德者复归正道，要施以必要的节制。

《象》曰："休复之吉"以下仁也。

"下"指自降身份与之交往，谦恭待人，《吕氏春秋·首时》："下贤良，选练士。"

"仁"《说文》：亲也。即亲近，引申仁爱。

“下仁”，君子亲民、爱民。君子顺应复归者的情况而实施教导，为亲民、爱民之举。

六三：频复，厉，无咎。

“频”此处解作多次，《后汉书·范生传》：“频发兵役。”

“频复”多次反复修复于正义，指其人未能坚定笃实以复归正义，而是反复、多次修正。

“厉”，作也，指复归正义。虽然有反复，有不足，但只要不断进取于道义，亦为“无咎”。

“频复，厉，无咎”即“出入无疾”之意。《论语·述而》：“子曰：与其进也，不与其退也，唯何甚？人洁己以进，与其洁也，不保其往也。”孔子的意思是赞赏改邪归正的行为，并不拘泥于其过往。同理对于复归者，只要其心向道，虽有“出入”亦不为过。

此爻明回归正义者有反复，有不足，亦属于正常。

《象》曰：“频复”之“厉”，义无咎也。

“义无咎也”；失德者去其旧习复归正义，此过程有反复，有不美，然其心向道于义无咎。

六四：中行（háng），独复。

“中行”，行为中于义，合乎常则。

“独”通“笃”，《庄子·天地》：“举灭其贼心而皆进其独志。”《尔雅》释“笃”为“固也”。此处指心志坚定，行为果决，即力行。

“中行，独复”，“中行”是“复”的准则，“笃”是“复”的态度。

此爻明如何“复”。

《象》曰：“中行，独复”以从道也。

“以从道也”，“复”之本为修德，修德能遵循正义、规律，且能力行之，是从顺于道，故为“从道”。如此“复”必能有得于正道。

六五：敦复，无悔。

“敦”《尔雅》：勉也。即勉励之意。此处有自立自强，自我激励之意。

“敦复”，自我警戒，自我勉励，时刻“不远复”。《论语·学而》中“吾日三省吾身”即为曾子之“敦复”。

“无悔”，能自我约束，自我勉励则免于过失，故能“无悔”。

此爻明诚意正心、自发上进是“复”的内在、根本动力。

《象》曰：“敦复，无悔”中以自考。

“中”即内心。

“考”此处解作考察、考核，《孟子·告子上》：“考其善不善者。”

“中以自考”，内心自我考核，自我敦促。

上六：迷复，凶，有灾眚。用行师，终有大败，以其国，君凶。至于十年不克征。

“征”《尔雅》：行也。《说文》释为“正行也”。此处指往以治事。

“眚”《说文》：目疾。引申为凡病之称。

“迷复”失去“复”之正义，不能“中行，笃复”，不能“敦复”，以至于“远复”、“有祇悔”，如此为“凶”，故曰“有灾眚”。

“用行师，终有大败”，失去正确的原则、方向，不能自律，小过错不能及时矫正，以此状态行师打仗，必定大败。

“以其国，君凶”，“以”此处解作“用”，“以其国”即“用于其国”，“迷复”用在治国，则其国君有失国之“凶”。国君不能使国家行在正道，必然致国乱，必然失其君位。故“君凶”。

“用行师，终有大败，以其国，君凶”，言军国大事皆应从“复”道。

“十年不克征”，“十年”数之终也，此处指事物终结。“克征”即治事能成。如果“迷复”，永远不能治事成功，必然至于不可救药、灭亡的地步。

此爻明“迷复”之后果。

《象》曰：“迷复”之“凶”，反君道。

“反君道”，“君道”即以正义教民、化民。“迷复”即不能以教民以正，正民于道，违背了君子之义，故为“反君道”。

第二十五卦　无妄 ䷘ 乾震

元亨，利贞。其匪正有眚，不利有攸往。

“妄”《说文》：乱也，即行为不法、不义。“无妄”不违乱。《论语·颜渊》：“子曰：克己复礼为仁。”其中“克己复礼”即是无妄。“非礼勿言，非礼勿动”即是无妄。

“元亨，利贞”，“元”解作根本，不为妄乱是善之始，故“元亨”。坚守道义，不改操守，如此为“贞”，“贞”则“无妄”。

“其匪正有眚”，“正”《说文》：是也。此处作动词解作纠正、匡正。如果不是为了匡正受教化者的毛病、过错，行教者不利前往教导，而应该由其人独立面对困难。

“不利有攸往”，君子往教“有眚”者，匡正其行止，使中于道义，其人“无眚”则君子不往。

《彖》曰：“无妄”刚自外来而为主于内，动而健。刚中而应，大亨以正，天之命也。“其匪正有眚，不利有攸往。”无妄之往，何之矣？天命不佑行矣哉！

“刚自外来而为主于内”，“刚”指不德、不义等思想认识。“外”指教化之外。“内”指内心。邪恶思想从外部侵扰，意欲主控人的心志。若其人不为所动则“无妄”，若从于邪恶则为“剥”，为“妄”。

“动而健”，其人力行正义。

“刚自外来而为主于内，动而健”解释“无妄”。

“刚中而应”，面对邪恶侵扰者，行为中于义，心顺于道，应乎君子之教。《论语·卫灵公》：“子曰：君子固穷，小人穷斯滥矣。”其中

“君子固穷”即“中而应”，“小人穷斯滥”是“妄”。

“大亨以正”，以贞正能致大亨。“大亨”即“元亨”，行为不妄乱乃修习之基础，故为“大亨”。

“天之命也”，“命”此处解作教导、告谕。秉持中正，可致通达，这是上天对人的教导。

“无妄之往，何之矣？天命不佑行矣哉！”“佑”《说文》：助也。指上天的保佑。修习者遇到诱惑及困难，如果没有妄乱的思想及行为，则行教者不必前往指教，故曰“何之矣”，“之”释为往、适。民众“无妄”而临，则为“甘临”，则“无攸利”，则“位不当”。“无妄之往”即妄行，违于正道，故上天不佑其行，故曰“天命不佑行矣哉！”

《象》曰：天下雷行，物与无妄。先王以茂对时育万物。

“茂”《尔雅》：勉也。即勉力。“茂”通懋（mào）。懋，《说文》：勉也，自强之意，此处作使动用法。

“对时”，“对”有配合之意。配合时机。

“天下雷行”，“天”德为健，“雷”德为动。动而健，且遵从正义，为无妄。

“物与无妄”，即“得其正义而与之”，即“物得于其正”，即事物得其正道而与之。万物无妄而生则能尽天命，人无妄而行则能得于正道。

“先王以茂对时育万物”，先王使万物自强为根本养育万物，同时不失时机的进行教导。亦即使万物“无妄而往”。

初九：无妄往，吉。

“往”此处指往以治事、修德。

人能时刻遵从道义，无论处艰难或平顺，皆行于中正，则能进德，能成事，故“无妄而往”可以致于“吉”。

此爻明“无妄”是事物进步所应遵循的基本准则。

《象》曰：“无妄”之“往”，得志也。

“得志也”，能“无妄往”者，是能坚守正义者，力行其义，故曰

“得志也”。

六二：不耕获，不菑畲，（凶），则利有攸往。

“菑（zī）”《说文》：不耕田也，即生田。

“畲（yú）”《说文》：三岁治田也，即垦种三年熟田。《尔雅》：“田一岁曰菑，二岁曰新田，三岁曰畲。”

《说文》中释“畲”，引用此句爻辞为：“不菑畲，田”，其中“田”应当为“凶”之误，二者篆体形似。《礼记·坊记》中引用此句爻辞为“不耕获，不菑畲，凶。”以上两处引用皆有“凶”字。从卦义来看“不耕获，不菑畲”即是“妄”，“妄”为凶。所以此处以有“凶”为确。故此句爻辞应为“不耕获，不菑畲，凶，则利有攸往”。

“不耕获，不菑畲”即“不耕而期获，不菑而期畲”，即不劳而想获，不事而思成。《礼记·坊记》：“子云：礼之先币帛也，欲民之先事而后禄也，先财而后礼则民利，无辞而行情则民争，故君子于有馈者弗能见，则不视其馈。《易》曰：‘不耕获，不菑畲，凶。’以此坊民，民犹贵禄而贱行也。”

“不耕获，不菑畲”即为不事而禄，贵禄而贱行，是“妄”，为“凶”，所以防民往犯。耕而后获，菑而后畲是人之常，是“无妄”也，《论语·卫灵公》：“子曰：事君，敬其事而后其食。”

民有妄行，君子前往而矫正之，是谓“正有眚”，故“则利有攸往”。

“不耕获，不菑畲”，为思想中的妄想、妄念，是诸多“妄”中最严重，最应着力防范者。“凶，则利有攸往”，君子因其“有眚”，因其“凶”，而往治之。

此爻明“妄”主要在于人的思想，君子因其“有眚”，方能往治之。

《象》曰：“不耕获”未富也。

此“富”非谓财货之多积，乃指民德富。其未能深明道义，未能深行礼义，称之为“未富”。《礼记·儒行》：“不祈多积，多文以为富。”妄为之人“未富”，而有迷惑，所以有待君子往教之。

六三：无妄之灾。或系之牛，行人之得，邑人之灾。

“或”此处解作“有”，《史记·高祖本纪》：“人或闻之。”“或系之牛”即有拴着而自行挣脱走失的牛。

“无妄之灾”并非因为自身有失而导致的灾难，而是客观上发生的灾难。如同邑人丢失其牛，偶然而生，人不可测，不可全部防治。“无妄之灾”，指事物均有不测之情，得之、失之均属正常。尽力于人事而听天命可矣！

“行人之得，邑人之灾”，行人捡到走失的牛，为有得，邑人丢失自己的牛，是灾难。两者皆是客观偶然发生。意在指现实之得失皆有不确定性。

此爻明主观上虽“无妄”，但仍然有可能要面对客观的灾害，告诫修行者必须要有应对艰难困苦的正确态度。即孔子所说的“君子固穷”。

《象》曰：“行人”得牛，“邑人”灾也。

行人之得亦是“无妄之得”，邑人之灾是“无妄之灾”。“行人”或“邑人”非有特定，“行人”亦或为“邑人”，“邑人”亦可为“行人”，得失无常，非人力所及，故得失应泰然以处之，不应怨天尤人。君子失之而能固穷，得之而能安分，是“无妄”也。此一爻说明世事莫测，得失有之，险易有之，唯行中正能不失。

九四：可贞，无咎。

“可”《说文》：肯也。即肯许之意，引申为可以、能够。《左传·庄公十年》：“可以一战。”

“可贞”，能够遵从贞正。此处用“可”，意在强调修行者应从主观上有遵从贞正的意愿。

“无咎”，能够秉持贞正，勉力而行，故无咎。反之为“咎”。

此爻明修行者面临困难、诱惑，能遵从正义，则“无咎”。

《象》曰：“可贞，无咎”固有之也。

“固有之”，巩固其所学之道德。艰难困苦、利欲诱惑是对修行者的考验，只有历经考验，不改节操，才能巩固其道德，才能称之为

“富”。

九五：无妄之疾，勿药有喜。

“无妄之疾，勿药有喜”，不因自身妄乱作为而得之疾病，不用用药医治，即可自行痊愈。比喻不是自己主观上的原因而导致的灾害，不用找自身的毛病或不足，如此行事定能“有喜”，即在灾难中可以提高自身修为，可以巩固自己所学之道德。

此爻明处治“无妄之灾”，应当泰然处之。

《象》曰：“无妄之药”不可试也。

“试”《说文》：用也。即使用。

人有“无妄之疾”，本能自愈，不能泰然处之，贸然谋求于外，则是“妄动”。为去除“无妄之疾”而妄加用药，费而无功，或招致新害，故曰“不可试也”。

上九：无妄行，有眚，无攸利。

“行”即君子往以教之。民众“无妄”，君子不应前往指教，往教无功而有害君子信用，故曰“有眚，无攸利”。“无妄行”即“其匪正有眚”、“无妄而药”。

此爻明君子当明辨“有眚”与“无妄”，从而能举措得当。言外之意君子要明确义与不义的界限，不然进退失据，则有害无益。

《象》曰：“无妄之行”穷之灾也。

“穷”《说文》：极也，即终尽。引申阻塞不通、穷困。《楚辞·天问》：“阻穷西征。”此处指行教化者未能深得于道义，不能完全准确地把握真理。“穷”与“富”相对。

“穷之灾也”，君子不能明于道义，不能完全、准确地把握义与不义的分界，进退失据，举措失当，从而导致灾害。

《论语·雍也》：“子曰：君子可欺也，不可罔也。”意思指君子可以被小伎俩欺骗，但不能被非义、邪道愚弄，迷惑。言外之意君子对义与不义有准确的把握，不会轻易被不义迷惑，如果做不到这一点，则不称君子之职。

第二十六卦　大畜 ☶☰ 艮乾

利贞。不家食吉。利涉大川。

“畜（xù）”《说文》：田畜也，蓄养田猎回来的动物。“蓄”《说文》：积也。“蓄”与“畜”都有收聚之意，“畜”指蓄养田猎来的动物，“蓄”原意指蓄积耕作而收获的谷物。此处“畜”作“蓄养”解。“大畜”君子蓄养世人道德，蓄养社会正气，所以称之为“大”。《小畜》旨在畜养民众，当《大畜》之时君子已广得民众，务在畜养其道德，因此有“小大”之辨。

“利贞”，蓄养世人道德，培养社会正气，要贞正而行，即要合乎蓄养之道。

“不家食，吉”，使贤者不食于家而食朝廷之俸禄。“大畜”之时人民众广，君子教化天下凭一人之力不能行，用贤者为辅助，乃光大教化之必要手段。养贤、蓄贤是君子治“大畜”之方法。

“利涉大川”，宜广泛、深入地开展蓄养民德的工作。

《彖》曰：“大畜”，刚健、笃、实、辉光、日新其德。刚上而尚贤，能止健，大正也。“不家食吉”养贤也。“利涉大川”应乎天也。

“刚”指蓄德者。

“健”即进德强健，锐意进取。

“笃”即其志坚固，专心向道。

“实”即进德有成。《说文》释为“富”。

“辉光”由朝阳之辉至于大光明，比喻其德日盛。“辉”《说文》：

光也。指朝阳之光。“光”《说文》：明也。

“日新其德”指不断进取，永无止境。

“健、笃、实、辉光、日新其德”意思上存在顺承的关系，阐发“大畜”之情状。

“刚上而尚贤”，民众进德而崇尚贤能。“上”即向上进于德。“尚贤”即崇尚贤能，即志于德。

“能止健”，止于君子之道而力行上进。

“大正”，使“刚上而尚贤”且“能止健”，为“正民之大者”。君子行教，能使民众上进于德，且尊贤好义，如此为“正民之大成”，即“大正”。

《论语·雍也》：“子曰：知之者不如好之者，好之者不如乐之者。”人民好君子之道而行，是君子教化之大成。所谓“大正”即“大其正”，自正也！自正何须人正？民众“好之”，教化之至也。

“刚上而尚贤，能止健，大正也”阐发“利贞”。

“养贤也”，《礼记·表记》：“子曰：事君，大言入则望大利，小言入则望小利，故君子不以小言受大禄，不以大言受小禄。《易》曰：‘不家食，吉。’”这段话包含以下意思：使凡有利于国之贤良，无论其“大言”者，“小言”者，皆应受禄于公，给予适当职事，以辅助君王教化天下。“养贤”蓄养贤者，以贤者辅助君子弘道化民。

“应乎天也”，天道博大，包纳天下万物，使万物致道。君子应效法天之博大，以仁义之道包容天下人，使天下人遵循君子之道而能立身，成德。“应乎天也”即君子“大畜”于天下。

《象》曰：天在山中，大畜。君子以多识前言往行，以畜其德。

“天在山中”，“山”德为止。“天”德为健。止且健，为“大畜”。民众尊崇道义而力行之，为“大畜”。

“识”《说文》：知也。即知道。有了解、学习之意。

“前言往行”，前人关于道义的积极言论，以及以往君子的美好德行。

“君子以多识前言往行，以畜其德”，通过广泛、深入的学习前人优秀、高尚的道德品行，来提高自己的道德修养。

初九：有厉，利已。

“厉”通“疠”，“疠”《说文》：恶疾也。多指疮疥。此处比喻坏毛病、恶习。《战国策·楚策四》：“夫厉虽痈肿胞疾。”

“有厉”，蓄德者自身有有害于修德之恶习。

“已”《尔雅》：卒也，辍也。停止之意，引申为治愈疾病。《吕氏春秋·至忠》：“苟已王之疾。”

“有厉，利已”，民众有恶习、毛病，有害于修德，应及时制止。即及时其矫正蓄德者之毛病。

此爻明治“大畜”首先要铲除其人之恶习。

《象》曰：“有厉，利已”不犯灾。

“不犯灾”，不犯于灾害。及时纠正蓄德者之恶习、毛病，使其“无妄”而行，则灾不逮夫身。

九二：舆说輹。

“輹”《说文》：车轴缚也。束缚车轴使之与车厢联结的绳索。古之车由车舆与车轮构成，“輹”为联系二者之纽带。

“舆说輹”，车厢与车輹脱离，如此则致使车厢与车轮不能结合，则车不能致用。君子畜养民众道德，即使民众和合于道义，君子在其中，作用如同车輹。君子承载道义且能取信于民，如此使民众和合于道义，则蓄德成功。

《论语·学而》：“礼之用，和为贵。”即是礼能和于人情为贵。

此爻明君子蓄养民德，必须能和于民众，若不然则“大畜”不能行。

《象》曰：“舆说輹”中无尤也。

“中无尤也”，“中”即“在中”，即义。“尤”即错误、罪过。君子者为道义承载者，若能上承道义，下和民众，则为“在中”。君子

“在中”才能使民众始终得于正义，如此则君子“无尤”。反之君子不能和于民众，则教化不能行，于君子为咎。

九三：良马逐，利艰贞。曰：闲、舆、卫，利有攸往。

“良马”，驾车之良马，指君子所养之贤人，辅助行教者。

“逐”《尔雅》：病也。此处并非指身体疾病，而是指思想问题，此处指心意妄乱、精神懈怠等。

“良马逐”即“贤人有眚”，贤人是驾君子之“道车”者，良马有疾，从而使教化民众之事业不能顺利行进。

“利艰贞”，君子艰力而行正，逐步使“良马”健壮有力。

“闲，舆，卫”，此三者为教治良马的手段。

“牢”《说文》：闲也。养牛马的牢圈。“闲”即牛马圈，约束牛马以防丢牛，此处比喻规矩、准则。《论语·子张》：“子夏曰：大德不逾闲，小德出入可也。”

“舆”马之所载，马之职事，此处比喻任务、职责。

“卫”《尔雅》：嘉也。即嘉奖。马有功劳而嘉奖之。此处指对贤者进行鼓励，嘉奖。

“闲，舆，卫”三者为治马之方法，牢圈能约束之使驯顺，拉车负重能增其力气，磨砺其意志。嘉奖其功劳，可鼓舞其气势，使不断上进。君子之培养贤人无出此三者，礼义为君子之“闲”，弘道化民之职事为君子之“舆”，爵禄为君子之“卫”，行此三者则良马无眚，贤人致其身心于弘道化民，故“利有攸往”。

此爻明如何培养贤人，以有效辅助君子行教化。

《象》曰：“利有攸往”上合志也。

“上”应为“尚”。

“上合志”，君子以“闲、舆、卫”来培养贤者，目的在于使之与君子弘道化民之志相合。心志相合方能有力的辅助君子行教，故“尚合志”。

六四：童牛之牿（gù），元吉。

“牿”《说文》：牛马牢也，即牛马圈。

“童牛”，即“犝牛”，《尔雅》中释为“无角的小牛”，即幼小的牛。

“童牛之牿”，牛幼小即入于牢圈，则行动于范围之内，无逾越。礼乐刑政之于民众如同“牿”，在民众受教化之初便设定严格的制度，使不能违反，以后便能减少逾制的行为。使受教化者、畜德者开始即养成严格的习惯，以后便会遵循此行为规则，从而减少违逆行为。

“元吉”，从教化之初给予严格的约束，则可极大的减少以后错乱的行为，这样做是从基础和根本上着手，故“元吉”。

此爻明畜养民德，要及早树立规则，可极大的减少以后的灾害。对于教育而言，中小学时期是树立人生规则的最佳时期，做好了这个时期的教育工作，可极大的减少以后诸多的社会问题。反之也能种下隐患。

《象》曰：六四“元吉”有喜也。

民众受教化之始树立规则，则能不逾矩，如此为修德之良好开端，能减少将来诸多违乱，故“有喜也”。

六五：豶豕之牙，吉。

“豶（fén）”《说文》：羠（yí）豕也。阉割猪。羠即阉割。

“豕”比作不顺教化之刚民。

“牙”《说文》：牡齿。即用以咀嚼之槽牙。由“牝齿”推测用以切断食物的门牙等应称之为“牝齿”。“牝齿”与“牝齿”应该是古人对牙齿的分类。“牙”因此引申为雄性，比如牙狗、牙猪等。又引申为雄性动物生殖器，此处指猪阴茎。“牙”比喻民众刚暴之性情。

“豶豕之牙”即阉割猪之阴茎，而变其性情，由刚暴而柔顺，同时不减其气力。民众有强健之意志，而无刚暴之性情，如此则易于管治。

“吉”君子蓄养民德，如果能使民众随顺，则可教民有成，故“吉”。

此爻明化民众之性情，使民众随顺君子，安行道义，是“大畜”

的根本途径和有效方法。

《象》曰：六五之吉，有庆也。

改易其性情，使随顺道义，则蓄德必定有成，故“有庆”。事终成曰“庆”。

上九：何天之衢（qú），亨。

“衢”《说文》：四达谓之衢。指四通八达的道路。

“何”此处解作秉持、承继。《诗经·商颂·玄鸟》：“殷受命咸宜，百禄是何。”

“天之衢”，四通八达的道路在天上，寓意道路畅达无阻。《楚辞·王逸》：“蹑天衢兮长驱，踵九阳兮戏荡。”

“何天之衢”，秉持天衢畅达无阻之义。此处指君子治“大畜”，建立完善的教化途径，使民众畅行其中而能得道。比如礼乐文教等皆为教化渠道。礼乐文教能通达道义，民众行于其中则能得道，故为“亨”。

此爻明治“大畜”应完善、健全教化途径，如此能致亨通。

《象》曰：“何天之衢”道大行也。

“道大行”，君子“大畜”之事业畅行天下，道义大行于天下。

第二十七卦　颐 ䷚ 艮震

贞吉。观颐，自求口实。

“颐”《尔雅》：养也。此处有养育、修养之意。《颐》卦阐发如何养身，养德，自养，养他。

治“颐”能合乎道义，能养正义为吉，故“贞吉”。

“观”《说文》：谛视。“谛”《说文》：审也。谛视即审视，即详尽察看。此处可解为观察、观注。观注今写作“关注”。

“求”《尔雅》中有“寻求、择取、谋求”之意。

“实”解作物资，《左传·隐公五年》：“若夫山林、川泽之实，器用之资。”

“口实”此处指食物。《左传·襄公二十五年》：“臣君者，岂为其口实？社稷是养。”其中“口实”寓意自养，养社稷为养他。

“观颐”，观察关于养育的情况，如天地养育万物，圣人养育天下人，父母养育子女。其共性在于养育者不仅要养育其生命，还要培养其道德。通过“观颐”可以明教化。

“自求口实”，自己谋求食物以养身体。

《象》曰：“颐，贞吉”养正则吉也。“观颐”观其所养也。“自求口实”观其自养也。天地养万物，圣人养贤及万民，颐之时，大矣哉！

“养”《说文》：供养也。引申为养育、培养、蓄养。

“养正则吉”，培养、蓄养正义则吉。

“观其所养”，观察万物可以知道天地养育之道。观察世人可知圣人养育之道。观察子女可知父母养育之道。

“观其自养”，观察人的身体与德行，可以知其自养之道。

“天地养万物”，天地养万物，全其生而使之顺应天地之化。

“圣人养贤及万民”，圣人养民，教民使之顺应道义。

“颐之时，大矣哉”，“颐”之积极意义可谓之“大”。养身与自养是“颐”的基本功用，养德与养他则进于道，此四者无时不关联，致用于上下，所以称之为“大”。

《象》曰：山下有雷，颐。君子以慎言语，节饮食。

“山”其德为止。“雷”其德为动。知止而动，为“颐”。《礼记·大学》：“知止而后有定，定而后能静，静而后能安，安而后能虑，虑而后能得。”止而后虑即知止而后动，如此能有得，为“颐”。止而后得，可以自修，可以养人。

“君子慎言语，节饮食”，君子言语谨慎以养德，节制饮食以养身。言语之出，饮食之进，关乎养德、养身。

初九：舍尔灵龟，观我朵颐，凶。

“舍”为“捨”。捨，《说文》：释也。即舍弃。

“朵”《说文》：树木垂朵朵也，泛指树木下垂之树叶、花果，后人专指花。“垛”《说文》：堂塾也，堂屋两侧小于堂屋的房屋，夹堂屋在其中。“垛”字乃会意而成，堂屋如同树木之干茎，两侧塾屋如同下垂之花果。参照“朵”与“垛”，推断“朵颐”应指鼓起两腮的口腔，其形象如同两侧塾屋夹堂屋在中。“朵颐”意即食物充满于口中而两腮鼓起的样子。

“舍尔灵龟”，“灵龟”可以沟通天与人，人凭借灵龟卜筮可以通于鬼神。“尔”代词“你”，此处指上天。舍弃你的灵龟，言外之意不信天道，不敬神鬼。

“观我朵颐”，只关注我的口腹之欲。

“舍尔灵龟，观我朵颐”，不信上天，不敬鬼神，只关心养活自身性命。即只是养身不养德，只是自养不养他。养身而后应养德，自养而后应养他。能养德，养他，则天下文明，仁义兴盛，社会和谐，人民安康。反之则愚昧流行，正义消亡，国家动荡，世人疾苦，故为“凶”。

此爻明治“颐”必须养德与养身共举，失之一偏则有凶。

《象》曰：“观我朵颐”亦不足贵也。

“观我朵颐”，只是关注于自养性命，不能敬天爱人，故“不足为高贵”。

六二：颠颐、拂经于丘颐，征凶。

“颠”此处解作颠倒、上下倒置，《诗经·齐风·东方未明》：“颠之倒之，自公召之。”

“拂”此处解作违背、违逆，《韩非子·南面》：“故虽拂于民，必立其治。”

“经”此处解作常规、原则。《管子·牧民》：“顺民之经，在明鬼神。”

“丘”应为“北”，二者篆体形似。“北”《说文》：乖也。即乖张、违背。“北”应为“背”之原字，后专指方向而本义不用。

“颠颐”，把养身与养德，自养与养他本末颠倒。一般而言，君子以养身为末，养德为本，自养为末，养他为本，小人则相反。本末因人、因时而有变化。

“拂经”，违背养身与养德，自养与养他的次序。对于教化普通民众而言，养民生在先，养民德在后，使其自养在先，养他在后，君子则相反。次序亦因人、因时而可不同。

“北颐”，施用不得其正，违背彼时之义，不合乎治“颐”之理，为“丘颐”。

“颠颐、拂经于丘颐，征凶”，颐养之本末置换或其次序变化，若不合乎情理，强行推广则会有凶险。

此爻明“颠颐”与“拂经”均属治“颐”之常法，运用符合情理则有得，反之则致凶。

《象》曰：六二“征凶”，行失类也。

“类”此处解作“法式、律例、常规”，《荀子·不苟》：“有法者以法行，无法者以类举，听之尽也。”

“行失类也”，行为不合情理，背离常规。

六三：拂颐，贞凶。十年勿用，无攸利。

“拂颐”，违逆治“颐”本末先后之规则，使“颐”失去上下致用的功用，所以其义穷尽，为“贞凶”。

“十年勿用”，“十年”数之极，事物之生灭周期，并非确数。“颐”之不义已甚，本末倒置，次序颠倒，必须等待不义之“颐”困穷而自灭，而后能回归正义。君子于此“北颐”之际，不可用事，即“十年勿用”。在不义之“颐”未能自尽，君子往以治事，必无所利益，故“无攸利”。

此爻明“颐”容易悖乱，悖乱则需待其道穷而后匡正之，所以“颐”要戒慎于未乱。

《象》曰：“十年勿用”道大悖也。

“悖”《说文》：乱也。

“道大悖”，即“颐”道悖乱。“大悖”指“颐”道本末颠倒且次序紊乱。

六四：颠颐，吉。虎视眈眈（dān），其欲逐逐，无咎。

“眈”《说文》：视近而志远。即视线近而且意志笃远。“眈眈”，跃跃欲试、志在必得的样子。

“逐”《尔雅》：强也。“逐逐”即强烈的样子。

“颠颐，吉”，指“颐”在正义主导的情形之下，本末置换符合情理，如此为吉。以君子教民而言，初始必先以养民生为本，待到人民富裕安定之后，则以养民德为本。以修习者而言，未得道之前以自我修养为本，得道之后以养他为本。这种积极的本末置换，是进步的结果，为“吉”。六二爻“颠颐，拂经”不合情理，故凶。

“虎视眈眈，其欲逐逐”，虎的情状如此，是志在捕获猎物。人如此情形，是志在得其所需。人在充分满足阶段需求之后，急切需要得到新层次的满足，此情形符合情理，故“无咎”。

处在“虎视眈眈，其欲逐逐”阶段的民众，君子要及时给予满足，不然有走入歧途的风险。比如民众富足之后，掌教化者要及时给予积极的道德教化，使之得到精神满足。若掌教化者未能实施积极、有效作为，则民众必致于悖乱。

此爻明治“颐”要根据发展不断满足其新需求。

《象》曰：“颠颐”之吉，上施光也。

“上施光”，君子由养民生进入养民德阶段，此种本末置换说明君子养民生之事业成功，亦即君子施惠广大，故曰“上施光”。

六五：拂经，居贞吉，不可涉大川。

“拂经，居贞吉”，突破治“颐”之法式、常规行事，必须能安守贞正，不背离道义，如此可致吉。

以君子教化广大世人而言，虽然在致力于养民生的阶段，养民德为次要工作，但并非要把这种主次适用于社会中所有人。比如青少年教育，无论何时都应以养德为本。再比如君子者，无论何时亦应以养德为本。在社会文明未兴之际而行养德之事，即为“拂经”。行“拂经”之事，必须能使其人安守贞正，如此能吉利。“拂经”有其特定性，不可广泛、深入推行，故“不可涉大川”。“不可涉大川”重于“不利涉大川”。

此爻明“拂经”是治“颐”之难，亦为必要举措。同时说明养身、养德、自养、养他不可分割，君子行教当把握主次，分别施用。

《象》曰：“居贞”之“吉”，顺以从上也。

“顺以从上也”，顺从教养而上进于道义。

上九：由颐厉，吉。利涉大川。

“由”《说文》：自也。引申为遵循。

“厉”即作，做事。

“由颐厉，吉”，遵循“颐”道治事，吉利。以个人而言，修养好自身道德而后可以更好的养育子女，奉养父母。以君子教化天下而言，养民生而后养民德则顺利。

“利涉大川”，从个人成长到治理国家，可以广泛、深入地推行“颐”道。

此爻明“颐”道为客观规律，其致用广大，遵循之可致吉。

《象》曰：“由颐厉，吉”大有庆也。

“大有庆”即遵循“颐”道，最终利义皆能有得，故曰“大”。

第二十八卦　大过 ䷛ 兑巽

栋桡（náo）。利有攸往，亨。

“过”《尔雅》：尤也，即过错、过失。

“栋”《说文》：极也，即房屋脊檩，正梁。《说文》释“桴（fú）”为“栋名”。“桴”为屋架的二梁，以此可知“栋”不仅专指正梁，二梁也可以称之为“栋”。有学者认为，坐北朝南的房屋，东西向的木梁称作栋，南北向的木梁称作梁，笼统的说则梁栋不分。这种说法有其道理，因为“梁”的本意为桥梁，人顺着木材长的方向行进，所以在坐北朝南的房屋中，南北向的木梁称作梁，应该是“桥梁”的引申义。此处“栋”指屋脊之处的横梁，即屋架最高处的木梁。

“大”指道义，相对于事体而言。“大过”即道义有失。

“桡”《说文》：曲木。即使木材弯曲，引申为弯曲。此处比喻君子德才不足。

“栋桡”即栋梁弯曲。“栋”此处比喻有所担当之君子，载道弘道乃君子之担当。栋为屋脊之正檩，处屋脊之中线，非直不能用，不粗壮不能承载其重。“栋桡”比喻君子德才不能当其位，不能支撑教化。

“利有攸往，亨”，处“大过”之时，君子载道弘道，积极营求，如此终能致亨通。

《彖》曰：“大过”大者过也。“栋桡”本末弱也。刚过而中，巽而说行，“利有攸往”乃亨。大过之时，大矣哉！

“大者过”，即道义失。

“本末弱也”，“本”《说文》：木下曰本，木上曰末。本即树根，末即树梢。此处指树干根部与树干顶部。“本”比喻君子道德修养，“末”比喻君子治事能力。“弱”《说文》：桡也。即桡曲。引申不坚强之意。

“本末弱也”即本末其一弱或二者皆弱。修养不足则不能当其位，能力不足则不能胜其事。必须本末皆强，方能为栋梁，方能支撑教化永固。

王莽道德卓越，能力不足，终究身亡国破。齐桓公无德无能，不得善终，国运不永。秦嬴政能力卓越，修养不足，身死国灭。君子应加强修养，提高能力，如此可担大任。

“刚过而中”，“刚”指修习者，未明达之人。修习者经历了过失之后能中于义，即困而知学，知错能改。

“巽而说行”，“巽”此处解作使之顺，“说”即“悦”。先谋求使“刚过”者顺从，而后其人能悦行君子之道。此为君子处“大过”行教之方法。

“乃亨”，力行亲民、教民之事，而后能致亨通。

“大过之时，大矣哉”，“大过”之积极意义可谓之大矣！“大过”可以磨砺心志，增长能力，故为“大”。“人恒过，然后能改”、“生于忧患，死于安乐”，皆“大过”之用。

《象》曰：泽灭木，大过。君子以独立不惧，遁世无闷。

“灭”《说文》：尽也。此处解作掩灭、盖过。

“泽”其行向下，“木”其行向上，社会中向下之力量掩灭向上之力量，如此为“大过”。

“遁”《说文》：迁也，逃也。即迁移、逃遁。此处解作回避。

“闷”《说文》：懑也。即烦闷。

“君子以独立不惧，遁世而不闷”，世人皆乖张，君子独守道义而不畏惧，远离不义之社会而不愤懑。即君子始终行于道义。

《论语·颜渊》：“司马牛问君子，子曰：‘君子不忧不惧。’曰‘不忧不惧，斯谓之君子已乎？’子曰：‘内省不疚，夫何忧何惧？’”

《论语·里仁》：“子曰：君子之于天下，无适也，无莫也，义之于比。”

《论语·卫灵公》：“君子固穷，小人穷斯滥矣。”

《礼记·儒行》：“忠信以为胄，礼义以为干撸，戴仁而行，抱义而处，虽有暴政，不更其所。”

《孔子家语·在厄》：“子曰：君子无一日之忧，而有终身之乐。”

君子于“大过”之世，或处或遁，义之于比，不惧不懑。

初六：藉用白茅，无咎。

“藉”《说文》：祭藉也，祭祀时铺垫在祭品下面的东西，引申为草席、草垫。“菹（zū）”《说文》释为“茅藉”又“封诸侯以土，菹以白茅。”可证“藉”为草席。《说文》中又说“藉”为“未曾编织的草”，推测之，其原意并非指草席，散放用来垫物之草，亦称之为“藉”。“藉”此处指用以包承祭品的草垫子。

“藉用白茅”，以白茅置于祭品之下使不污。用白茅做的草席柔软、珍贵，尤其能表明行祭者之谨慎，从而凸显其诚敬之意。君子行事，必明察义之所在，小心从事，疏于慎则有失，故谨慎为“大过”戒之所在。《论语·里仁》：“以约失之者鲜矣。”斯之谓也。

此爻明处“大过”之时，应以小心谨慎的态度来立身、治事，敬慎不失。

《象》曰：“藉用白茅”柔在下也。

“柔在下也”，“柔”指小心谨慎的态度，莽撞、躁进为“刚”。寓意君子要有“临事而惧，好谋而成”的态度。

九二：枯杨生稊，老夫得其女妻，无不利。

“稊”《说文》、《尔雅》皆无此字。《尔雅》有“苵（tí）”，学者解释为：似稗，布地生秽草。即与稗相似的杂草。由爻意推测，“稊”应为“荑（tí）”，此处指从杨树根部孳生出来的幼苗。枯杨能够生长者，无非枝、叶、花、实，然而“枝、叶、花、实”皆不能当“老夫得其女妻”之意。“妻”可生育子嗣，“枝、叶、花、实”皆不能当“妻”之用。

杨树将要枯死之前从根部孳生很多幼苗，其形态与稗相似，稗与禾形似，柳叶与禾叶形似。此处所谓“杨”应该为“柳”，应为旱柳（雌雄异株）。《说文》释“柳”为“小杨”，《尔雅》释“杨”为“蒲柳”，可见古人称柳亦为杨，二者可互称。

“枯杨生稊”，老树在临死之际根部孳生诸多幼苗。枯杨把毕生积聚之养分给予根部所孳生之幼苗，以延续生命、繁衍后代。

“老夫得其女妻”，“枯杨”比喻“老夫”，“老夫”指已过健壮之年，行将就死的男子，此处比喻处在“大过”之时的君子，以君子拥有的时间和能力，在“大过”期间不能取得道义上的成功，转而努力为道义的成长奠定基础，冀道义有成于未来。“女妻”即年轻的妻子，成年未婚的女子，为“女”。“女妻”可以为“老夫”育子，比作可以较好的传承道义的环境、基础或人。“枯杨”之“稊”比作“女妻”，“稊”比作具备一定基础，可传承、光大道义者。

“枯杨生稊”和“老夫得其女妻”，是面临困难环境的一种理智选择。“枯杨”可以以毕生养分再努力开花、结果一次，但毕竟不能长久。“生稊”着眼于将来，寄希望于来者。“生华”着眼于当下，寄托于自己的努力。与“得其女妻”相对的是“坚守贞正，以死卫道”。两种做法都是为道义的传承和成长做的积极努力。伯夷、叔齐至死不食周粟，孔子称赞其道德高尚。管仲变节转而辅助齐桓公，孔子称赞其功业伟大。管仲所作为有“枯杨生稊”之功。伯夷、叔齐所作为可视为是“枯杨生华”。

“无不利”，君子顺应“大过”的现实，同时积极、客观的谋求改变之道，如此行为利于君子在困穷的情况下存身，利于道义传承。利于载道弘道，故曰“无不利”。

此爻明处“大过”之世，面对不能一时改变的困难，应当着眼未来，客观、理智的谋求当前最大利益。

《象》曰：“老夫女妻”过以相与也。

“过以相与也”，“以”解作“因而”，表示结果。《韩非子·奸劫弑臣》："孝公得商公，地以广，兵以强。"

"过以相与也"即因为有"过"，因而才有"老夫女妻"的"相与"。根据过失的情况或者不利的现实条件，因而才有"老夫女妻"结合的行为。寓意君子处"大过"，要因其"过"而制宜。

九三：栋桡，凶。

"栋桡"，君子德行与能力不能当其位，不能支撑局面。

"凶"，君子失位，治事无功。

此爻明处"大过"之世，道德修养不够，能力不堪其任，必有凶灾。

《象》曰："栋桡"之"凶"，不可以有辅也。

"辅"《尔雅》：小木，指车上用以辅助人上下、安立的木器。此处指辅助者。

"不可以有辅也"，"栋"为屋脊之正梁，位置独一无二，至高无上。如果栋梁弯曲，则不能支持房屋之完整，为"凶"。

屋脊之位为唯一，如果栋梁弯曲，不能用小的木材帮衬或替代，只能替换为可以承当其用的其它栋梁，故曰"不可以有辅也"。寓意君子道德与能力不足，则不能当其载道、弘道之职，为"凶"。言外之意，领导道义者自身应具备与其职责相应的能力，此能力不可借助外来力量。齐桓公是例。

九四：栋隆，吉。有它吝。

"隆"《说文》：丰、大也。此处解作粗壮、长大。

"栋隆"相对"栋桡"而言。"隆"形容栋之良，比喻君子德行高尚，力当其位，可以载道弘道，故"吉"。

"有它，吝"，"它"应为"他"，解作别的、其他。"有它"即有别的毛病，相对于"隆"而言，即虽不致于弱，但不够粗壮，不够长大。"有它"则不能致大用，所以有憾惜，故"吝"。君子应不断充实道德，提高能力，不然则不能成就大功业，为"吝"。

此爻明君子要不断提高修养与能力，如此才能当其位而成就功业、德业。

《象》曰：“栋隆”之吉，不桡乎下也。

“不桡乎下”，君子德称其位，力胜其职，能载道弘道。

九五：枯杨生华，老妇得其士夫，无咎无誉。

“枯杨”此处为雌杨。

“华”《说文》：草木之花也。

“士夫”与“女妻”相对，即未婚成年男子。

“枯杨生华”，即将枯死的柳树，以最后的养分再次开花，以求尽力繁衍。

“老妇得士夫”，年老的妇女与健壮的男子结合，希望以自己年老之身体再次孕育后代。

“枯杨生华”与“老妇得士夫”都期望自身有成，现时、当下有成。以君子治事而言，期望自己有生之年成就一定的功业、德业。“老夫得其女妻”则寄托在来者身上，寄托在将来。“老夫”与“老妇”是治事君子所要选择的角色，“生华”与“生稊”是君子不同的治事方式。以成就而言，两者往往不能兼得，伯夷、叔齐与管仲只能择其一。以孔子一生之成就考之，孔子为“老夫”，为“生稊”者。当然并非孔子没有“老妇”、“生华”的行为，只是有主次之分。孔子周游列国倡行文武之道，即是“生华”，可以视为无果而终。孔子归鲁潜心著书教学，即是“生稊”，可以视为孔子一生最大成就。

“无咎、无誉”，人的价值观不同，虽然不一定能起到卫道的效果，但伯夷、叔齐愿意以死卫道。虽然“道之不行吾知之矣”，但孔子仍“知其不可为而为之”。有以死卫道者，有生以弘道者，如何选择完全在于个人的取舍，故这种选择“无咎、无誉”。

九五爻位为一卦主旨所在，“枯杨生华”寓意君子处“大过”一定要有舍身就义，杀身成仁的精神。

此爻明“大过”之时，力求在自身、在当下有得于道义，是一种积极的正义行为。这种方式与务在将来的方式相比并不分优劣上下，只是不同人，不同时机的选择。

相对而言，力求在自身、在当下有得于道义的方式容易掌握和践行，更容易被认同。但是任何事业的成功并不完全决定于主观意愿，客观现实对于事业能否有成有很大的影响。“生华”者主观上有力求自身、当下有得的良好愿望对于弘扬道义而言为善，但受现实的制约，事情往往很难在当下有成。伯夷、叔齐以死卫道并不能改变周朝一统天下的现实。孔子力推三代之政并不能改变家天下的现状。所以这种做法不能致远，但一部分能如此行事的人，是社会中捍卫道义的力量，在乱世这种人亦不可或缺。

《象》曰：“枯杨生华”何可久也？“老妇士夫”亦可丑也。

“何可久”，即将枯死之树即便能勉强开花结果，能有几次？君子载道弘道应该谋求长远，一时一事之得固然为善，但终究不能致远，故曰“何可久也？”

“亦可丑也”，“丑”《说文》：纽也。联系之意，引申为结合之意。《礼记·学记》“比物丑类”同此意。“亦可丑也”即老妇亦可以与健壮的男子结合，以自己老弱之身孕育新生。比喻君子竭尽全力传承道义。即孔子所说“杀身以成仁”，“知其不可为而为之”。其精神可嘉，其事慎用，故“亦可丑也”。

上六：过涉灭顶，凶，无咎。

“过”《说文》：度也。经过之意。

“涉”《说文》：徒行厉水也。徒步趟过水。此处指治事。

“过涉”指在涉水过程中。指君子在“大过”之世载道弘道过程中。

“灭”《说文》：尽也。即消亡。此处解作掩灭、盖过。

“顶”《说文》：颠也。即头顶。

“灭顶”，水淹没头顶。此处比喻君子在载道弘道过程中，被社会不义、不德之潮流所湮灭，被恶势力吞噬，即“过涉灭顶”。

君子于社会“大过”之时，继承、推行道义，会有被社会不义、

不德之势力伤害生命的危险，故“凶”。孔子被困陈、蔡，被逐于桓魋，皆是例证，

“无咎”，虽然在乱世很难践行道义，甚至有生命之忧。但是仁人君子之正义作为，故“无咎”。

此爻明在“大过”之时，践行道义虽然艰难且危险，但君子在社会风气颓败之际，不惧艰难险恶，倡行正道，其精神值得推崇。

《象》曰：“过涉之凶”不可咎也。

“不可咎也”，君子践行道义虽有“灭顶”之灾，君子不避。孔子之“杀身以成仁”，孟子之“虽千万人，吾往矣”何咎之有?

第二十九卦　坎 ䷜ 坎坎

习坎：有孚维心，亨。行有尚。

“坎”《说文》：陷也。即从高处落入低处，为陷入之意，引申为险阻、困难、困难之事。

“习”《说文》：数飞也。鸟多次试飞，引申有练习、实践之意。

“维”《说文》：车盖维也。即系车盖的绳子，引申为连接、维系。

“尚”，此处解作遵从之意。

“习坎”，不断实践困难之事。君子弘道教民，不断突破诸多困难，而后方能有成。

“有孚”即历难者应坚信其所追求。于君子行教而言，当坚信道义。

“有孚维心，亨”，历难者应心系信仰，如此面临困难，方能不动摇，方能致亨通。

“行有尚”即行为有所遵从。历难应遵从客观规律行事。

“有孚维心”与“行有尚”是“习坎”成功的两个条件。

《彖》曰：“习坎”，重险也。水流而不盈，行险而不失其信，“维心，亨”乃以刚中也。“行有尚”往有功也。天险不可升也，地险山川丘陵也，王公设险以守其国，险之时，用大矣哉！

“重”《尔雅》释“从、申、加”为“重”，即重复、重叠之意。

“险”《说文》：阻难也。即困阻、险难。

“重险也”即重复涉险，此处指不断突破各种困难。

“水流而不盈”，“水流”比喻君子往以治事。“不盈”即流水不能盈“坎”，比喻不能克服困难而前进。“不盈”的原因在于德行不足，故宜坚持提高修养，则能“盈科而后进”。

“行险不失其信”，虽然一时不能克服眼前的困难，但并不改变自己的信念。

“水流而不盈，行险而不失其信”，面临不能一时解决的困难，反复努力而不丧失信念。

“乃以刚中也”，使民众中于义。

“往有功也”，不懈进取，且能遵从治事规律，则一定有成就。

“天险不可升也”，“升”此处解作登上。天之高即天之险，天因其高，所以人不能登升。指险难大到一定地步，则没有可以逾越的可能。因为“不可升”，所以唯敬顺而已，冒犯则亡于其险。可比作治国之严法，违逆者必刑罚之。

“地险山川丘陵也”，山川丘陵之险峻，非不可逾越，难而已。比作国家之城防。

“王公设险以守其国”，“公”《尔雅》：君也。“王公”指天子与诸侯。王公用险能使其国家坚固，免于侵扰。国家设立严刑峻法使触犯者必受到惩罚，设置城防以拒敌寇。

“险之时，用大矣哉”，险难不仅可以保卫家园，还可以捍卫道义，其积极意义在于致用广大。

“天险不可升也，地险山川丘陵也，王公设险以守其国，险之时用大矣哉”，这句话阐述“坎”的积极作用。有碍于弘扬正道的险难应当去除之，可以保卫正义不被侵害的险难应当确立、巩固之。

《象》曰：水洊至，习“坎”。君子以常德行，习教事。

“洊”通“瀳（jiàn）”，“瀳”《说文》：水至也。《尔雅》释为“臻”，即到达之意，应该为“水至”的引申义。此处有连续之意。

“水洊至”，水源源不断地到来。比作君子锲而不舍的克服险难。

《孟子·离娄下》：“徐子曰：仲尼亟称于水曰‘水哉水哉’何取于

水也？孟子曰‘原泉混混，不舍昼夜，盈科而后进，放乎四海，有本者如是，是之取尔，苟为无本，七八月之间雨集，沟浍皆盈，其涸也，可立而待也，故声闻过情君子耻之。’”意思是说，因为河水有源泉不断的供给水，才能不停向前流淌，填满一个个坑坎，最终流归大海。如果没有本源，如同蓄积雨水的沟洫，七八月间有水，过了雨季则马上干涸。孔子以河水的本源比作道义，君子“习坎”要以道义为本源，为信仰，如此则能不断突破各种困难而前进。

“君子常德行，习教事”，“常”即常法。“德行”本于道义之行为。“君子常德行”，君子以德行为准则。“习教事”，不断实践教民化民之事。

初六：习坎，入于坎，窞（dàn），凶。

“窞”《说文》：坎中小坎也。此处为陷落之意，止不前也。

“习坎”，实践困难之事。

“入于坎，窞”，陷入困难之中不能前进。水流不能前进，因失去丰沛水源，君子治事不能有成，必因其修养不足或丧失信心。

“入于坎，窞”有写作“入于坎窞”者，为谬。“窞”言其不能进，余家乡方言指入于沟坎，止而不能进，为“窞”，至今仍有此用法，言其“窞住了”。如果写作“入于坎窞”，若能“盈科而进”，何凶之有？唯其不进乃凶，故“窞”为止不能前之意。

此爻明如果不能解决困难，反而深陷其中，则为“凶”。原因在于“习坎”者失去根本信念或不能遵循规律行事。

《象》曰：“习坎”入“坎”，失道凶也。

“习坎入坎”，即“窞”于“坎”。对于不能解决困难而身陷其中的君子言，是因为失其信念，违背治事规律所致，故“失道”而致“凶”也。

九二：坎有险，求小得。

“坎”未必有险，如治《蛊》、《谦》。亦有有险者如治《需》、《同人》。《谦》、《蛊》难而无险。《需》、《同人》难而有险。

“求小得”，如果因自身能力或现实的条件不能完全解决面临的困难，并且有不能抵御的危险，那么说明解决此类困难的时机还不成熟。逐步进取，等待时机，则会有所收益，故“求小得”。

比如《讼》之九二：“不克讼，归而逋。其邑人三百户，无眚。”即治《讼》有险，退而求其次，即“求小”。再比如君子欲行《大畜》之政，难且险，唯有先治民《需》，逐步进取。此处《大畜》与《需》相比，《需》为小得。

此爻明“习坎”要切合实际，盲目行事则有凶险，循序渐进则“有得”。《礼记·中庸》：“君子之道，譬如行远必自迩，登高必自卑。”

《象》曰：“求小得”未出中也。

“中”即“义”。

“未出中也”，去险求易合乎义。君子识时务，量力而行，为义。

六三：来之坎，坎。险且枕，入于坎，窞，勿用。

“来之坎，坎”，来解决困难，反而陷于困难之中。

“险”指客观面临的困难艰险，贸然介入则“窞”于其中。

“枕”应为“沉”，二者篆体形似。“沉”《说文》：陵上滈水也。山岭上凹处积聚的雨水。“沉”为陵上无源之水，指日可涸，比喻君子治“坎”不能本于道义而行，失于道义犹无源之水，必“窞”于坎，终涸也。

“险且枕”是治“坎”失败的两个原因，“险”是客观因素，“沉”是主观原因。二者皆可导致“窞”于坎中。如果“习坎”存在以上两方面问题，贸然前往，必定有失，必定“入于坎，窞”。

“勿用”，如果不能“盈科而后进”，则不能前往，故“勿用”。

此爻明治“坎”戒慎之所在。

《象》曰：“来之坎，坎”终无功也。

“来之坎，坎”，坎有“险”，在外也，“沉”失其本源，自内也。失于险或可原谅，失于“沉”则不可恕。行此二者皆不能有成，故“终无功也”。

六四：樽酒簋（guǐ）贰，用缶，纳约自牖，终无咎。

“樽酒簋贰”即一樽酒两簋祭物，言祭品简陋。《礼记·特郊牲》：“阴阳之义也，鼎俎奇而笾豆偶。”“簋贰”者偶数之极小者。

《礼记·祭统》：“三牲之俎，八簋之实，美物备矣。”“尚可荐者，莫在咸在。”“外则尽物，内则尽志，此祭之心也。”

《礼记·玉藻》：“朔月少牢，五俎四簋。”

《礼记·祭统》：“夫祭有三重（zhòng）焉，献之属莫重于裸，声莫重于声歌，舞莫重于武宿夜，凡三道者，所以假于外而以增君子之志也，故与志进退，志轻则亦轻，志重则亦重，轻其志而求外之重也，虽圣人弗能得也，是故君子之祭也，必身自尽也，所以明重也。”

“樽酒簋贰”，其荐品可谓少矣！《礼记》中有用八簋、四簋，用二簋者少之不能再少，言极简，其所荐之物极少。《观》之时“不荐”，《坎》之时少荐，皆重其实。实，诚敬也。

“用缶”即用缶盛酒行裸祭。缶，大器也，大于壶，大于瓦瓯，祭祀之礼重在裸祭。“志轻则轻，志重则重”，“用缶”重之极也，言其志重也。

“樽酒簋贰，用缶”，祭祀者虽竭尽所有但祭品仍不能丰富，但裸祭用极大之器。虽贫穷至于“樽酒簋贰”的地步，但对于祭祀中极其重要的裸祭不仅不减损，反而增益之，尤显其志诚，志重。

“樽酒簋贰，用缶”，形容治“坎”者不能自我成就而求助于外，其心尤为诚敬。此处以祭义比拟之。

“纳约用牖”，“纳”即缔结。“纳约”缔结合约。“牖”乃“牑（biān）”之误，二者篆体形似。“牑”《说文》：床板也。又“牑”通假“牒（dié）”。“牒”《说文》：札也。即书写用的木片，厚者为牍，薄者为牒。

“纳约”此处指缔结婚约。即纳采、纳吉、纳征等婚约。

“用牖”合约书刻于木板之上不可更改，形容其尤为诚信。

“纳约用牖”，形容治“坎”者求助于外，其心尤为诚信。《礼记·

祭统》："既自内自尽，又外求助，昏礼也。"行坎者不能自得，而求助于外，二者情形相同，故以婚义比拟之。

"樽酒簋贰，用缶，纳约自牖"，行坎者知困而求助于外，其心诚敬、诚信。爻词以祭义、婚义比拟之，形象贴切。

"终无咎"，诚敬、诚信求助于外，则能获得帮助，则终能有得，故"终无咎"。

此爻明面临不能独自应对之困难，能诚敬、诚信的求助于外，则"无咎"。

《象》曰："樽酒簋贰"刚柔际也。

"际"《说文》：壁会也。即墙壁交汇之处。此处解作交际、联结。

"刚"指行坎者，德不充者。"柔"有德者，有能者。行坎有难，而求有德者帮助之。

"刚柔际也"自尽于内求助于外，而不是盲目前往以至于"来之坎，坎"，如此为明智之举。以不能而求诸能，为"刚柔际"。

九五：坎不盈，祇（zhī）既平，无咎。

"祇"应为"禔（tí）"，"禔"《说文》：安福也。即安定以求福。此处指"安于道义，提高修养"。行坎不盈者，因水源不足所致，君子治事不得，修养不够所致。反求诸己身，安于道义，自实其德而后往，则可矣。

"祇既平"，"既"《尔雅》释"卒"为"既"，此处解作最终、终了。"平"《尔雅》：成也。即治成。《尚书·大禹谟》："地平天成。"安于道义，不懈努力，最终可治成。

《孟子·离娄下》："君子深造之以道，欲其自得之也，自得之则居之安，居之安则资之深，资之深则取之左右逄其原，故君子欲其自得之。"孟子所谓"深造之以道"即"祇"。"祇"而后"自得之"，而后"取之左右逄其原"，而后"既平"。

"无咎"，能安于道义，自实其德，提高修养则"无咎"。反之为咎。

此爻明“习坎”因自身能力不足而不能成功，要通过“深造之以道”来解决。

《象》曰：“坎不盈”中未大也。

“中未大”，“中”即内心，内心未强大。即未深得道义。

上六：係用徽纆（huī mò），置于丛棘，三岁不得，凶。

“係”《说文》：用麻绳束也。

“徽”《说文》：邪幅。斜缠于腿上的绑腿布，用以束缚足。

“纆”《说文》：索也。即绳索，用以束缚手。

“係用徽纆”，用绳索束缚手足。此处指其人面临困难手足无措，寓意没有解决困难的办法。

“置于丛棘”，“置”此处解作“放置”。《左传·僖公二年》：“齐桓公置射钩而使管仲相。”“丛棘”丛生酸枣树，比作难行之所在。置身于难行之所在，进退艰难，寓意其人面对困境找不到正确出路。

“係用徽纆，置于丛棘”，指“习坎”者面临困难，不得其解决方法，所以手足无措。面临困境，找不到正确的途径，所以困于难行之地。

“三岁不得，凶”，三岁仍不能找到解决困难的方法，找不到正确的出路，则“凶”。

此爻明治“坎”之失。

《象》曰：上六失道凶，“三岁”也。

“失道凶”，面对困难要有方法，处于困境要有方向，若始终没有应对之策，失去方向，即为“失道凶”。

“三岁也”，指在“三岁”之内能解决困难，摆脱困境，则不致于“凶”。言外之意，要尽快具备应对困难的能力。

“三岁”，时间既久但又未至于不可扭转之境地。对于“习坎”者而言，允许在治事之初有不足，但如果不能及时改进，则有“窞于坎”之“凶”。“三岁”之内不算“失道”，不然则此爻辞应为：“係用徽纆，置于丛棘，凶。”

第三十卦　离 ䷝ 离离

利贞，亨。畜牝牛，吉。

“离”《说文》释为黄鹂，“鸣则蚕生”，古人认为黄鹂鸣则蚕生，以黄鹂为司蚕之鸟。古人日出而作，日司人，故以黄鹂比作太阳，二者皆有司时之能，使物兴起之用。

“离”在八卦之中为火、为电、为明。此处比作礼义之教，可以明民德，可以使人民道德兴起。“离”此处有教化的意味。

“利贞，亨”，礼义之教，用以明民德，必须中正于道，故“利贞”。能以正义教化世人，方能致亨通，故“亨”。

“畜牝牛，吉”，“牝”《说文》：畜母。雌性的牲畜。牝牛即母牛，性情温和。“牝牛”比作信仰君子之道，随顺于君子者。“畜牝牛”比喻君子不断扩大信从教化之民众数量，言外之意君子要深行亲民、教民之事。君子身具德行，行亲民、教民之事，可以广得民众，故“吉”。

《彖》曰：“离”，丽也，日月丽乎天，百谷草木丽乎土，重明以丽乎正，乃化成天下。柔丽乎中正，故“亨”，是以“畜牝牛，吉”也。

“丽”应为“蘼（lì）”，“蘼”《说文》：草木相附蘼土而生。草木附着在土地上生长，即附着之意。

“离”解释为“蘼”，即礼义之教附着于道。即教化植根于道义。

“日月丽乎天”，日月附着在天上。“天”比作道，“日月”可比作君子之教化，用以明民德。

“百谷草木丽乎土”，各种谷物、草木附着在土地之上。“百谷草木”可比作礼，“土”比作义。

“重（chóng）明以丽乎正”，“重明”指《离》卦上下皆“离”，“离”在八卦中代表“明”，所以为“重明”，此处《离》卦下三爻之“离”应当比作“日”，上三爻之“离”应当比作“月”。“日”比作义，比作德；“月”比作礼，比作文。君子运用礼义教化世人，亦即以文、以德教化世人，礼义文德合乎正道，故曰“重明以丽乎正”。

“乃化成天下”，教化合乎正道，如此可治成天下。

“柔丽乎中正，故亨”，“柔”即君子、有德者，行为合于道义，故“柔丽乎中正”。这句话解释“利贞，亨”。

“是以畜牝牛吉也”，君子中于义以行教化，故能亨通，君子以自身德行感召、教化信从者，能有得，故“吉”。这句话意在说明行教者本身能行于中正，是教化有成的保障与前提。

《象》曰：明两作，离。大人以继明照于四方。

“作”《说文》：起也。兴起之意。

“明两作”，日月相继而天下有明。比喻不断传续之教化。

“大人”即大于人者，得道者，功德圆满者，以道教化天下者。

“继”《说文》：续也。“续”《说文》：连也。“继”，连续之意。

“继明”即不间断之教化，大人使道义世代相传，以教化世人，以明民德。

“照于四方”，行教化于天下。

“大人以继明照于四方”，大人在时间与空间范围内，全面、深入、连续推行教化，以明民德。

初九：履错然，敬之，无咎。

“履”，君子之行止、作为。

“错”应为“逪（cuò）”，“逪”《说文》：这逪也。即交错。“逪”此处解作更迭、变化，《礼记·中庸》：“譬如四时之错行，如日月之代明。”

“逪然”，变化有序的样子。

“履错然”，指行教者以身作则，行止合于礼，中于义，可以为民之模范。《礼记·经解》：“天子者，与天地参，故德配天地，兼利万物，与日月并明，明照四海而不遗微小，其在朝廷则道仁圣、礼义之序，燕处则听雅颂之音，行步则有环佩之声，升车有鸾和之音，居处有礼，进退有度，百官得其宜，万事得其序。《诗》云‘淑人君子其仪不忒，其仪不忒，正是四国’此之谓也。”以上是天子之“履错然”也。

“敬”《说文》：肃也。“肃”《说文》：持事振敬也。即做事奋勉恭敬。“敬”与“憼”古文为分别不同两字，后者为尊敬之意，今废弃皆用“敬”。

“敬之”此处指君子怀敬慎、肃恭之心以从事。

“敬之，无咎”，君子肃恭行事，严守礼义，能为世人表率，则无咎。

此爻明君子欲教化天下，必须怀肃恭之心以践行礼义，如此“其身正不令而行”。

《象》曰：“履错”之“敬”，以辟咎也。

“辟”通“避”，“避”《说文》：回也。即回避。

“以辟咎也”，能肃恭行事，则可以远离过错，可以立行、立德。

《论语·里仁》：“子曰：以约失之者鲜矣！”

《论语·子路》：“其身正，不令而行，其身不正，虽令而不从。”

六二：黄离，元吉。

“黄”《说文》：地之色也。《礼记·特郊牲》：“黄者，中也。”

“黄”代表“文”，代表“中”。

“黄离”，教化要有文采，要合乎中道。道德为教化之本，礼乐为教化之文。教化要文德兼备，教义要合乎人情。“黄离”亦即中庸之教，庸中之道。

“元吉”，教化要文德兼备，教义要合乎人情且中于道，如此为义。唯义可以致用，可以致远，能如此行教，为根本之吉，故“黄离”为“元吉”。

此爻明教化应文德兼备，合于中道。

《象》曰：“黄离，元吉”得中道也。

“得中道也”，教化合乎中道，即义。

九三：日昃之离。不鼓缶而歌，则大耋之嗟，凶。

“昃”《说文》：日在西方时，侧也。即言时过中午，太阳偏西。

“日昃”比作时日无多。寓意行教化者应有时间紧迫感。

“日昃之离”，君子行教不可须臾懈怠，要时刻保持紧迫感，不然时光易逝，一事无成。

《论语·子罕》：“子在川上曰：逝者如斯夫，不舍昼夜。”《论语·阳货》：“日月逝矣，岁不我与。”皆孔子之感叹。

“鼓缶而歌”，即击缶唱歌，形容君子振奋精神，疾行教化。《论语·述而》孔子“其为人也，发愤忘食，乐以忘忧，不知老之将至”，即孔子之“鼓缶而歌”。

“大耋之嗟”，“大”，此处指年岁大。“耋”《说文》：年八十曰耋，《尔雅》释为“老”。“大耋”指年岁逐渐增大以至于老朽。“嗟”《说文》：嗞也。嗞又谓咨，叹息之意。“大耋之嗟”指感叹年龄老大而事业未成。

“凶”，“日月逝矣”而教化未成，人之将死，其志不得，徒戚戚之叹也，故“凶”。

此爻明行教不可须臾懈怠，不然则无所成就。

《象》曰：“日昃之离”何可久也。

“何可久也”，人生短暂，君子行教亦无多时，懈怠则有“大耋之嗟”。

九四：突如其来如，焚如，死如，弃如。

“焚”《说文》：放火烧田也，去其宿草而后耕之。

“突”《说文》：犬从穴中暂出也，犬匿于穴中伺人，人不意之，突然而出也。

“突如其来如，焚如，死如，弃如”即“如突如其来，如焚，如死，如弃”。异端邪说其来“如突”，其势“如焚”，其运“如死”，其终“如弃”。异端之说有如人之疾病，其来之突然而不可知，其势“如焚”不可禁，其往“如死”不可复，其终“如弃”不可免。“突如其来如，焚如”形容异端邪说生发的特征，难以预知，待其养成难以一时禁绝。“死如，弃如”形容异端邪说运行的规律，不合乎正道必定不能广泛、长久存立，违背大多数人的利益终究会被遗弃。

《论语·为政》子曰：“攻乎异端，斯害也已。”孔子说对于异端邪说要给予有力的攻击，这样就使其不能为害正道。

此爻明异端邪说的特征及运行规律，君子行教要对其有正确的认识，同时有有效的应对办法。

《象》曰：“突如其来如”无所容也。

“容”，此处解作“法式、范模”，《吕氏春秋·士容》：“此国士之容也。”

“无所容也”，异端邪说无一定法式，层出不穷。但作为君子一定要有鉴别道与不道的能力，在是与非的认识上不能有丝毫偏差，不然则违悖道义。

六五：出涕沱若，戚嗟若，吉。

“涕”《说文》：泣也，目液也。

“沱”《说文》：长江支流，河也。

“出涕沱若”即“出涕若沱”，形容泪水如同沱河之水般大，寓意极度忧伤。

“戚嗟若”即“戚若嗟”，“戚”《说文》：忧也。“戚嗟若”，形容藏在内心的忧伤之深厚，虽然不曾有意表露，但已然能让人感受到犹如嗟叹般深沉。

《礼记·缁衣》：“王言如丝，其出如纶，其出如綍。”“王”为掌国家权重者，其言若丝而其用若纶（即大绳），君王之言虽为一人之言但其致用广大。《礼记·大学》：“一家仁，一国兴仁，一家让，一国兴让，一人贪戾，一国作乱，其机如此，此谓一言偾事，一人定国。”意思是说，在上位的人，一言一行影响广大，如果在上位者忧道忧民，那么人民康乐，道义兴盛，反之则民苦道衰。

“出涕沱若，戚嗟若，吉”，即为“王出涕若沱，戚若嗟”，王“出涕”若沱水之多，王未发之忧，若长声之叹。“出涕沱若，戚嗟若”，君王悲天而悯人也，即君王忧道、忧民也。君王之忧乃天下之吉，反之君王淫乐则天下之忧也，故曰“吉”。

此爻明君王能忧道，忧民，于道、于民为“吉”。

《象》曰：“六五之吉”离王公也。

“离王公也”，即教化君王，使明道义。大人之教化，明于王公，故言“离王公也”。

上九：王用出征，有嘉。折首，获匪其丑，无咎。

“嘉”《尔雅》：善也，美也。引申为吉庆。

“有嘉”，有吉庆，指出征吉利且终能有成。

“折”《说文》：断也。此处解作挫败、战胜。

“折首”即挫败不顺从教化之领导者。

“丑”与“醜”分别为二字，此处为“丑”，解作类、类族。“匪其丑”即非其类。

“王用出征”，对于不能服从国家教化者，君王征伐之。

“获匪其丑”，收服不顺从国家教化者之部族。“其”指“首领”。为首领者顽固，不能改变，其部族民众不同于其首领者，可以顺从教化者，君子收纳而教化之。

《尚书·胤征》：“歼其渠魁，胁从罔治，旧染污俗，咸与维新。”“歼其渠魁”即“折首”，“胁从罔治”即“获匪其丑”，“旧染污俗，咸与维新”即教化之。

《象》曰：“王用出征”以正邦也。

“以正邦也”，君王匡正国家，以礼义文德教化人民。

第三十一卦　咸 ䷞ 兑艮

亨，利贞，取女吉。

“咸”应为“諴（xián）”。諴，《说文》：和也。有和、应和之意。《左传·僖公二十四年》“昔周公吊二叔之不咸”，周公感伤管叔、蔡叔与周室不和。周朝初年管叔与蔡叔曾联合殷朝后裔武庚叛乱，所以说二者“不咸”于周室。《左传·昭公二十一年》：“故和声入于耳而藏于心，心亿则乐；窕则不咸。”“窕则不咸”，音乐高深则不能引发人的共鸣，即不能和于人。“咸”此处由“和”引申为感化、感应。《咸》卦阐发君子如何能和于人，如何使人和于道。

若君子能和于人民，则是能得民，人民能和于君子，则可上进，如此上下和合则教化大行，故曰“亨”。

“利贞”，君子和于民众，不能无原则的和于民众，要以义为原则，否则为苟合。同时君子行感人心之事应遵循规律而往。

“取女吉”即娶妻，吉利。男子应主动求取女子，而后有两情相悦之和，此为“咸”之大者，故“吉”。寓意君子应主动谋求和于人，通过感化人心，从而能同心同德，同心同德方可致事业光大。

《彖》曰：“咸”，感也，柔上而刚下。二气感应以相与，止而说，男下女，是以“亨，利贞，取女吉”也。天地感而万物化生，圣人感人心而天下和平，观其感，而天地万物之情可见矣！

“感”《说文》：动人心也。即以情理动人，感动人心。

“柔上而刚下”，君民和合，则道德上行，不德、不义下行。

“感也，柔上而刚下”解释“咸”卦。

“二气”指天气与地气。《礼记·月令》：“孟春之月，天气下降，地气上腾，天地和同，草木萌动。”“孟冬之月，天气上腾，地气下降，天地不通，闭塞而成冬。”

《月令》中有春气、秋气、暖气、寒气、生气、杀气、阳气、阴气，由以上词语推理，“气”指人与事物的外在表征。天气即阴晴、风雨、冷热等。《左传·昭公元年》：“天有六气曰：阴、阳、风、雨、晦、明。”以天气推理，地气应为：阴、阳、燥、湿、高、下。

以人而言精神面貌即其气，如怒气、和气、喜气、怨气、灵气、稚气、俗气、文气等。《孟子·公孙丑上》：“夫志，气之帅也，气，体之充也。夫志至焉，气次焉。”

曲阜孔庙有一牌坊，上题“太和元气”，吾不知其所云。

“二气感应而相与”，天地二气相感而和，则一天之内有阴晴冷暖，一年之内有春夏秋冬。如此则“品物流行”，故“亨”。

此处不言“阴阳感应而相与”，因为阴阳指宏观概念，而非具体对象。譬如不宜说“男性女性感应而相与”，只能说具体男女。

“止而说”，君子感化不德者，止其不义，其人心悦诚服。即君子能与人和。

“男下女”，男子主动谦恭追求于女子好合，然后能成夫妇之合。

“天地感而万物化生”，天地相感而和，能化生万物，如夫妇好合则子孙不息。

“圣人感人心而天下和平”，“圣人”为通达义理者。“感人心”感化人之心志。“天下和平”即天下和谐而治成。

“观其所感而天地万物之情可见矣”，“情”此处解作志向、愿望。《南史·刘湛传》：“弱年便有宰物情。”观察使之感动的东西，则天下万物的志向与好恶就可以被发现。

《象》曰：山上有泽，咸。君子以虚受人。

“泽”其德为悦。“山”其德为止。止而悦，为“咸”。君子感化人心，使止于善，且其心愉悦。

“虚”此处解作虚心、不自以为是。《庄子·山木》：“人能虚己以游世，其孰能害之?”

“受”《说文》：相付也，互相交付，相授受之意。此处解作应和，《吕氏春秋·圜道》：“音皆调匀，不可以相违，此所以无不受也。”

“君子以虚受人”，君子以虚心的态度，使民众应和于自己。亦即谋求民众接受自己，与民众和同，必须要虚心而往。

初六：咸其拇。

“拇”《说文》：将指也，此处指足大指。“拇”为足之末端。足用以站立、行走，比作民众立身、行事之所凭藉，即行为方式、做事方法。“拇”为足之最末，比喻行为方式、做事方法之小节。

“咸其拇”，同化其小节。

“拇”之用不能左右足之行。小节不足以改变行为方式、做事方法的本质。但是君子藉此以近人，由易而难，由小渐大，循序渐进，最终可感化之，改变之。如《屯》之“屯如，邅如”，操之过急则有“班如”之凶。

此爻明感化人当从小节做起，由小渐大，由易而难。

《象》曰：“咸其拇”志在外也。

“志在外”，志在取得其信任，志在感化其心。所谓“外”即“拇”之外，其人之心。

六二：咸其腓，凶，居吉。

“腓”《说文》：胫腨（jìng shuàn）也，即小腿肚子。“胫腨”运足者，比喻民众立身、行事所依从、遵循的道理、观念。

“咸其腓”，欲改变人的行为方式，直接改变左右行为方式的思想观念，为最直接的途径，但如此作为很难被当事人接受，往往会使其人致于对立的境地，所以“凶”。《论语·子路》：“子曰：欲速则不达。”斯之谓也。

“居吉”，“居”此处解作积蓄、蓄养，此处有逐渐进取之意。君子面对一时不能感化的情形，谋求信任，徐图渐进，则能有得，即“居吉”。“居”为“征”之反。

世人的各种迷信、迷行，一旦养成难以一时纠正，各种“乡愿”是例。如古人的相见之礼，彼此互相一拜即可表达互敬之意，再拜则在特殊场合，表示尊敬有加，三拜则为谄媚之举，有失尊严。后世所谓“三拜九叩”，以儒学而论，不合正义，为迷行。君子“咸其拇”，即是在行为上纠正如“三拜九叩”者。“咸其腓”即是告知正义、正礼所在，改变其错误认识。

此爻明感化人心不可直接从分歧观念处进行，从小处着手，坚持贞正，立行，立德最终能有功。“咸其腓”在此爻位，说明改变人的思想观念始终是君子感化民众的主要工作。

《象》曰：虽“凶”，“居吉”顺不害也。

“虽凶，居吉”，虽然直接触及根本的观念分歧有凶险，但是君子感化人的目的即是制止其错误行为及其思想认识，所以改变是必须的，只要采取“居”的做法则会避凶趋吉。

“顺不害也”，顺应民众之情实，取信于民，渐进改变则无害。

九三：咸其股，执其随，往吝。

“股”《说文》：髀也。即大腿。“股”为运小腿者。此处比作主宰民众行为、观念的思想根源。

“咸其股”，感化其思想。

“执其随”，“执”此处解作主宰、掌控。《韩非子·扬权》：“圣人执要，四方来效。”“其随”民众所依靠、遵循之思想或教义。“执其随”掌控民众之思想，使顺从君子。

“往吝”，如果行教者以感化民众思想为最终目的，以民众顺从自己为最高追求，如此行事为“吝”。

君子行教之最终目的为“咸其心”，使人志于君子之道，从而践行、传承道义。“咸其股”为小成、小得，进至“咸其心”方为大成、大得。

君子行教之正义在于授予民众真理，使民众信服、顺从道义，而非止于顺从传道者。如果不能使民众信从道义，而是归顺于某人，如此以往为“吝”。

此爻明君子要以感化人心为根本目的，以使民众随顺道义为最高追求。此两者为治“咸”之宗旨。

《象》曰：“咸其股”亦不处也。志在随人，所执下也。

“处”《说文》：止也。停止之意。《孙子·军争》：“卷甲而去，日夜不处。”

“亦不处也”，虽能感化民众之思想，君子亦不止也。君子应当谋求使民心志于道义，从而可以自发践行、传承道义。

“志在随人”即“志在使人随顺于自己”，使信众随顺传道者，而不随顺于正道，如此为吝道。

“所执下也”，传道者通过掌控思想，使人顺从于自己，其用以掌控民众的思想或教义必定不为大道、大义，因为大道、大义用以明民智，而不会使人止于信奉一人。故相较于大义，其“所执为等而下之”。

许多宗教投合人的私欲设立了诸多教义，目的在于掌控其思想，取得信众，但往往违悖大义。譬如轮回说，虽客观上有止恶扬善的作用，但其目的为了求得来生福报，其目的是自利，故其教义为下。儒学提倡“仁、义”，以具有公德为个人道德的标志；以同化于道为个人最高追求，孔子说：“朝闻道，夕死可矣。”以“为生民立命，为万世开太平”为儒者终生之事业。儒学系于公德、公利、真理，其教义为上。

九四：贞吉，悔亡。憧憧（chōng）往来，朋从尔思。

“贞”正也，循序渐进，以正道感动人心，和同于人则吉，故曰“贞吉”。

“悔亡”，悔不能生。

“贞吉，悔亡”，只有贞正行事，才能不致有悔。不然则有“凶、吝”。

"憧憧往来"，"憧"《说文》：意不定也。"憧憧"，心志不定的样子。"往来"即反复，所感之人未能笃信君子之道，而有反复。"憧憧往来"即君子以正道感化民众，民众不能遽然致道，而有反复。

"朋从尔思"，"朋"《说文》：辅也。此处指乐从君子之教，亲比于君子者。"思"此处解作思想、观念，《诗经·大雅·下武》："永言孝思，孝思维则。"

"朋从尔思"，亲比于君子者，能按君子的思想行事。寓意君子感化民众，应先感化亲近者，以此逐步扩大感化范围。"朋从尔思"如"出门同人"、"富以其邻"之意。

此爻明治"咸"要贞正而行，从亲近者先行，受感化者有所反复亦属正常，坚持行教终能有得。

《象》曰："贞吉，悔亡"未感害也。"憧憧往来"未光大也。

"未感害也"，"未"作副词，相当于"不、没有"，君子不能按规律行事，则不能得到民众的应和；君子不能以正义感化民众，则民众不能得于道义。此两者为"未感"，为"凶"，为"吝"，皆有害于君子行教。

"未光大也"，思想未深入人心，正义未能光大。

九五：咸其脢（méi），无悔。

"脢"《说文》：背肉也。此处代指不亲近、背离道义者，去君子教化者。

"脢"形容君子不能从正面接触其人而深入感化之，言外之意其人不受君子之感召。

"咸其脢"，君子主动寻求感化背离道义之人，虽然可能"大往少来"甚至劳而无功，但于君子而言可以"无悔"。寓意君子有和同天下不遗一人的志向，虽违背道义者，君子亦不弃。

此爻明君子和同天下应抱有不遗一人的决心，或有不得，君子往矣！

《象》曰："咸其脢"志末也。

君子以"感其心"为根本。"脢"在心之后，远于人心，寓意君子之感化未能深入人心，故"咸其脢"为"志之末"也。

上六：咸其"辅，颊，舌"。

"颌"《说文》释为"颐"，为下巴。《通训定声》解释为"耳下曲骨，所谓辅车也。"

"辅"《说文》：人颊车也。《通训定声》："辅，盖著车两旁，以防、助者，可系可解之木。"《尔雅》释为"小木"。"辅"之本义应为车身之小木，以防护或辅助之用。人之下颌骨中，其解剖学名"冠突"者，颇似"车两旁，可系可解之木"。人之下颌骨颇似古代马车形状，故"辅"当指人之下颌而不含牙齿。

"颊"《说文》：面旁。即脸颊。

"辅、颊、舌"用以言语之器官，此处不写作"口"，其意专重"言语"之用，而无嚼食之意。

"咸其辅、颊、舌"，只是在口头上、表面上表示认同，内心并未真正信服，此为感化之失。

此爻明"咸"不能动人心，停留在口头上，则是费而无功。

《象》曰："咸其辅、颊、舌"滕口说也。

"滕"《尔雅》：虚也。"滕"应为"塍（chéng）"，"塍"《说文》：稻中畦也。即稻田中的畦。塍与坑穴、沟壑、隍池同类，故《尔雅》释为"虚"，取其中空之意。我家乡方言谓把器物清空称为"塍（téng）空"，读音有变，但文字应该无错。"塍"引申为空、徒、仅仅、只是之意。

"滕口说也"，仅仅是在言语上表示悦服而已，内心并不诚服，《咸》之失，之流弊。《论语·公冶长》："子曰：听其言而观其行。"即是防患其"滕口说也。"

《易》之所以两千年来无一正解，与秦始皇统一文字关系甚大。原有之意因文字假借，转注而消失，故后人以今文求于古意往往不得。改变文字对于文化精神之传承为害甚大。秦朝统一天下，必统其文化，故其改变文字有其合理情由，但建国之后无秦人之忧而行简化文字之政，人为割断古今文化传承之纽带，实为可悲！

第三十二卦 恒 ䷟ 震巽

亨，无咎，利贞。利有攸往。

“恒”《说文》：常也。引申为持久、恒心。

《礼记·缁衣》：“子曰：南人有言，人而无恒，不可以为卜筮，古之遗言与？龟筮之不能知，而况于人乎？”意思为人如果没有恒心，不可以占卜，因为鬼神亦不能预知没有恒心者的未来，当然其他人则更无从了解、知晓其人了。

天地有恒，故能感于万物，万物感天地之恒常则顺时而生，繁衍不息。君子德有恒，能感于民众、鬼神，民众感其德，顺而从之，鬼神感其德，保而佑之。故非“恒”不能感于人，非“恒”难以通鬼神，故恒行其道，能致“亨通”。

“无咎”，恒于其道，能无咎，不然有悔吝。“无咎”寓意“恒”为致成之必要条件。

“利贞”，恒应秉持其贞正。

“利有攸往”，力行其事方能善成其道。

《彖》曰：“恒”久也。刚上而柔下，雷风相与，巽而动，刚柔皆应，“恒”。“恒，亨，无咎，利贞”久于其道也，天地之道，恒久而不已也。“利有攸往”终则有始也。日月得天而能久照，四时变化而能久成，圣人久於其道而天下化成，观其所恒而天地万物之情可见矣！

“久也”即持久。

“刚上而柔下”，“刚”不德者。“柔”君子。“刚上”不德者上进于道义，“柔下”君子容民教民。如此为君子弘道之“恒”。

“雷风相与”，“雷”比作行，“风”比作义。行其义，义成于行，即恒于其道。此为“恒”之本质。

“巽而动”，使顺从其义而动。此为“恒”之规则。

“刚柔皆应”，“刚”为行为，“柔”为思想，二者皆能得于正义。此为“恒”之成果。

“刚上而柔下，雷风相与，巽而动，刚柔皆应”解释《恒》卦。

“久于其道也”，恒于其道，深行其事。

“天地之道，恒久而不已也”，天动地顺不止，万物生灭不息，天地万物皆恒于其道，如此天下理顺，故“恒”为天地大道。

“终则有始”，“有”通“又”，恒行其事，最终成就之功业与德业即开始所持行之道义。即义成于行，行即达义。比如君子必须先制定、践行、弘扬礼义，如此方能称之为君子，故君子为礼义之开端，即君子为礼义之始，礼义又为社会治平之始，社会治平又为造就君子之始，如此则“始则终，终则始，若环之无端。”

“终则有始”，君子行君子之事，方能为君子，方能再成就君子，所以行君子之事为君子之始，为君子之终。君子应“恒”其道，故“利有攸往”。

《荀子·王制》：“以类行杂，以一行万，始则终，终则始，若环之无端也，舍是而天下以衰矣。天地者，生之始也；礼义者，治之始也；君子者，礼义之始也。为之，贯之，积重之，致好之者，君子之始也。故天地生君子，君子理天地。君子者，天地之参也，万物之总也，民之父母也。无君子则天地不理，礼义无统，上无君师，下无父子，夫是谓之乱。君臣、父子、兄弟、夫妇，始则终，终则始，与天地同理，与万世同久，夫是为大本。故丧祭、朝聘、师旅一也。贵贱、杀生、与夺一也。君君、臣臣、父父、子子、兄兄、弟弟一也。农农、士士、工工、商商一也。”

“始则终，终则始，与天地同理，与万世同久，夫是为大本”，即恒其道为天地之理，为人之大本。若世人皆能恒于其道，则天下化成。

“日月得天而能久照”，日月运行在其正道，才能持久明照天下。恒应“利贞”。

“四时变化能久成”，四时变化往复即为其正道，因其有序而不息，所以能持续成就万物之繁衍生息。恒应“利有攸往”。

“圣人久于其道，而天下化成”，圣人持之以恒推行仁义，则世人皆化于正道，天下治成。圣人法天地、四时而有成。

“观其所恒，而天地万物之情可见矣”，观察天地万物长久之持行，可以知道其心志所在。

《象》曰：雷风，恒，君子以立不易方。

“雷”比作行，“风”比作义。行比于义，义成于行，如此为“恒”。

“不易方”，“方”解作道义。恒定、永恒不变之真理、正义。

“君子以立不易方”，君子永远立足于自身之道义，即恒于君子之道。

初六：浚恒，贞凶，无攸利。

“浚”《尔雅》：深也。加深、使深之意。《左传·庄公九年》：“冬，浚洙。”

“恒”久也，久于其道。

“浚恒”，“浚”指在空间上的拓展，“恒”指在时间上的延长。此处比喻在“恒于其道”过程中，于具体德行上再深入谋求。“浚恒”即在追求大义的同时坚持完美的道德操守。“浚恒”为理想主义，无法在现实致用。

“浚恒”不可行，任何具体的德行都可以根据情势而权变，子夏讲“大德不逾闲，小德出入可也”即为此意。君子唯有“中于道义，谋求道义”可以为根本、永久之“恒”，其他可权变。“中于道义”必须根据现实，与时俱进，大义不失其“小德出入可也”，因而与“浚恒”矛盾。孔子有诸多权变行为，如欲从佛肸、公山弗扰之召请。

“浚恒”本身不符合“在中”的精神，所以“贞凶”，其义穷也。

“浚恒”，只有“在中”才能恒久，“浚”则违背“在中”之原则，其精神有可取之处，但有碍于行大义，不能致用，故“无攸利”。

《论语·子罕》：“子曰：衣敝缊袍，与衣狐貉者立而不耻者，其由也与。‘不忮不求，何用不臧?’子路终身诵之，子曰：是道也，何足以臧。”

以上这段话中孔子先表扬子路“不乖张，不媚求”为美德，子路“终身诵之”，孔子知道后说“不乖张，不媚求”，不足以称之为好。孔子先说“不忮不求”为美德，继而贬低之，前后矛盾。然分析之，“不忮不求”为美德，“终身诵之”则行之深也。孔子培育弟子其根本目的在于弘道化民，此亦为子路之大义所在，“不忮不求”与此大义相比为小德。子路深行小德则慢于大义，甚至失于大义，故孔子说“何足以臧”。孔子在卫，不避小德而见南子，即以大义为是。

《论语·阳货》：“公山弗扰以费畔，召，子欲往，子路不悦，曰：末之也已，何必公山氏之之也？子曰：夫召我者，而岂徒哉？如有用我者，吾其为东周乎?”

《论语·阳货》：“子曰：亲于其身为不善者，君子不入也。”

公山弗扰窃国，孔子欲前往辅助之，子路不悦，认为孔子没有原则，因为孔子自己曾说过“亲于其身为不善者，君子不入也”，即不能辅助自身行为不端的君主，但此时孔子却说：我志在弘扬道义，如果有人任用我，我就可以承继古道，再造东周。孔子言行不一，所以子路质问。“亲于其身为不善者，君子不入也”为小德，“为东周”为大义，小德要服从大义，故孔子舍彼取此。

由子路之“不忮不求”，孔子之“为东周”，可见“浚恒”为小吝。

此爻明君子治“恒”应当戒于“浚恒”，不然因小失大。

《象》曰：“浚恒”之凶，始求深也。

“始”通“治”，古时二字通用。《尔雅》中释“治”为“故”，即为“始”。“治”此处指讲求、践行恒道。

“深”即深行其事，如“子路终身诵之”。

“治求深也”，践行恒道而谋求于在具体德行上深行，行为上有内在冲突，故凶。

九二：悔亡。

能恒于其道，则“悔亡”。“浚恒”、“不恒其德”皆失恒道之正义，为“凶、吝”，皆有悔。

此爻明君子不失其道义，行其本分，如此方能无过失。

《象》曰：九二“悔亡”，能久中也。

“能久中也”，君子行为“在中”，久于其道。

九三：不恒其德。或承之羞，贞吝。

“不恒其德”，君子不能恒行君子之德，不能守持中正。《礼记·中庸》：“子曰：回之为人也，得一善而拳拳服膺而弗失之矣。”其中“弗失之”即“恒其德”。

“承、羞”之意同于《否》卦之“承、羞”，“承”此处可比作乡愿者，“羞”此处可比作狂狷者。乡愿者指同乎流俗，合乎污世之普通乡民，无志向，无操守。狂者有所进取者，为有志之士；狷者有所不为者，为有守之人。狂狷者不得中道。“浚恒”者犹如狷者而有狂者之志，如何能行？

乡愿者昧于义，行无所据，茫茫然而行。狂狷者，有所好恶，其所据非“中道”而已。《论语·子路》：“子曰：不得中行而与之，必也狂狷乎，狂者进取，狷者有所不为。”孔子之意，若现实中不能以“中行”践道，那么就做一个狂狷者，或突破“中行”的准则，有所进取，或不问世事洁身自好。但孔子首选是作“中行”者，不能行，退而求其次才做“狂狷”者。

“或承之羞”，“或”不必之辞，君子不能持行其道义，不能尽其本分，则有可能堕落为乡愿者，亦有可能转变为狂狷者。堕落为乡愿者，则“贞凶”，转变为狂狷者，则“贞吝”。“承之羞”即不恒其德者由乡愿者转变为狂狷者。“或承之羞”意在说明“不恒其德”之人转变为狂狷者较堕落为乡愿者为善。

“贞吝”，君子失于中道，于其正义而言为吝，故“贞吝”。此处不曰“贞凶”，因“不恒其德，或承之羞”并非为乱道义，“或承之羞”不能成为大德者而已。

此爻明“恒”之失。

《象》曰：“不恒其德”无所容也。

“容”此处解作法式、范模。

“不恒其德”之人，有堕落为乡愿者，有转变为狂狷者，其变化没有一定的法式，故“无所容也”。

《论语·子路》：“子曰：南人有言曰‘人无不恒，不可以作巫医，善夫！不恒其德，或承之羞’子曰：不占而已矣。”人行无常，或“承”或“羞”，鬼神不能知其往，故占卜亦不灵验。“不占而已矣”因其“无所容也”。

九四：田，无禽。

“田，无禽”，田猎未获得禽兽。“田”比作治事。“禽”比作治事所得。比喻无恒心者治事不能有得。

此爻明有恒是事业成功之必要条件。

《象》曰：久非其位，安得禽也？

“久非其位”，君子不恒其道，即背离君子之位。

“安得禽也”，不能安守其职事，不能恒于其道，如何有得？

六五：恒其德。贞，妇人吉，夫子凶。

“夫子”意思为丈夫，此处比作君子，得道者，率民者，制义者。

“妇人”可比作民众，修德者，从义者。

“恒其德”，久于其道，恒守中正。

“贞”此处指有操守，《墨子·经下》：“说在先后，贞而不挠。”

“贞，妇人吉，夫子凶”，坚贞、有操守于妇人而言为善。若夫子为之则为不德，为凶。即妇人之正义为夫子之非义。

“恒其德。贞，妇人吉，夫子凶。”说明“恒其德”为善，为准则，但因个人身份不同，所“恒”之德而不同，即所谓“正义”亦因人而异。以小人而言能恒于礼为贞正，以君子而言恒于义为贞正，以圣人而言恒于道为贞正。以丈夫而言能率妇人从义为贞正，以王公而言能养民致富、教民行礼、安邦定国为贞正。不能行自身所当行之“正义”则失职守，为凶。

此爻明“恒其德”，要根据自身身份而行事，则行为中正，则吉。

《象》曰：妇人贞吉，从一而终。夫子制义，从妇凶也。

“妇人贞吉，从一而终”，妇人之“贞吉”，在于始终坚守顺夫之义。“从一而终”并非不改嫁，而是守妇节。

“夫子制义，从妇凶也”，夫子教化世人，必使情与道和，折中取“义”，以教化天下，故“制义”是夫子恒于道之职责。若夫子不能“制义”，行为如同从义、守义之妇人，则自降品格，失其道，故“凶”。

上六：振恒，凶。

“振”《说文》：举救也，奋也。“奋”谓不待人举救，自救自强。“振”待人举救，此处解作“举救、使振作”。

“振恒”使振作于恒。“恒”者，必是内心坚定而后能持久行之。如若内心不笃定，以外在力量鼓动之，约束之，则费而无功，故“凶”。君子应当行“感其脢”之事，则能感动其心，使其自奋于其道，方为正道，方能致吉。

此爻明“恒”不可往振，只可自奋。

《象》曰：“振恒”在上，大无功也。

“在上”，行教化者欲以外力左右受教化者内心意志，是不得其正而妄行其令。“在上”为妄，“自内”为正。

“大无功”，“振恒”者大费其力，于事功无成，故为“大无功”。

第三十三卦　遁 ䷠ 乾艮

亨，小利贞。

《说文》中有遁、遯二字，遁释为“迁、逃”。遯释为“逃”。此卦意在于“远小人”，为君子主动为之，有迁移之意，故应作“遁”。

“亨”，事有否泰，道有消长，君子处道义衰微之世，不能有所作为之时，回避邪道之锋芒，可以存身，可以经营道义于下，待时机而能兴道，故“遁”有“亨通”之理。

“小利贞”，“小”指范围和层次狭小、低下。君子退避小人，并非懈怠于君子职责，只是情势所迫，君子只能在有限范围之内坚守道义，故“小利贞”。

“亨”，寓意道义盈虚而君子有进退，乃事理之必然。“小利贞”为处“遁”之行为准则。

《彖》曰：“遁，亨”遁而亨也，刚当位而应，与时行也。“小利贞”浸而长也。遁之时，义大矣哉！

“遁”之时，不德者当位且民众响应，其时道义不行，人民愚昧，君子不臣于非义，又不能击而去之，当是时唯“遁”能全身，能守道，故“遁而亨”。

“刚当位而应，与时行也”，《同人》、《大有》之《彖》皆曰“柔得位”，用“得”不用“当”，“得”《说文》释为“行有所得也”。“当”此处解作“在某处”，隐含有不义之得的意思。“当位”指仅占据尊位而不行其正义。

“刚”者窃据尊位，愚昧，统治人民，而民众受其蛊惑与之响应，故曰“刚当位而应”。道义衰微之世，上下皆迷失于正道，故能上下相应，但此种苟合终会破败，即《否》之“倾否”。

“与时行也”当是时，道义不彰，世人愚昧，君子之“遁”，之“远小人”，之“以俭德避难”，为顺应时势之作为，故“与时行也”。

《论语·卫灵公》：“子曰：君子哉蘧伯玉，邦有道则仕，邦无道则卷而怀之。”“邦无道”即“刚当位而应”，“卷而怀之”即“遁”，即“与时行也”。

“浸而长也”，“浸”《说文》、《尔雅》无此字，此处解作“渐渐、逐渐”，《庄子·大宗师》：“浸假而化予之左臂以为鸡。”

“浸而长也”，虽在小范围内守持道义，但可以逐渐进步，壮大。

“遁之时，义大矣哉”，天地有常，“剥”而后“复”，“泰”则有“否”，君子因时进退，故“遁”之义为大。

《象》曰：天下有山，遁。君子以远小人，不恶而严。

“天”其德为健。“山”其德为止。君子止而后健，为“遁”。

“君子远小人，不恶而严”，小人者，“当位”之“刚”者。“不恶”不批判小人，不与小人交恶。“严”解作畏惧，《孟子·公孙丑》：“无严诸侯，恶声至，必反之。”

“君子远小人，不恶而严”，君子远离小人，不批判，不与之交恶，亦能使小人有所畏惧。小人畏惧君子之正义。

初六：遁尾，厉，勿用有攸往。

“尾”《说文》：微也。形体之微末，引申为尾巴。此处指马尾。此处君子自喻为驾道车之马，马尾比喻君子之形迹。

“厉”应为“砅（lì）”，《说文》释为“履石渡水”，与《尔雅》中“深则厉”为同一字，泛指涉水。此处以涉深水比喻君子“隐遁”之行为，寓含其行艰难，宜小心从事之意。

“遁尾”，隐遁其马尾，比喻君子退避乱世，虽“尾”亦不可见，不留一点形迹。

“厉”，“遁”用“厉”，言有渡水之难，应小心谨慎行事，以防有失。

“遁尾，厉”，指君子完全摆脱与现行社会的联系而隐遁，不留行迹，即“大隐”。《论语·宪问》：“子曰：贤者辟世，其次辟地，其次辟色，其次辟言。”“遁尾，厉”即“辟世”，远离不义之社会。

“勿用有攸往”，处在小人当道之时，君子隐遁，不宜有所作为，贸然治事触犯“刚”者，则有凶灾。待其“休否”、“倾否”而后“有攸往”。

此爻明贤者于乱世能远遁，小心从事，可保身存道。

《象》曰：“遁尾”之“厉”，不往何灾也？

所谓“往”者，往以治事，即出世。贤者辟世，隐其形迹，不问政事，不犯小人，灾无从来，故曰“不往何灾也？”

六二：执之用黄牛之革，莫之胜说。

“执之用黄牛之革”，以黄牛之革为辔缰，牢系马于车上。君子自喻为驾“道车”之马，君子以强烈的使命感，督促自己于艰难困境之中守志不渝，奉行君子载道、弘道之职责。

以辔缰比喻贤者之使命感。“黄牛之革”为辔缰之材质，言其强韧有力。“执”自执也，君子自我掌控、约束，亦即君子自励。

“莫之胜说”，“说”即“脱”，黄牛之革强韧有力，良马如何脱离于车？比喻君子以强烈的使命感，来督促自己不离道义，恪尽职守。

此爻明君子处“遁”之时，当以坚定的使命感为约束，不违道义，恪尽职守。

《象》曰：执用黄牛，固志也。

“固志也”，君子处困穷之境，自强自励，增固其志。

《论语·泰伯》：“曾子曰：士不可以弘毅，任重而道远，仁以为己任，不亦重乎？死而后已，不亦远乎？”

九三：系遁，有疾厉，畜臣妾吉。

《说文》中有“系”与“係”。“系”，垂统于上下谓之系。“係”，以绳束之，即捆绑之意。简体中文，二者合一，此爻应作“系”。

“系遁”者，为遁之小者，与社会有一定关系，为“小隐”，亦即孔子所言“辟地、辟色、辟言”。所谓“辟地”即远离不义之人，择地之善者而居处。“辟色”即不能远离不义之人，只能回避不义者立身处事的态度，不与之苟同。“辟言”即如果不能回避不义者的立身处事态度，君子不听从其不义之说辞。如此皆贤者之为，皆属“系遁”。

《论语·泰伯》：“子曰：邦有道，危言危行；邦无道，危行言逊。”“邦无道，危行言逊”即国家无道君子仍直行，但言语要退让，如此行为即为“系遁”。“系遁”为有条件、有约束之遁，为小隐。《论语·公冶长》：“子谓南容：邦有道，不废，邦无道，免于刑戮。”公冶长能“免于刑戮”需“言逊”。《论语·公冶长》：“子曰：宁武子，邦有道则知，邦无道则愚。”其中“邦无道则愚”即“辟色、辟言”。

“有疾”，“疾”解作“毛病、不足、瑕疵”。“系遁”君子不能远遁，乃有问题之作为，即“有疾厉。”

“畜臣妾，吉”，臣以事君，妾以事夫。臣者，辅于君子之事。妾者，可继君子之后。指君子“系遁”，应当蓄养正义之士以壮大正道力量，积极为道义传承铺设条件以使正道永续。“系遁”者能如此作为必有收益，故“吉”。

此爻明“系遁”之时，君子当谋求于下，蓄力而待发。

《象》曰：“系遁”之“厉”，“有疾”惫也。“畜臣妾吉”不可大事也。

“惫”《说文》：疲劣也。劣，少力也。惫，疲之极也。

“惫”即疲惫，指“系遁”会有身心疲惫之忧。在外与刚者虚与委蛇以全身，在内则坚守道义，谋求弘道，内外交困，故有身心疲惫之患。

“不可大事”，处“系遁”之时，君子韬光养晦，积蓄力量，以待时变，不可贸然挑战不义。所谓“大事”即“攻乎异端”。

九四：好遁，君子吉，小人否。

“好”此处解作相善、和美，《诗经·卫风·木瓜》：“永以为好也。”

“否”为不能、不通之意。

“好遁”，即君子隐遁，或辟世，或辟地，辟色，辟言，皆能“不恶”于小人，皆能严守正道。如此保身存道，故“君子吉”。小人或不能委曲求全而与不义交恶，或不能坚守正义而沦入邪道，故小人不能行“好遁”之事，故“小人否”。

《论语·卫灵公》：“子曰：君子固穷，小人穷斯滥矣。”“固穷”，守义也。“滥”妄为也。

此爻明君子行“好遁”可致吉。

《象》曰：君子“好遁”，小人否也。

君子能立场坚定，审时度势，以谋求长远之利益。小人则不能，故小人不能行“好遁”之事。

九五：嘉遁，贞吉。

“嘉”解作乐、以……乐。《礼记·礼运》：“以嘉魂魂。”

“嘉遁”，以遁为乐。《孔子家语·在厄》：“子曰：君子之修行也，其未得之，则乐其意，既得之，又乐其治，是以君子有终身之乐，无一日之忧。”可见君子不以“遁”为忧，而能“乐其意”。

“贞吉”，守持“遁”之正义，终能致吉。

此爻明应以乐观积极的态度看待“遁”，守持正义，终吉。

《象》曰：“嘉遁，贞吉”以正志也。

“以正志”，正君子之志。与不义做斗争可以磨炼意志，正其心志。

《孔子家语·在厄》：“子曰：君子修德立道，不谓穷困而改节。”“颜回曰：不容，然后见君子。”

上九：肥遁，无不利。

“肥”《尔雅》：归异，出同流也。同一源头而两个支流流向不同的河流，称之为“肥”，俗语“肥水不流外人田”即此意。“肥”此处解作“不一致、不相符、违背”。

“食言而肥”，“食”《尔雅》释为“伪”，“食言”伪诈之言。

“肥”即同源而异归之流也，比喻人之言行不一。“食言而肥”即谎话必然不能和行为相符。“肥”即不相符之意。

“食言而肥”出自《左传·哀公二十五年》：六月，公至自越，季康子、孟武伯逆于五梧，郭重仆，见二子，曰：“恶言多矣，君请尽之。”公宴于五梧，武伯为祝，恶郭重曰：“何肥也？”季孙曰：“请饮彘也，以鲁国之密迩仇雠，臣是以不获从君，克免于大行，又谓重也肥。”公曰：“是食言多矣，能无肥乎？”饮酒不乐，公与大夫始有恶。关于此段文字的解释多为错误，今释如下：

鲁哀公访问越国，季康子、孟武伯本来答应随行，但因为权力之争勾心斗角，二人都托辞不去，因此鲁哀公心怀愤恨。哀公回国，二人在五梧迎接哀公，郭重为哀公驾车，将要正式见季康子、孟武伯之前，哀公嘱咐郭重说：“难听的话多了，你尽管说他们。”哀公宴饮于五梧，武伯敬酒于哀公，气愤的郭重质问季康子说：“为何言行不一，出尔反尔？”季孙说：“您请喝酒，因为鲁国近于仇国，所以不从君出使越国，以免仇国来犯，我不随国君出访完全是因为国家安全责任重大，所以没有按原来说好的办。”哀公接着说：“是谎话讲的多了吧，哪能不出现不相符的情况呢？”饮酒不乐，从此哀公与大夫交恶。

“肥遁”，即君子以退为进，君子表面有隐遁之实，但积极谋求于下，行积蓄力量之事，如此行为为“肥遁”。

君子之“遁”并非消极避退，而是改变了弘道的场所与规模，转变了弘道的方式，如此行为，可以不交恶于小人，可以“浸而长”，所以“无不利”。

此爻明“肥遁”无不利，为有追求之君子之所为。

《象》曰：“肥遁，无不利”无所疑也。

“无所疑也”，不被小人所怀疑。隐遁之君子营求于下，不见疑于“当位之刚者”。

《子夏易传》释“肥，为饶裕”，为谬远矣！子夏者，孔子得意门生，十五岁入孔门，时年孔子五十九岁，至孔子终，子夏迁魏国讲学，其间少有离孔子。孔子晚而喜《易》，子夏必有闻，且子夏资质颇高，孔子有言“启予者商也”为证。若子夏把“肥”释为“饶裕”则荒诞甚矣，此书定非出自子夏之手。

考《文言》、《系辞》、《说卦》、《序卦》、《杂卦》皆为不得《易》理者假托圣人之名而作。子曰：“攻乎异端，斯害也已。”滥人如此之多，吾辈当鼓而攻之。

第三十四卦　大壮 ䷡ 震乾

利贞。

“壮”《说文》：大也。

“大”，指道德。

“大壮”，指道德壮大。

“利贞”，增长道德应当遵循正义。

《彖》曰：“大壮”大者壮也，刚以动，故“壮”。“大壮，利贞”大者正也。正大而天地之情可见矣！

“大者壮”，道德兴盛。

“刚以动”，“刚”此处指意志刚健。民众刚健以行礼义，以修道德。

“刚以动，故壮”，民众刚健以行君子之教化，所以道德可以壮大。

“大者正”，民德合乎于道义，称之为“正”。

“正大而天地之情可见矣”，民德合乎礼义，且能逐渐壮大，即民德“正且大”。“天地之情”即天地之志，天地之志为以道化育万物。

万物顺天地之道为“正”，万物顺而有成为“大”。君子效法“天地之情”使万民“正大”于仁义之道。

《象》曰：雷在天上，大壮。君子以非礼弗履。

“雷”其德为动。“天”其德为健。“雷在天上”即“刚以动”，以刚健之意志进修道德，如此为“大壮”。

“君子以非礼弗履”，君子不为非义、非礼，即严守礼义以修养道德。

初九：壮于趾，征凶，有孚。

“趾”《尔雅》：足也。足，人用以行走，此处比作人之行为。

“壮于趾”，行为上能够符合礼义。

“征凶”，“征”即行教化者进一步要求民众从思想上顺从、上进于道义。民众未明道义，未能深信君子之道，君子此时强行使其顺从，则有失人之“凶”。

“壮于趾”为民众信从之始，犹如“登堂而未入室”。“壮于趾”而“征”，因其信未深，故有失人之忧，故“壮于趾，征凶”。

“有孚”应为“有孚之”，君子增长民众道德，使民众内心信服为基础。

此爻明君子欲使民众行礼、明义，首先应使民众信服。

《象》曰：“壮于趾”其孚穷也。

“其孚穷”，止于“壮于趾”，不能明于义，君子未能使民众深信教化，君子之“孚”困穷，故曰“其孚穷”。

九二：贞吉。

“贞吉”，君子增长民众道德应贞正而行，如此可致吉。所谓“贞”即顺应情势且上进于正道。

此爻明治“大壮”，要循义而行。

《象》曰：“九二贞吉”以中也。

“以中也”，“以”此处解作“用、使用”，“以中”即用“中道”治事。

九三：小人用壮，君子用罔，贞厉。羝（dī）羊触藩，羸其角。

“罔”《尔雅》：无，引申“事之不然、反是”，《论语·为政》“学而不思则罔。”译文“学习了知识如果不思考其中的意思则相当于没学。”

“羝”《说文》：牡羊也。公羊。比喻不安分之民众。

“藩”《说文》：屏也。即藩篱。比喻维护礼义道德之制度、规范或法令。

“羸”《说文》：瘦也。有“使瘦”之意，引申为缠束。《战国策·秦策一》中有“羸縢（téng）履蹻（草鞋），负书担橐”，“縢”《说文》释为用以缠束的绳索，此处为束腿之绳带，似今之绑腿。“羸縢”，用力缠绕使绳带紧束于腿。“羸”此处解作“缠束”。

我家乡方言有“羸（léi）紧”，意思多指用力捆束，使蓬松的物体紧密、密实，为“使瘦”之引申意。现代汉语有“勒（lēi、lē）紧”一词，但“勒”《说文》中发音为“lē”，意思指马头上用以系紧马嚼子的皮革，引申有勒令之意，作“缠束”解应为“羸”。

“小人用壮”，小人此处指未能志于道义之人，君子则是有志于道义者。未能志于道义之小人，欲增长其道德，必由小渐大，由易渐难，由少渐多，循序增进，故“小人用壮”。

“君子用罔”，“用罔”即“罔用”，即君子不用“壮”的办法。君子为有志于道义者，使君子者明于道义，则能坚守而力行之，而不必逐渐使“壮”。

“贞厉”，秉持贞正而为，即君子者明于道义，则能坚守而力行之。《论语·述而》：“子曰：志于道，据于德，依于仁，游于艺。”孔子所言即“贞厉”。

“君子用罔，贞厉”可以写为“君子罔用壮，而贞厉”。

“羝羊触藩”，“触”《说文》：抵也。不安分者侵犯维护礼义道德之规则、法令。

“羸其角”，束缚其羊角，比喻约束、限制不安分者之言行。

此爻明“小人”与“君子”应分别对待，一用“壮”，一用“贞厉”。对不安分者要进行约束、管制。

《象》曰：“小人用壮”君子罔也。

“君子罔也”，君子不然。君子者使明道义，而后可遵行之。

九四：贞吉，悔亡。藩决不羸，壮于大舆之輹。

“輹”《说文》：车轴缚也。束缚车轴使之与车厢联接的绳索。“輹”

在车轮与车厢之中，比作义，义联结大道与人情，在二者之中。

“大舆”指社会教化体系，“大舆之輹”即“大义”。

“贞吉，悔亡”，君子遵从“中道”治事，则悔恨不能生。“悔亡”别于“无悔”，前者悔不得生发，后者生而不悔。言外之意治“大壮”必须贞正行事，不然“有悔”。

“藩决不羸”，“决”此处解作“断、断开”，《吕氏春秋·谕大》：“灶突决，则火上焚栋。”“藩决”篱笆有断口，比喻法令有漏洞。

“藩决不羸”，虽然法令不严格，但民众不需要外力约束，自觉遵守礼义而不逾规矩。

“壮于大舆之輹”，壮大社会大义。“仁义”为大义，社会仁义盛行，则民众可以“不羸”。

此爻明君子治“大壮”要从“贞正”，同时指出弘扬大义，使民众明仁义，为“大壮”之重要举措。

《象》曰：“藩决不羸”尚往也。

“尚往”，君子宜深入、广泛弘扬道义，力行增进民德之事，而后能致“藩决不羸”。

六五：丧羊于易，无悔。

“丧”《说文》：亡也，即逃散，引申为丧失。

“易”通“场”，《荀子·富国》：“观国之治乱臧否，至于疆易而端已见矣。”场，《说文》：不耕田也，即荒芜的土地，此处指草场。

“丧羊于易”，“羊”比作受教化之人，“丧羊”比喻君子失人。在草场放牧时丢失其羊。比喻君子在不能有效约束、制约民众的情况下，而失去不愿顺从之人。

君子增进民众道德，力求以德感人，以理服人。“有孚”乃根本途径，“贞”乃根本准则。约束之、强制之乃下策，不能长久，不能广大。

“无悔”，失去不愿顺从者，君子无悔。

“丧羊于易，无悔”在此爻位，寓意无论君子是否有权位，都应当以收获人心为根本手段，法令等永远为辅助。

此爻明君子弘扬道义，增长民德，应当以感化人心，使之自发上进为根本，如此虽有失人之忧，亦理之必然，君子尽力而为则无悔矣。

《象》曰：“丧羊于易”位不当也。

“位不当也”，君子未能感化其人，未能使之信从教化，故君子“位不当也”。

上六：羝羊触藩，不能退，不能遂，无攸利，艰则吉。

“不能退”，不能使不安分之人退却，即使之安守礼义。

“不能遂”，“遂”此处解作“进、使进”，《尚书·仲虺之诰》“显忠遂贤”，《淮南子·修务训》“五谷得遂长”。不能使其进于道德。

“无攸利”，不能制止为非作歹，不能使之进步于道德，如此则“大壮”不能行，故“无攸利”。

“艰则吉”，君子深行取信于人之事，坚定遵从贞正治事，力行弘扬大义，如此为“艰”，终可致吉。

此爻明治“大壮”之失，努力进取则终能有得。

《象》曰：“不能退，不能遂”不详也。“艰则吉”咎不长也。

“详”通“祥”。祥，《说文》：善也。《公羊传·宣公十二年》：“不赦不详。”《左传·成公十年》：“详以侍神，义以建利。”

“不详”即不善，即治“大壮”不善。

“咎不长也”，能坚定力行则“咎”不长也。

第三十五卦　晋 ䷢ 离坤

康侯用锡马蕃庶，昼日三接。

“晋”《说文》：进也，日出万物进。长进、使上进之意。

“康”《尔雅》：乐也，安也。即安乐、安定之意。《诗·商颂·烈祖》：“自天降康，丰年穰穰。”

“侯”《尔雅》：君也，即君王。《易》中“先王”指开创之君主，“后”指承继、发展之君主，“侯”指守成之君主。

“锡”《尔雅》：赐也。“赐”《说文》：予也。即赐予。

“蕃”《说文》：草茂也。引申为密集、众多。

“庶”《说文》：屋下众也。泛指多。

“昼”《说文》：日之出入，与夜为界。即白昼。

“昼日”指一日之间。

“接”《说文》：交也，相引以手。引申为接引、接见之意。此处指接引后进者，有帮助之意。

“康侯”，安乐之君主，指守成之君主。

“锡马”，即赐予马车。《礼记·曲礼上》“三赐不及车马”，学者注解：“凡仕者，一命而受爵，再命而受衣服，三命而受车马。”“锡马”言受赐者道德高尚，功业盛大，再三受到君王赐命。

“蕃庶”，言其密集、众多。

“昼日三接”，君王一日之内多次接引后进德者。“三接”言其多也。

“康侯用锡马蕃庶，昼日三接”，康乐之世，守成之君主通过广泛嘉奖先进德者，鼓励、帮助后进德者，以此使社会道义上行。康侯通过奖励先进，帮助后进，从而形成世人皆“晋”的局面。

《论语·为政》：“子曰：举善而教不能则劝。”其中“举善”即嘉奖先进，“教不能”即接引后进，“则劝”即民众能自强以进德。

《彖》曰：“晋”，进也，明出地上。顺而丽乎大明，柔进而上行，是以“康侯用锡马蕃庶，昼日三接”也。

“进”即进德，上进于道义。

“明出地上”，光明升至地上而渐盛，比喻道义日盛，光照天下，为“晋”。

“顺而丽乎大明”，“大明”指日月之明，此处比喻天地之道，人民顺从而依附于正大之道。

“柔进而上行”，“柔进”君子者上进。“上行”，道义上行。因“柔进”所以“康侯”嘉奖之，鼓励之。“上行”故“赐马蕃庶”。

《象》曰：明出地上，晋。君子以自昭明德。

“昭”《说文》：日明也。引申为光明、彰明。

“自昭”，君子自明其德，即君子以礼义贯穿自身言行，以身行昭明道德，即“自昭明德”。

初六：晋如摧如，贞吉。罔孚，裕，无咎。

“摧”《说文》：挤也，挏（dòng）也。即排挤、推动之意。

“裕”此处解作“教导、增益”，《尚书·康诰》：“汝亦罔不克敬典，乃由裕民。”

“晋如摧如”，“晋”的情形如同推动物品前进的情形，只有持续用力才能不断前进。上进于道义，亦必须坚持力行，才能不断进步。

“贞吉”，上进必须遵循贞正方能致吉。“贞”即符合治“晋”之常。

“罔孚”，受教化者不能信服君子之道。

“裕，无咎”，受教化者不能信从君子之道，君子必须多加教导，使之能信从道义，增益其道德，如此作为则君子“无咎”。

此爻明行教化者推动民众进德，应贞正力行，对于落后者要多加教导。

《象》曰："晋如摧如"独行正也。"裕，无咎"未受命也。

"独"通"笃"，《庄子·天地》："举灭其贼心而皆进其独志。"《尔雅》释为"固也"。此处指意志坚定，行为勇力，即竭心尽力之意。

"正"通"政"，此处指政事，亦即君子正民而使之上进于道义之事。《战国策·秦策》："明主莅正，有功者不得不赏。"

"命"，此处指君子之教令。

"独行正也"，君子力推民众进德，亦即竭心尽力行施使民众上进之政事。

"未受命也"，其人未能信从君子之道，故不接受君子之教令。

六二：晋如愁如，贞吉。受兹介福，于其王母。

"愁"《说文》：忧也。

"兹"《说文》：此也。

"介"《尔雅》：大也，指时空范围大。《诗经·小雅·甫田》："报以介福，万寿无疆。"

"介福"即"大福"，指民众长久接受仁义之教化为大福。民众受仁义教化，可以得安康，可以明道义，所以为"大福"。

"王母"《尔雅》：父之妣为王母。即祖母。此处不言"王父"，以母子喻之，突显其无微不至之爱。君王教化人民以仁爱为根本，故以"母"比喻之。"王母"寓意进德者受到连续、长久之关爱。

"晋如愁如"，掌教化者对待"晋"的态度，应该如同有所忧虑的样子。换言之掌教化者治"晋"，应常怀忧患之心。君子有忧道忧民之心则事业必能有成。

"贞吉"，遵从道义，可致吉。"贞"即符合道义。

"受兹介福于其王母"，民众受长久之仁爱教化，自从其祖母而至于其母。寓意使民众最终进于道德，需要行教者不间断、长久推行仁爱之教化。

此爻明掌国家教化者治"晋"要怀有忧患之心，要有历史使命感，长期不懈推行仁教，最终才能形成“晋”的局面。此爻同时指明，使民众上进要以仁爱教化为主要途径。

《象》曰：“受兹介福”以中正也。

“以中正也”，以使民众中于义，正于行。

六三：众允，悔亡。

“众”《说文》：多也。

“允”应为“䡝（yún）”，“䡝”《说文》：进也。“䡝”由“夲（tāo）”与“允”会意，“夲”《说文》释为“进趣”，即快速前进。“允”《说文》释为“信”，“䡝”本意指人积极上进。

“众允”，广大民众积极上进于礼义。

“悔亡”，君子治“晋”，贞正以从事，方能“悔亡”。

“众允，悔亡”，君子治“晋”要以广大民众上进为根本目的，君子只有以“中道”行事，才能使广大民众信从。君子治“晋”要以正义教化世人，故必须遵从贞正行事，如此能“悔亡”。

此爻明君子要以广大民众上进为目的，要以贞正为原则。

《象》曰：“众允之”志上行也。

广大民众进步于礼义，此种局面乃是君子弘道化民事业之进步，故曰“志上行也”。

九四：晋如鼫（shí）鼠，贞厉。

“鼠”《说文》：穴虫之总名也。古人穴居之禽兽皆称之为鼠。

“鼫鼠”《说文》：五技鼠也，能飞不能过屋，能缘不能穷木，能游不能渡谷，能穴不能掩身，能走不能先人。鼫鼠即蝼蛄，五技鼠亦蝼蛄。

蝼蛄，土栖，习于夜间活动，成虫喜趋光，可近距飞行，成虫与若虫能游泳，二至三年一代，土内筑洞越冬，地温上升始出地活动，在地表营成三寸长隧道，因其隧道浅，可使地面隆起，故古人言“能穴不能掩身”。蝼蛄经两年发育成熟，至于第三年羽化成虫。

“晋如鼫鼠”，蝼蛄生于地下两年，积蓄体能，至于第三年方能羽化成虫登于地上。君子进德当如蝼蛄，按客观规律行进，积蓄小德以成就大德，最终可以功德昭明天下。

“贞厉”，遵循正道而作为，即要按客观规则行事，如蝼蛄在地下营求两年，即为“贞正之作为”，反之不能踏实进修，贸然躁进则为“妄厉”。

此爻明“晋”当依循客观规律，由低渐高，有小渐大。

《象》曰：“鼫鼠，贞厉”位不当也。

“位不当也”，修习暂未有成，处不能“晋”之位，如鼫鼠之在地下。修习者未能明礼义，则不能践行之，未能践行之则不能自得之，不能自得之则不能“取之左右逢其源”。

六五：悔亡。失得勿恤，往吉，无不利。

“恤”《说文》：忧也。忧虑、担忧之意。

“悔亡”，贞正从事则能“悔亡”。

“失得勿恤”，即勿患得患失。此处所谓“得失”，即民众之“晋”与“未晋”。民众能“晋”则为有得，不能“晋”则为有失。

“往吉”，治“晋”为正义事业，君子力行终能有成，故“往吉”。

“无不利”，君子治“晋”，可以使道义光大，可以使国家安乐，君民皆得，故为“无不利”。

此爻明君子治“晋”要以“贞正”为原则，不可患得患失，意志坚定，一往无前，终可致吉。

《象》曰：“失得勿恤”往有庆也。

“往有庆”，君子行“晋”道，最终能使民众“顺而丽乎大明，柔进而上行”，故“有庆”。

上九：晋其角，维用伐邑。厉，吉，无咎，贞吝。

“角”此处指弓背，《礼记·曲礼上》：“凡遗人弓者，张弓尚筋，弛弓尚角。”

“晋其角”，进其弓，即张弓以备射。此处比喻君子准备强制手段，随时用强力使其“晋”于道义。

《礼记·杂记下》："子曰：张而不弛，文武不能也，弛而不张，文武不为也，一张一弛，文武之道也。"君子以仁教劝勉民众自进于道德，可谓"弛"。君子以强力要求之，使其就范，可谓"张"。二者兼用皆不可废。

"维用伐邑"，利用武力讨伐邦邑。"维"，语气词。君子伐其不"晋"者，而强迫其"晋"。"邑"指"不晋"之大者，个人则用刑法处置，二者意同，以其大者而言。

"厉，吉，无咎"，君子用强力迫其"晋"，如此作为能有得，故"吉"。"无咎"言如此作为乃事理之必然选择，虽用强而无咎。

"贞吝"，能自"晋"为上，不能自"晋"而后君子用强，虽"无咎"，于义为吝，故曰"贞吝"。

此爻明治"晋"当张弛兼备，软硬兼施。

《象》曰："维用伐邑"道未光也。

"道未光也"，君子之道未光大，并非君子教化不深广，而是有顽固不化者。《晋》之上九，同《谦》之上六"利用行师，征邑国"。

第三十六卦　明夷 ䷣ 坤 离

利艰贞。

“夷”此处解作“消灭、湮灭、消亡”，《吕氏春秋·知化》：“灭其社稷，夷其宗庙。”

“明夷”，光明、正义被湮灭，指君子之正教不行于世，道义不彰。

“利艰贞”，于道义不彰之时坚守正义。

《彖》曰：明入地中，明夷。内文明而外柔顺，以蒙大难，文王以之。“利艰贞”晦其明也，内难而能正其志，箕子以之。

“明入地中，明夷”，日月入于地，故天下幽暗。比喻道义被湮灭，不能行于世，则天下文明不彰。

“内文明而外柔顺”，“内”指在信从道义者内部，此处指正义之邦国内部。“外”指在道义湮灭之范围。“明夷”之时“刚当位”，君子率领正义之邦对外“柔顺”以求存立，在内行“文明”之政，以求道义永续。

“以蒙大难”，“蒙”《尔雅》：奄也，覆也。引申为承受之意。“大难”指不义者对道义以及信从道义者进行祸害，故曰“大难”。

“文王以之”，“以”此处解作“用”。“文王”即周文王，在位期间倡行仁道于其国内，在外则受无道商纣非难、迫害。周文王以“内文明而外柔顺”之策略应对不义者对道义以及信从道义者的祸害，故曰“文王以之”。

“晦其明也”，不义幽蔽、湮没君子正义之光明，故君子须“艰贞”。

“内难而能正其志”，“内”指“明夷”范围内部。“内难”即君子处在“明夷”范围之内，处不义包围之中，故困难。君子于困难之中能正定其心志，坚定不移，故曰“内难而能正其志”。

“箕子以之”，“箕子”为商纣王之叔父，商之贤臣，坚行仁道而遭受迫害。箕子处不义之中而能坚守道义，故曰“内难而能正其志”。

“文王以之”乃君子处“明夷”之外，而力不能决胜之，所应采取的态度。“箕子以之”乃君子处“明夷”之内，而力不能改变之，所应采取的态度。文王委曲求全以待时机，箕子坚贞不渝以求存道。

此处有一题外话，后人关于周文王、商纣王以及箕子的评价有不同的认识。在《易》以及孔子的论述中以能否倡行“仁道”为评判标准，与今人之功利标准不同，故功过是非之认定存在差异。

《象》曰：明入地中，明夷。君子以莅（lì）众，用晦而明。

“莅”《礼记·曲礼下》“莅官行法”，《礼记·文王世子》“成王幼不能莅阼”，皆为“到来”之意，其别于“临”之处在于“临”有监视之意。

“晦”《尔雅》：冥也。即幽暗之意。

“君子莅众”，君子来到人民之中，亲近之，教导之。

“用晦而明”，“用”此处解作“治理、整治”，《荀子·富国》：“仁人之用国。”

“用晦而明”，整治道义晦暗的局面，使天下文明。

初九：明夷于飞，垂其翼。君子于行，三日不食。有攸往，主人有言。

“行”《尔雅》：言也。用言语去达成某种目的，如商讨、宣传、告知等，皆称之为“行”。

《管子·小匡》：“公乃使鲍叔行成。”其中“行”解作“商议”。《管子·山劝数》：“行者，道民之利害也。”“行，殚道无失义。”其中“行”解作“宣传、宣讲”。郭璞《尔雅注》：“今江东通谓语为行。”管仲亦江东人，今安徽。“行”于此爻解作“宣传”。

“明夷于飞，垂其翼”，“明夷于飞”即“明夷比之于飞”。飞鸟垂下翅膀则必然不能前行而坠落于地。君子为载道者，君子如果停止宣教弘道，则道义必坠于地，而不能明于世，为“明夷”。寓意君子当时刻谨守载道弘道之使命，不然则有“明夷”之凶。

“君子于行，三日不食”，君子于“明夷”之世，欲推动道义上行，必须奋力而为，所以“君子宣扬道义，以至于长时间不吃饭”，“三日”言时间之长，并非确指。“三日不食”形容君子废寝忘食，竭精殚虑，孜孜以求的状态。“君子于行”其中“于”为助词，无义。

“明夷于飞”与“君子于行”，只是形式对仗，意思逻辑并不对等，有学者依据这种对仗推测“明夷”为一种鸟，谬论。

“有攸往”，即君子往以宣教、弘道。

“主人有言”，“主”《尔雅》：职也，掌也。即掌管。《孟子·万章上》“使之主事而事治，百姓安之。”此处解作“主导、使听从”。

“主人”，使人听从于君子。

“有言”即“使用言语劝导”。君子明告民众利害，劝说民众远离不义，归于正道。

“有攸往，主人有言”即“君子以莅众，用晦而明”。

此爻明君子应对“明夷”，应奋力弘道，深入宣讲教义，以争取民众归顺正道。

《象》曰：“君子于行”义不食也。

“义不食也”，载道弘道为君子之职责，处道义不彰之时，弘道尤为迫切，其“义”当发奋图强，故“义不食也”。

六二：明夷，夷于左股。用拯马壮，吉。

“左”为尊位。《礼记·曲礼下》：“乘君之乘车，不敢旷左，左必式。”“左青龙，右白虎”，可见彼时以左为贵。

“股”《说文》释为“大腿”，此处指人之大腿，人依赖双腿站立、行走，依靠仁义立身、行事。此处以“股”比喻仁与义。

《礼记·表记》：“仁者右也，道者左也。仁者人也，道者义也。”

故“左股”比喻道义。

“夷于左股”即“灭其左股”，即道义消灭。

“拯”通“騬（chéng）”。騬，《说文》：犗（jiè）马也。即阉割马。

“騬马”则使马匹驯顺。“壮”即健顺。

“用拯马壮”，比喻使民众顺从教化，同时强健力行。使民众健顺，不断壮大正义力量，才能决胜不义，化“明夷”为“明”，为“吉”。

此爻明使民众顺服、信从，是治理“明夷”之方法。

《象》曰：六二之吉，顺以则也。

“则”《尔雅》：常也，法也。即常则、规则。

“顺以则也”，使民众顺从规则行事。

九三：明夷于南狩，得其大首，不可疾贞。

“狩”《尔雅》：冬猎为狩，火田为狩。《说文》释为“犬田”，“犬”应为“火”之误，二者篆体形近。《礼记·月令》“春不田猎”，孟夏“毋大田猎”，又有“仲夏毋用火南方”，《礼记·王制》“昆虫未蛰，不以火田”。“火田”者，焚烧草木以田猎，即放火烧草，守其下风以待猎物。以上综合考之，“南狩”乃仲冬（即十一月）在南方以火田猎。

“南”化育之方，为仁之方位。《礼记·乡饮酒义》“南方者夏，夏之为言假也，养之、长之，假之，仁也。”

“南狩”，君子立于仁之所在，待时机而起事，以火为用，守于必得之所而待“猎物”。“南”寓意君子立于仁；以火为用，寓意以明攻晦；“狩”之时机在“日至短，阴阳争”之际，寓意顺应天时。君子围剿不义，如同“火田”，放火烧草，守其下风，则必得猎物，寓意君子以此治“明夷”，必有所获。

“明夷于南狩”即“明夷比之于南狩”，君子平定“明夷”，如同在仲冬时节，君子在南方以火田猎之情形。

“得其大首”，“首”《尔雅》释为“元”，即头，引申为“为首者、首领”。“大首”即不义之为首者，如商纣王。行不义者最终败亡，其罪魁落入正义者之手。

“不可疾贞”，“疾”此处解作“疾速”，平定“明夷”，不能急于回归正义，要根据时机行事。如同以火田猎，必须在仲冬方能进行，时机不成熟，过早暴露锋芒则会祸及于身。

此爻明平定“明夷”在方法上如同“南狩”，同时要循序渐进，不可急于归正。

《象》曰：“南狩”之志，乃大得也。

“乃大得也”，首先“南狩”成功，消灭邪恶势力，其次“南狩”之成功乃仁道之胜利，是以光明攻击晦暗之成功，故为“大得”。

六四：入于左腹，获明夷之心，出于门庭。

“获”《说文》：猎所获也。引申为收获。

“左腹”，心之所在也。

“入于左腹”，君子宣讲正义，谆谆之言入于受蒙蔽者之“左腹”。“左腹”近于心也。寓意君子循序渐进以劝导民众回归正义，由“左腹”而渐得其心。

“明夷之心”即受蒙蔽者之心。“获明夷之心”，君子通过劝导，获得受蒙蔽者认同、顺从。

“于出门庭”，“于”解作“往、去”。“于出门庭”比喻君子往行于民众之中，获得蒙昧者初步认同，此乃君子平定“明夷”之开始。

此爻明获得民众的认同，是平定“明夷”的基础工作。

《象》曰：“入于左腹”获心意也。

“意”《说文》：志也。即志向。

“获心意也”，君子获得蒙昧者的认同。

六五：箕子之明夷，利贞。

“箕子”处“明夷”内部上层，为近于“大首”之君子。如“箕子”之君子者，面临“明夷”之境况，应当坚守贞正，终能有得，故“利贞”。

此爻明君子置身“明夷”之中，要坚守贞正，如此可存道，可立德。

《象》曰："箕子之贞"明不可息也。

"明不可息也"，正义之光明永远不会息灭，即使在"明夷"内部亦如此。

孔子可谓同于"箕子"者，坚守道义，继道义于"明夷"之世。颜回、子路、子贡、曾参无不"内难"之中"正其志"。

《论语·泰伯》："曾子曰：士不可以弘毅，任重而道远，仁以为己任，不亦重乎？死而后已，不亦远乎？"我中华文化之传承，唯赖往哲弘毅，以继道为己任，传薪火于后来。

上六：不明晦，初登于天，后入于地。

"初"《说文》：始也。

"不明晦"，不能明察不义，不明"明夷"之道。

"初登于天，后入于地"，掌国家教化者，如果不能深明义与不义之分界，则会逐渐落入"明夷"之道。无论先前道义如何兴盛、光明，最后都不能避免使道义坠落地下的结局。

此爻明君子必须明察义与不义之分界，无论何时，都要严守正义，懈怠、疏忽，必然有失。

《象》曰："初登于天"照四国也。"后入于地"失则也。

"照四国"，比喻道义极其光明。

"失则也"，丧失正义准则。

第三十七卦　家人 ☲☴ 巽离

利女贞。

“家”《说文》：居也。即居处之所。《尔雅》谓“牖户之内谓之家”。夫妇、父子、兄弟，为家人。

“女贞”为“顺”，“家人”之道在于夫顺乎义，妇顺乎夫，父顺乎慈，子顺乎孝，兄顺乎友，弟顺乎恭。夫妇、父子、兄弟皆顺乎其正义，则家道正，故“利女贞”。即“家人”之道在于皆顺乎中正。

《象》曰：“家人”，女正位乎内，男正位乎外，男女正，天地之大义也。家人有严君焉，父母之谓也。父父，子子，兄兄，弟弟，夫夫，妇妇，而家道正，正家而天下定矣。

“女正位乎内”，“内”即家庭之内，女之“正位”在于顺从于夫，养育子女。

“男正位乎外”，男之“正位”在于交接国人以礼，行事而义。为君则仁，为臣则忠，为长则惠，为幼则敬，与人交则信，其治事必义。“外”即家庭之外，即社会之中。

“男女正，天地之大义也”，女为阴，男为阳，阳动阴随，各得其正，天地之义也。天下万物有灵者以人为大，“男女”人道之根本，为天下阴阳之大者。“男女正”则家道正，家道正则国道正，国道正则天下正，故“男女正”为“天地之大义也”。《礼记·大学》：“家齐而后国治，国治而后天下平。”

“家人有严君，父母之谓也”，“严”《说文》：教命急也。引申为严格。“君”，掌家者、教养子女者，如同国君。父母之“严”在于教子女以正。父母不严则不敬，不敬则不听，不听则不得其正，故严正为教子之道。

“父父，子子，兄兄，弟弟，夫夫，妇妇”，即以父道事父，以子道待子，以兄道事兄，以弟道待弟，以夫道事夫，以妇道待妇。父慈子孝，兄友弟恭，夫义妇听，如此为“家道正”。

“正家而天下定”，父子之义如君臣，兄弟之义如朋友，天下不出“君臣，父子，夫妇，兄弟，朋友”，故“家齐”则“国治”，则“天下平”。

“家人有严君焉，父母之谓也。父父，子子，兄兄，弟弟，夫夫，妇妇，而家道正，正家而天下定矣。”解释“利女贞”。

《象》曰：风自火出，家人。君子以言有物而行有恒。

“火”可化物，其德为炎上，家道可以教化愚昧为文明，家道亦通于国道。家之功用如“火”，一为化物，一为化人。推广“家人”之道，可以治天下。

“风”使万物顺行，比作教化。广大“家人”之道，即教化天下。人情不出“家人”，君民如父子，朋友如兄弟，故天下即一家。

“风自火出”，即教化源自家道，为“家人”。

“君子以言有物而行有恒”，“言有物”即不虚言，言而有理、有信。“行有恒”即行为有所持守，行有常。“言有物而行有恒”即君子修身。

《礼记·大学》：“物格而后知至，知至而后意诚，意诚而后心正，心正而后身修，身修而后家齐，家齐而后国治，国治而后天下平。自天子以至于庶人，壹是皆以修身为本。”君子欲“言有物”必“格物、致知”，欲“行有恒”必“诚意、正心”，如此能身修，而后家齐，而后国治、天下平，修身为其根本。

初九：闲有家，悔亡。

“闲”即规则、常法。《论语·子张》：“大德不逾闲，小德出入可也。”此处指治家之家规。治家之家规即：父母严正教子，夫义妇顺，父慈子孝，兄友弟恭。

“有”解作“保有、存有”之意。《左传·隐公十一年》：“其况能久有许（许国）乎?”

“闲有家”，遵循家规才能保有家庭之安康、和顺。

“悔亡”，悔不得生。治家有道，则无失。

此爻明治家当有规矩，否则必有失。

《象》曰：“闲有家”志未变也。

“志未变”即“志于未变”。家规之用以防不义，夫不义，妇不听，父不严，子不孝，兄不友，弟不恭皆为非义。家道为世道之基石，家道坏则世道崩。家规可防不义于未然，于微末，故曰“志未变也”。

六二：无攸遂，在中馈，贞吉。

“遂”《说文》：亡也。即逃离、亡失。

“在”《尔雅》：存也。即存在。

“馈”《说文》：饷也。即进食物与人，引申赠送、馈赠。此处有“给予滋养、资助”之意。

“无攸遂”即“无所亡失”，家道无所不包，君子欲齐家，必要修身，欲修身必要“格物、致知、诚意、正心”。治国、平天下必要以齐家为基础。言外之意君子教化天下，应以正家为主要工作。

“在中馈”，家道可以修养道德，家道广大可以治国、平天下。“家”在人与天下之中，于人、于国皆有所“馈”，故曰“在中馈”。

“贞吉”，家道之“贞”，在于顺乎中正，如此可修德、治国，为吉。

此爻明天下之义备于家道，家在人与社会之中，于内要求修身，外可资于治国，贞正于家道可致吉。

《象》曰：六二之吉，顺以巽也。

“巽”《说文》：具也，即具备。

“顺以巽”，顺从家道之正义，可以修身进德，可以治事建功，“顺而能备”，故曰“顺以巽”。

《礼记·礼运》："圣人能以天下为一家，以中国为一人者，非意之也，必知其情，辟（明白）于其义，明于其利，达于其患，然后能为之。""天下为一家"即家道通世道。"中国为一人"即人情达国情。故家道顺达，则天下和谐，故"顺以巽"为吉。

九三：家人嗃嗃（hè），悔厉吉。妇子嘻嘻，终吝。

"嗃"《说文》、《尔雅》皆无此字。《庄子·则阳》："夫吹管也，犹有嗃也，吹剑首者吷（xuè）而已矣。""吷"今读为（jué），有"剑头微吷"。"吷"为低且短之声音，以庄子所言，"嗃"与"吷"相比，为高亢之音。《南齐书·五行志》"野猪虽嗃嗃"，指野猪嗥叫。我家乡有方言谓人喊叫、喧哗为"吵嗃"，又谓人哼唱不得正调为"瞎嗃嗃"。又此处"嗃嗃"与"嘻嘻"相对。综上"嗃嗃"指高且长之声音，此处指父母呵责之声。"嘻嘻"则指嬉笑放佚之声。

"家人嗃嗃"，家长呵责子女，其声嗃嗃。

"悔厉"，"厉"解作"作"，即悔而后能行于正。子女违反家规，违背家道，见责于父母，而后能有悔，能改邪归正，为"悔厉"。悔而后能行于正，故"吉"。

"妇子嘻嘻"即"夫妇、父子皆嘻嘻"，家教不严则不敬，不敬则不能正，于义有失，故"终吝"。

此爻明治家当及时纠正错误，不能失去原则而流于放佚。

《象》曰："家人嗃嗃"未失也。"妇子嘻嘻"失家节也。

"未失也"，及时指出错误，改正之，则不至于有失，故"未失也"。

"失家节也"，"节"此处指"礼节、法度"。"家节"治家之规则。夫妇应尊爱，父母应严慈，子女应敬顺。妇不尊夫，子不敬父，为人夫不遵礼义，为人父不行严正，而行"嘻嘻"之事，皆逾其"闲"也，故曰"失家节"。

六四：富家，大吉。

"富"《说文》：备也。即完备。《礼记·祭统》："备者，百顺之名也，无所不顺者谓之备，言内尽于己而外顺于道也，忠臣以事其君，孝子以事其亲，其本一也，上则顺于鬼神，外则顺于君长，内则以孝于亲，如此之谓备也。”

“富家”，能行“父父、子子、兄兄、弟弟、夫夫、妇妇”，即为顺于“家人”之道，备于家人之义，即为“富家”。

《礼记·礼运》：“父子笃，兄弟睦，夫妇和，家之肥也。”即“富家”之意。

“大吉”大其吉也，“富家”则家庭安康、和顺，礼义顺达，可进于“平天下”，故“大吉”。

此爻明家道顺备，大吉。

《象》曰：“富家，大吉”顺在位也。

“在”通“载”，有“承载、担负”之意。《尚书·吕刑》：“非天不中，惟人在命。”译文：“不是上天不中正，惟有个人担负自身命运。”

“顺在位”，“家人”之道顺，“家人”之义备，如此才能承载其“在中馈”之地位。

九五：王假有家，勿恤，吉。

“假”《尔雅》：大也。指思想、意识形态方面大，如自大、伟大、光大。《礼记·乡饮酒义》：“夏之为言假也，养之，长之，假之。”其中“假”即使万物成熟之意。

“王假有家”，君王光大“立家、存家”之道，即深化、广大“家人”之道，用之于世人、行之于国家。

“勿恤，吉”，推广家道于天下任重道远，君王应坚定、乐观推行，一旦使家道光大，则天下安定，其致吉必矣，故“勿忧”。

此爻明君王推广家道于天下任重道远，终可致吉。

《象》曰：“王假有家”交相爱也。

“交”《说文》：交胫也。引申为交互、交相。《孟子·梁惠王上》：“上下交征利而国危矣。”

“相”此处解作“互相”。

“相爱”，父慈子孝、兄友弟恭为“相爱”，即“互相爱”。推父慈子孝而得君仁臣忠，推兄弟之亲爱而得朋友之友爱，为“交相爱”。以我为中心惠爱兄弟与友爱朋友，皆系于我一身，如此为“交”。

《孝经·天子章》：“子曰：爱亲者，不敢恶于人，敬亲者，不敢慢于人。”《孟子·梁惠王上》：“老吾老以及人之老，幼吾幼以及人之幼。”《礼记·礼运》：“子曰：人不独亲其亲，不独子其子，使老有所终，壮有所用，幼有所长，鳏寡孤独废疾者，皆有所养。”是“交相爱”也。

上九：有孚，威如，终吉。

“威”，可畏也。“威如”即“如同有威严的情形”。指世人对有德君子怀有敬畏之心。

“家人”之道，始于修身，终于立身。君子“言有物而行有恒”故能“有孚”于人。“有孚”而后功德可成，而后能赢得世人尊重，则君子“威如”。“威如”为君子立身之成，故“终吉”也。

此爻明家道始于修身，成于立身。

《象》曰：“威如”之吉，反身之谓也。

“反”应为“返”，《说文》释为“还”，即复还之意。

“反身”即返还到修身，此处指修身之终，即立身。君子修身，而后能齐家、治国，而后能立德，立德君子修身之终。“威如”即君子功德有成之结果，为修身之终成，故谓之“反身”。

第三十八卦　睽 ䷥ 离兑

小事吉。

“睽”《说文》：目不相听。听，顺也，两眼不能聚视于一处，不能协同共事，故“睽”有不同、相违之意。

“小事”，君子保留与人之不合之处而行事，换言之搁置不同，仅在与之有共识范围内治事，如此作为称为“小事”。

于君子行教化而言，《屯》之“婚媾”，《蒙》之“纳妇”，皆为“小事”。相对“小事”而言，取得更高信任与共识之后，为一致目标而做事，为“大事”。《需》“需于泥，致寇至”，《同人》“伏戎于莽”，为“大事”。同时“小事”亦相对而言，《屯》、《蒙》为《需》、《师》之“小事”。《需》、《师》为《同人》、《大有》之“小事”。

“小事吉”，在各方不能达成更高层级的共识之前，在低层级的共识范围内做事，可以有得。“小事”乃顺应客观现实之作为，故“吉”。

《彖》曰：睽，火动而上，泽动而下。二女同居，其志不同行，说而丽乎明，柔进而上行。得中而应乎刚，是以“小事吉”。天地睽，而其事同也；男女睽，而其志通也；万物睽，而其事类也。睽之时，用大矣哉！

“火动而上”，“火”可比作君子，君子以义为先，循义而行，为“上”。

“泽动而下”，“泽”可比作小人，小人以利为先，循利而行，为“下”。

“火动而上，泽动而下”，君子与小人其行持相背，为“睽”。

“二女”，解释颇多，有言未嫁之姐妹，姐妹长成而各归嫁其夫家，虽目下同为姐妹，终有异归，故“志不同行”。此说甚为无理，似乎只有姐妹同嫁一夫则“志同行”，不近人情。如此解释套用在“二兄弟”身上仍然适用，兄弟长大终究各立门户，较之姐妹“志不同行”更甚，何独言姐妹不说兄弟？可见定非此解，为王弼、孔颖达之谬论。

“二女”又释为一夫之二妻。周朝婚姻制度为一夫一妻多妾制，作《彖传》者为周人，以“二女”比喻二位妻子，显然不合乎彼时世情。又有释“二女”为妻妾者，则于理不通，古之妾行于买卖，其身份地位至为卑贱，何有“志同行”可言？况且妾未必一位。

“志不同行”，首先“二女”皆“有志”，说明有相对独立之身份。其次“不同行”，说明其志行有先后之别，但其志未必先后不同。其三“同居”，说明二者居处一家，则二者关系无出母女、姐妹、婆媳、妻妾。考《革》之《彖》“二女同居，其志不相得”，又言“天地革而四时成”。其中寓含“二女”之地位可变化，有后来者居上、得位之意。“天地革而四时成”其意言“革”乃正道，故“二女其志不相得”而“革”，定为人伦之正道，故以此推之“二女”应为“婆媳”。

为人妻者志于从顺丈夫，孝敬公婆。为人姑婆者志于齐家。为人妻秉持敬顺，为姑婆则秉持严正。待到媳妇转为婆婆，则其志变换，故曰“二女同居，其志不同行”。

为丈夫者处在婆媳之中，能敬顺严母，能以义率妻。丈夫者居中，兼容并蓄，此为君子治“睽”之道。“二女同居，其志不同行”说明，人因其身份、地位不同必然存在“志不同行”的客观情况，所以君子求同存异为治事之必然选择。

“说而丽乎明”，不同志者皆能心悦诚服比附于正道。“明”指正义。

“柔进而上行”，君子以求同存异之方针行教化，使民众道德上进而道义上行。

“得中而应乎刚”，“得中”即君子取同存异，即“在中”。“应乎刚”即与民众和合。

“天地睽而其事同也”，天为阳动，地为阴静，天为主，地为从。天地不同，然天地协运而化育成，化育万物为天地之职事，故“其事同”。

“男女睽而其志通也”，男为阳，女为阴，阴阳相吸，男女相爱。男主于外，女主于内，志于“家齐”，故“其志通”。

“万物睽而其事类也”，万物之不同，不可胜数，然万物合于天地之道则存，悖于天地之道而亡，故“其事类”。

“睽之时，用大矣哉”，天地万物因不同而有大千世界，而人类有各种资用。人有分别，志有不同，如此社会方能运行。物理、人事皆用“睽”，故曰“用大矣哉”。

《象》曰：上火下泽，睽。君子以同而异。

火，火焰动而向上。泽，水体动而向下，二者行动方向相背。比喻行为及价值取向不同之人，两者有和合之可能，为“睽”。

“君子以同而异”，“以”此处解作“用”。“同而异”即“求同存异”。治“睽”并非完全同化对象，而是在双方存在差异的基础之上，谋求相同的目标。

初九：悔亡。丧马，勿逐自复。见恶人，无咎。

“悔亡”，君子能以“和而不同、求同存异”之原则从事，则能得民，故“悔亡”。言外之意，“求同存异”是现实之必然选择，任何人都不能舍此而成事，不能与人和合则有悔。

“丧马”，君子失人。

“勿逐自复”，君子失人，原因在于其人与君子有分歧，待到其明白、醒悟，自然回归君子。

《论语·阳货》中记载，公山弗扰据费城叛变，孔子欲从公山弗扰之召请，学生子路不能理解。在这个事件中，公山弗扰叛国为不义，然而公山弗扰明知孔子提倡三代之礼教，而召请孔子执其政，从中亦可知公山弗扰认同孔子之道。孔子“欲往”，是“求同存异”，而子路之

“不悦”，是厌恶不义，不能做到“求同存异”。子路明白孔子志在“东周”之后，即可以认同、归顺，即“勿逐自复”。

“见恶人”，“恶人”指道德败坏者，《孟子·公孙丑》：“不立于恶人之朝，不与恶人言。”

“见恶人”即接见、往见道德败坏者。君子行教天下，对道德败坏者不轻易舍弃。君子告知其错误，使其回归正道，如此“无咎。”。“见恶人”寓意君子治“睽”，当谋求最广泛的共识，对“恶人”尚不舍弃，何况其他人？

“丧马，勿逐自复。见恶人，无咎”寓意君子因人之不同，而采取不同手段以谋求共识，有待其“自复”者，有君子往“见”者。

此爻明“求同存异”乃事理之必然，君子因人而异，广泛谋求共识。

《象》曰：“见恶人”以辟咎也。

“辟”解作“明、彰明”，《礼记·祭统》：“对扬以辟之。”

“以辟咎”，以明其错误。明告错误，目的在于争取其人对正道的认同。

九二：遇主于巷，无咎。

“遇”《说文》：逢也。《尔雅》：见也。

“主”解作“君、长”，为人之主宰者，此处比喻精神主宰，如君子之道。

“巷”《说文》：里中道。村镇之中的街道，言其小于大路。比喻生活中之小道，比如婚丧嫁娶、人情往来等。

“遇主于巷”，君子治“睽”必先从微小之处，容易形成共识之处着手，取信、和同于人。“遇主于巷”即君子使民众“遇主于巷”，以此和同之。

“无咎”，“遇主于巷”为君子取信于人所必由之阶段，如《屯》之“婚媾”。由小渐大，由近渐远，虽不能迅速得民，此为事理之必然，君子无咎，反之欲速则不达。

此爻明治“睽”必须从小处着手，从容易达成共识之处着手。

《象》曰：“遇主于巷”未失道也。

“未失道也”，如此和同于民众，合乎情理，符合客观规律，未失于正道。

六三：见舆曳（yè），其牛掣（chè），其人天且劓，无初有终。

“见”解作“呈现如……的情形”。

“曳”《说文》：臾曳。牵引之意。

“掣”《说文》无此字，《尔雅》与“曳”连用作“曳掣”。《吕氏春秋·具备》“掣摇其肘”，与“曳”意近，故“掣”于此应作“拉拽”解。

“天”马融作“黥额曰天”，即在额头施墨刑，盖为马融之推测，经典皆未见此用法，然于爻意能通。“天”有学者解作“去发之刑”，亦未见于古籍。我认为“天”应为“丌（jī）”之误。“丌”《说文》释为“下基也”，荐物之“丌”，《段注》“平而有足，可以荐物”，即“几案”之“几”。《庄子·德充符》“鲁有兀者”，“兀”者即“丌”之误。“兀者”为刖其足者，“兀”无此意，而“丌”为“下基”，犹人之足，故刖足曰“丌刑”。故此处“天”应为刖足之刑法，用以惩罚“行不正”之罪过。

“见舆曳，其牛掣”，牛车行于坎坷不平之路、坡路，车向后拽拉其牛，牛用力向前拖拽其车，说明其行于难进之道路，往进艰难。此处比喻其人行于邪道，终必至于困境。此处“牛车”意在说明其行进有力。

“其人丌且劓”，指其人作恶多端。“噬肤”为惩恶之初刑，再则至于“灭鼻”，“灭鼻”尚不能制止其恶，又至于“刖其足”，言其人恶行累累，屡受刑罚而不改前恶。言外之意，其人不接受教化之改造，不能和于正常社会。

“无初”则指没有良好的开始。“有终”指有好的结果。

“见舆曳，其牛掣”寓意行于邪道者，必至于穷困之地。“其人天且劓”寓意不能和于社会者，必被社会惩罚。君子对待愚昧、顽固、邪僻之人，待其至于困绝之地，待其受到应有之惩罚，而后择其知悔改者教导之，使回归正道，如此为“无初有终”。

《左传·宣公二年》：“人谁无过？过而能改，善莫大焉。《诗》曰‘靡不有初，鲜克有终’，夫如是，则能补过者鲜矣。君能有终，则社稷之固也。”“有初”即指好的开始，“有终”即指好的结果，“无初”则指没有良好的开始。“靡不有初，鲜克有终”意思为“无不有好的开始，但很少能有善终者”。

此爻明君子对于顽愚、邪僻者，待其自反而后和同之。

《象》曰：“见舆曳”位不当也。“无初有终”遇刚也。

“位不当也”，言其人行于非义、邪道，其所行、所处不当，故曰“位不当也”。

“遇刚”，“遇”此处解作“对待、对付、教导”，《荀子·大略》：“无用吾之所短，遇人之所长。”

“遇刚”，“无初者使之有终”为君子对待顽愚、邪僻者的方法。

《论语·述而》：“子曰：不愤不启，不悱（思考）不发。”意思指学生不到苦思不得其解的地步不去教导他，学生不主动思考不要去启发。“无初有终”与孔子之“不愤不启，不悱不发”意思相近。

九四：睽孤遇元夫，交孚，厉，无咎。

“孤”《说文》：无父也，幼而无父者。引申为孤独、孤单。此处指无行持者，无所从属之人。

“睽孤”即“睽之孤者”，即乡愿者，无所行持之愚昧群众，随波逐流之乡愿者。

“元夫”即首次婚配之丈夫，此处比喻有道君子。以“睽孤”者比作未嫁之女子，意在说明“睽孤”者未曾顺从于正道。

“睽孤遇元夫”，睽孤者遇到其愿意顺服之人。

“交孚”，交相信任。指睽孤者与君子交相取信。

"厉，无咎"，君子主动谋求和同于"睽孤"者，相互取信，君子如此行事则无咎，否则有失。

此爻明君子当主动进取，与"睽孤"者相互取信，如此能广泛和同于人。

《象》曰："交孚，无咎"志行也。

"志行也"，君子有孚于睽孤者，是君子"同而异"有成，君子之志行也。

六五：悔亡。厥（jué）宗噬肤，往何咎。

"悔亡"，君子者不错失人，不妄得，如此则"悔亡"。

"厥"《说文》：发石也。从山崖上撬动山石，使之滚落，如此采石。引申为动、摇动、动荡。宋玉《风赋》："蹶石伐木。"《诗·大雅·板》："天之方蹶，无然泄泄。"其中"厥"与"蹶"通用。

"宗"《说文》：尊、祖庙也。尊敬、祖庙之意。此处指所尊崇之教义或主旨。《吕氏春秋》："以天为法，以德为行，以道为宗。"

"噬肤"，刑罚其肤，寓意其人道德有伤。

"厥宗噬肤"，动摇所共同尊崇之教义，则以"噬肤"之刑罚处置之。

"往何咎"，君子前往揭露其过错。同《复》之"何其咎"。寓意君子不妄和于人，即孔子所言"有所不行，知和而和，不以礼节之，亦不可行也"。

此爻明和同之道，一定以义为准则，对于违反和同准则者，要惩诫之，以此维护和同之正义。

《象》曰："厥宗噬肤"往有庆也。

"往有庆"，可以维护和同之正义，可以壮大和同之范围，故"往有庆"。

上九：睽孤一见豕负涂，载鬼一车。先张之弧，后说之弧，匪寇婚媾。往，遇雨则吉。

"涂"通"途"，即道路。《礼记·王制》："城郭、宫室、涂巷。"

“负涂”即负重于路途。

“豕”，比喻难以教化之邪僻者。

“鬼”应为“禺（yú）”，二者篆体形似。《说文》释为“母猴”，即“沐猴”，今称之为猕猴。猕猴性温顺，善模仿，易驯化，群居，此处比喻乡愿之民众，易于教化之“睽孤”者。

“见”此处解作“呈现如……的情形”。

“弧”《说文》：木弓也。木制弓箭。

“遇”解作“相待”，此处解作施予之。

“雨”比喻君子之教化。“遇雨”即遇之以雨，比喻君子施之以教化。

“睽孤，见豕负涂，载鬼一车”，睽孤者呈现如同猪驾车于道路，满载一车猕猴的情形。比喻民众盲目信从于邪僻者。

“先张之弧，后说之弧”，“说”为“脱”。君子先张弓以防备“睽孤”者，待到“睽孤”者确定无为乱、侵害之意，而脱弓于箭。寓意君子治“睽”，应当对于“睽孤”者保持必要的警戒，以防不测。

“匪寇婚媾”，君子警戒“睽孤”者，旨在防止动乱并非有与之为敌之意。君子通过“婚媾”的形式，与睽孤者相互取信，即“交孚”。寓意君子积极谋求共识，愿意与之和合。

“往，遇雨则吉”，“往”即君子前往，行取信之事，若其人信从，施之以德义教化，则吉。

此爻明如何治“睽孤”有成。

《象》曰：“遇雨”之“吉”，群疑亡也。

“疑”《说文》：惑也。引申为怀疑、猜忌。

“群”解作“众多”，此处指众多“睽孤”者。

“群疑亡”，君子以正义教导“睽孤”者，使其信从君子，故“群疑亡”。

第三十九卦　蹇 ䷦ 坎艮

利西南，不利东北，利见大人，贞吉。

“蹇（jiǎn）”《说文》：跛也，跛脚，行不正。

“赛（qiān）”《说文》：走儿，指行走困难的样子。二字皆有行走困难之意，可通用，此处以“蹇”为胜，解作难行。

“利西南，不利东北”，以《礼记·乡饮酒义》考之，古人以西南—东北为对角线划分天地，“东北、东南、西南”为地，“西南、西北、东北”为天。往“西南”是近于义，近于君子，故“利西南”。往“东北”是远于义，因天地之义尽于东北，当“蹇”之时得义则不败，失义则速穷，故君子近义则有得，反之则有失，故“利西南，不利东北”。

“利见大人”，“大人”者，得道者也。“蹇”而往见有道君子，可以得其指正、帮助，故“利见大人”。

“贞吉”，“蹇”而秉持正义，则能致吉。

《彖》曰：蹇，难也，险在前也，见险而能止，知矣哉！蹇“利西南”往得中也。“不利东北”其道穷也。“利见大人”往有功也。当位“贞吉”以正邦也。“蹇”之时，用大矣哉！

“难也”，困难，君子治事难行。

“险在前也，见险而能止，知矣哉”，君子知道险难之所在，不贸然前进，不以身犯险，如此为明智之举。

“往得中也”，往进于义，此处指面临困难应向义而行，如此能“得中”，“得中”则终能有成。

“其道穷也”，失于义，不能“得中”而行，终必有失，故“道穷也”。

“当位贞吉，以正邦也”，能秉持正义为“贞”。以有位之君子而言，于困难之中坚行道义可以匡正国家，故曰“以正邦”。

“蹇之时，用大矣哉”，其一，于个人而言可以正固其德行、心志，即修身。其二，于国家而言可以固国本、强国力。

《左传·昭公四年》：“多难以固其国，启（开创）其疆土。”《劝进书》：“多难以固邦国，殷忧以启圣明。”皆为多难兴邦之意。故曰“蹇之时，用大矣哉”。

《象》曰：山上有水，蹇。君子以反身修德。

“山”其德为止，比作险阻，“水”行向下，比作君子之行。君子之行，遇险难而返，是为“蹇”。

“君子反身修德”，《礼记·中庸》：“子曰：射有似乎君子，失诸正鹄（gǔ），反求诸其身。”“反身”即“反求诸其身”。君子遇险难不克胜，退而修德而后能行。

初六：往蹇，来誉。

“往蹇”，往以治事而难行。

“誉”应为“豫”，今写作“预”，古无“预”字，均以“豫”代之。《诗·小雅·蓼萧》：“燕笑语兮，是以有誉处兮。”《中庸》：“凡事豫则立，不豫则废。”

“来豫”，遇险难不能克胜，退而预备应对之策，待时机成熟，则能攻克之。君子所“豫”者，修其德，实其力。《左传·成公九年》：“恃陋而不备，罪之大者也，备豫不虞，善之大者也。”

此爻明治“蹇”必有准备。

《左传·襄公十一年》：“居安思危，思则有备，有备无患。”凡治事者，必循事之机理而行，如《屯》之时，君子志在王天下，欲“乘马”而御之，然有“班如”之忧，因人民未信于君子，不得已，君子取信于人而与之“婚媾”。此处“婚媾”即为君子之“豫”。《遁》之时“刚当位而应”，君子必须“肥遁”，才能“浸而长”，不然被当位者猜忌，则有杀身之祸。此处“肥遁”亦为君子之“豫”。以上皆为“蹇”，然能见险知止，退而修德实力，待时而动，则终能全身，成事。

《象》曰：“往蹇，来誉”宜待也。

“宜待也”，应当等待力量充实，时机成熟之后再前往治理险难，故曰“宜待也”。

六二：王臣蹇蹇，匪躬之故。

“王”即君王也，“臣”辅助君王之贤能。“王臣”为掌控国家者。

“蹇蹇”，行动迟缓的样子。《乐府诗集·清商曲辞一·子夜歌十四》：“驻筋不能食，蹇蹇步闱里。”

“匪”即“非”。

“躬”《说文》：身也，此处解作“自身”。《诗·邶风·谷风》：“我躬不阅，遑恤我后？”

“匪躬之故”，不是自身的缘故。

“王臣蹇蹇，匪躬之故”，掌控国家之君臣，其治理国事行为迟缓，非君臣自身缘故。因为“王臣”所面临的困难艰巨且事关重大，宜稳重推进，不可贸然犯险。“王臣蹇蹇”乃明智之举。

此爻明应对困难不能贸然行事，不充分准备，则恐有失。《论语·述而》：“子曰：暴虎冯河，死而无悔者，吾不与也。必也临事而惧，好谋而成者也。”其中孔子所谓“临事而惧，好谋而成”即“蹇蹇”之意。

《象》曰：“王臣蹇蹇”终无尤也。

“终无尤也”，能“临事而惧，好谋而成”则无罪过。国事关系重大，掌国家者必慎于“蹇蹇”。

九三：往蹇，来反。

“往蹇，来反”，往以治事而遇难，在于自身能力不够，应回来反身修德、实力。“反”即“返”。

此爻明不能克服困难，则应“反求诸其身”。

《象》曰："往蹇，来反"内喜之也。

"内喜之也"，反身修德，提高其修养与能力，故曰"内喜之也"。

六四：往蹇，来连。

"连"《说文》释"联""连"同。段注：连者，负车也，以人輓（wǎn）车，人与车相属，谓连属也，周人用"联"，汉人用"连"，古今字也。此处解作连结、联合，亦可写作联结。《史记·南越列传》"苍梧秦王有连"，"连"即连姻，连结之引申意。

"往蹇"是穷于内，自穷也，"来连"是连结于人，求助于外也。君子"往蹇"是其力不足克胜，"来连"是增其力，求诸于外力，是"知不足"而求助于人也。

此爻"来连"之意同于《礼记·祭统》"既内自尽，又外求助，婚礼是也"。

《象》曰："往蹇，来连"当位实也。

"实"《说文》：富也。此处解作充实。

"当位实也"，于其位求助于外，壮大力量，以此完成"当位"之职责。

九五：大蹇，朋来。

"大"应为"泰"，"泰"又写作"夳"，与"大"形近，二字多互相通用。《荀子·富国》："故儒术诚行，则天下大而富。""大"此处解作安泰、安定。

"大蹇"，面临难行之事，君子泰然处之，积极谋划，稳步推进。

"朋来"，君子能"好谋而成"，则能服众，故"朋来"。

此爻明治"蹇"必须中心安定，不可乱方寸。

《象》曰："大蹇，朋来"以中节也。

"以中节也"，只有内心安定，行为理智，才能治事合理、中义，才能成功，故"泰蹇"可"中节也"。

上六：往蹇，来硕，吉。利见大人。

"硕"应为"磒（yǔn）"。二者篆体形似，磒，《说文》：落也。自高处而下为“硕”，此处解作“回归”。

“来硕”，困难不能克服，以谦卑之心求教于人，故“吉”。

“利见大人”，“见大人”即是求教于贤能之人。

此爻明治“蹇”不成，应以谦卑之心求教于贤能者，以帮助自己克服困难。

《象》曰：“往蹇，来硕”志在内也。“利见大人”以从贵也。

“志在内”，“内”指自身道德与能力，志在提高自身修养与能力。

“来硕”与“来连”不同，“来硕”指有位君子以谦卑之心求助贤能者帮助，以提高自身水平。“来连”意在联合外部力量。“来硕”志在内，“来连”志在外。

“以从贵也”，从顺于得道者。

第四十卦　解 ䷧ 震坎

利西南。无所往，其来复，吉。有攸往，夙吉。

“解”《说文》：判也。即分解。此处解作“解放、开放、解除”之意。天地开放则云升雨落，雷鸣电闪，万物生发。君民开放，上下交流，则教化施行，仁义滋长，文明兴盛。

“利西南”，“西南”义之方也，“解”能从于义，方能致用。如天地开放雷雨至，雷雨以及时润物为义，不合时宜，则为不义。

“无所往”，“解”而无所致用，故“不解”，称之为“无所往”。如冬季万物归藏，则天地否闭“不解”。

“其来复”，“来复”指回归“解”之前之本位，即收闭。如秋季草木结实，无需雨水滋养，则雷雨收藏，天地收闭。

“无所往，其来复，吉”，解与不解，解与收，皆应以义为准则，合乎时义则吉利。

“有攸往，夙吉”，“夙”《尔雅》：早也。“有攸往”，即解而有所致用，称之为“有攸往”。

“夙吉”，及早行“解”，以达其用，如此则吉。譬如当春草木生发之际，雷雨及时滋润之，则繁茂可期。若草木生发之际不及时润以雷雨，其生发尚难，何望其硕大？以圣人教化天下而言，在民之初，施以正义教导，则易化成，反之则大费少得。

《彖》曰：解，险以动，动而免乎险，解。“解，利西南”往得众也。“其来复，吉”乃得中也。“有攸往，夙吉”往有功也。天地解而雷雨作，雷雨作，而百果草木皆甲坼（chè）。解

之时，大矣哉！

“险”《说文》：阻难也。即险阻之意。引申为艰险、险恶。

“险以动”，君子于险阻之中行解除险阻之事。比如君子于民众愚昧、道义不彰之情况下行教化。

“动而免乎险”，“免”此处解作“免除、避免”。通过行“解”，从而解除险阻，免于犯险。以君子行教化而言，解除民众之愚昧，去除不义、不德，而君子不犯于险。寓意君子因势利导，进退合宜，故能行“解”而免于险。

“往得众也”，行为向义，故能得众。

“乃得中也”，安行正义，遵循常则，故“得中也”。

“往有功也”，积极践行其正义，故能“有功”。

“天地解而雷雨作，雷雨作而百果草木皆甲坼”，“坼”《说文》：裂也。裂开。“甲”非专谓籽壳，草木根茎、干枝之外皮皆谓“甲”。“甲坼”言草木抽枝、发芽。天地开放、交流则雷雨作，雷雨作则草木生发。君民开诚布公，上下交流则礼义兴，礼义兴则忠、信、仁、敬诸道德滋长。

“解之时，大矣哉”，“解”之积极意义在于其利用与道义皆“大”。“解”为天地大道，其义重大。“解”致用广大，其用广大，故“大矣哉”。

《象》曰：雷雨作，解。君子以赦过宥（yòu）罪。

“赦”《尔雅》：舍也。引申为减轻、免除、舍弃。

“宥”《说文》：宽也。宽赦。

“雷雨作”，是“天地解”。礼义兴是君民“解”。

“赦过宥罪”，君子宽赦人之罪过。即君子包容有过错之人，以此解除与之交流之阻隔，从而教化之。《论语·阳货》：“子曰：宽则得众。”“赦过宥罪”即君子之宽。

初六：无咎。

“解”为事物运行之发端，之关键。君子欲弘道化民，必要和同于民，欲要和同于民，必要开诚布公，上下交流，故君子主动行“解”则“无咎”。反之不能主动行“解”，则是懈怠于君子之职责。

“无咎”寓意“解”为君子行教化之必须。不可懈怠、拖延，更不能不作为。

此爻明治“解”为君子之义务，职责所在，不然则为“咎”。

《象》曰：刚柔之际，义无咎也。

“际”《说文》：壁会也。墙壁交汇之处。此处解作“交际、交接”。

“刚”为民，为愚昧。“柔”为君子，为文明。

“刚柔之际”，愚昧与文明之交会，君子与民众之交接。君民开诚布公以交流，即“君民解”，“君民解”即“刚柔之际”。

“义无咎也”，君子行开泰之事，合乎道义，故“无咎”。

九二：田获三狐。得黄矢，贞吉。

“田”，田猎。此处比作君子治“解”。

“狐”，心性灵慧，行为谨慎之兽，又昼伏夜出，故难以猎获。此处比作世故之民众，难以接近、和解之人。“三狐”言得之多。

“田猎三狐”，狐之难得，不得其方法，不尽心力，必不能获。此处指君子善于治“解”，深入了解，洞察问题所在，有的放矢，而后能成其功。

“得”应为“㝵（dé）”。㝵，《说文》：取也。取得之意。此处解作拥有、据有。

“得、㝵、德、悳”皆音同，可通假。“得”解作“行有所得”；“㝵”解作“取也”；“德”解作“升也”；“悳”解作“外得于人，内得于己”。

“黄”，中色也，此处指君子行事合乎礼义，即“在中”。

“矢”，直行者也。此处指君子以“正直”行事。

“得黄矢”，据有“中直”之德，能行“中直”之道。

“贞吉”，遵循正道可致吉。“贞”此处指治“解”之正道。

此爻明君子治“解”，以中直为准则，遵循治“解”之正义，则能有得。

《象》曰：九二“贞吉”，得中道也。

“得中道也”，据有“黄矢”之德，得“中道”精神。

六三：负且乘，致寇至，贞吝。

“负”，君子“负道车”以载民，寓意君子以德义得民，民众自愿从顺君子之道。

“乘”，君子“乘刚”，寓意君子对不能顺从教化者，强行要求之。

“致寇至”，不能主动从顺教化，亦不能以强力约束者，与君子为敌，即“致寇至”。

“贞吝”即“义吝”，以德义服人，使从顺正道，为上。以强力约束之，为下。顽愚不化者，即不可“解”者，则以暴力攻击之。

“致寇至，贞吝”即不可“解”而攻击之，“解”道不行，于义为吝，故“贞吝”。

此爻明治“解”，以和为上，不可“和解”，虽攻击之亦不违情理。

《象》曰：“负且乘”亦可丑也，自我致戎，又谁咎也。

“丑”《说文》：纽也。即纽扣，引申为“使联合、联合”。

“戎”《说文》：兵也。兵器，引申为战斗。

“亦可丑也”，指“负且乘”两种手段可以联合使用。不违背“解”道。

“自我致戎，又谁咎也”，君子主动治“解”，目的为弘道化民。其不可“和解”而又危害正道者，君子必攻击之，以护卫正道。君子行为正义，无可指责，故曰“又谁咎也?”

九四：解而拇，朋至，斯孚。

“拇”应为抩（nán），二者形近，传抄错误。

抩，《说文》：并持也，即同时持有两种东西。此处解作“兼用、并举”。此处与“解”可以并行运用的应当为“收闭”，此处指君子行教有所保留，不能开诚布公以待人。

“至”通“窒”，此处解作“阻塞”，《管子·幼官》：“贵贱无司，事变日至。”

“斯”《尔雅》：离也。即分离、分隔。

“解而拇”，君子治“解”，同时自身有所保留，称之为“解而拇”。君子欲解除与民众交流的障碍，不仅要去除愚昧对民众的束缚，同时君子还应当开诚布公，使民众可以全面接触、了解君子，如此才能使双方交流顺畅、深入。

“朋至，斯孚”，“朋至”即阻塞了朋友来交之道。“斯孚”即分隔了君民之间的信任。

“解而拇，朋至，斯孚”，君子欲解除君民之间的阻碍，如果不能做到开诚布公，与民众全面、深入的交流，那么就会阻断朋友之道，就离间君民彼此之间的信任。换言之只有开诚布公的与人交往，才能结交朋友，才能取得信任，才能治“解”有成。

爻辞寓正于反，既说明只有开诚布公，才能“朋来，有孚”，又说明治“解”之弊所在。

《论语·述而》：“子曰：二三子以我为隐乎？吾无隐乎尔。吾无行而不与二三子者，是丘也。”译文：“孔子对弟子说：你们以为我对你们有所隐藏、保留吗？我没有什么对你们隐藏的，我所有的作为都展现给你们了，这才是我呀！”以上是孔子对待学生的态度，亦是正确的治“解”方法。

此爻明治“解”，君子要开诚布公待人，使民众可以全面、深入的了解君子之道，以彻底清除认识上的阻碍。

《象》曰：“解而拇”未当位也。

“未当位”，未能正确实施“解”道，不称其职，故曰“未当位”。

六五：君子维有解，吉。有孚于小人。

“维”此处解作“维持、维护”。《诗经·小雅节·南山》：“秉国之均，四方是维。”

“有”，助词无义，置于动词前。《诗经·邶风·泉水》：“女子有行，远父母兄弟。”

“君子维有解，吉”，君子行教化，要维持“解”的状态，如此可致吉。

“有孚于小人”，保持“君民解”，使上下顺畅交流，可以使广大民众信服君子之道。

此爻明君子教化天下，应当维护“解”的状态，如此可使教化广大、长远。

《象》曰：君子有解，小人退也。

“小人退也”，君子治“解”有成，君子道长，小人道消，刚者化柔，小人进于君子之列，故曰“小人退也”。

上六：公用射隼（sǔn）于高墉之上，获之，无不利。

“公”《尔雅》：君也。此处指掌国家公器之人。

“隼”《说文》：击杀鸟也。隼，禽之凶猛者。此处指危害道义、国家者。“隼”寓意乱教之人难以制约，君子舍击杀之，别无他途。

“墉”《说文》：城垣也。即城墙。此处比喻用以保护人民之政法制度。“高墉”形容政法制度严格，难以逾越。

“公用射隼于高墉之上”，掌国家公器者，防护乱教之人。

“获之，无不利”，其一，去其害，卫道；其二，正视听。故“无不利”。

此爻明治“解”，应当惩治为害教化者，以维护社会安定局面。

《象》曰：“公用射隼”以解悖也。

“悖”《说文》：乱也。

“以解悖也”，去除为乱教化者。解除为乱教化者对民众之危害。

第四十一卦　损 ☶☱ 艮兑

有孚，元吉，无咎。可贞，利有攸往。曷（hé）之用，二簋可用享。

“损”《说文》：减也。此处解作“减少、降低、损失”。

“益”《说文》：饶也。《尔雅》：增也。解作“增益”。

“曷”《尔雅》：止也。同“遏”。遏，《说文》：微止也。微，即遮蔽，阻拦。“曷”此处解作“阻拦使之停止”。

“有孚，元吉”，民众信服君子，为君子治“损”之基础，故“有孚”为“根本之吉”。

“无咎”，君子在民众信服基础之上治“损”，则“无咎”。反之民众未信服，则“有咎”。

“可贞”，只有去其不义才可以使之正于义，故曰“可贞”。

“利有攸往”，减损不义，增益道德，君子应深行其事方能有功，故“利有攸往”。

“曷之用”，“用”即功用之意。通过遏止不义、不德，使其人困而知返，此为“曷之功用”。

“二簋可用享”，祭品虽少鬼神不厌。寓意使人有诚敬之心为根本。

“曷之用，二簋可用享”，通过遏止不义、不德，使人困而知返，继而以诚敬之心从顺君子，此为“曷”之终极功用。

《彖》曰：《损》，损下益上，其道上行。损而“有孚”，“元吉，无咎”。“可贞，利有攸往。曷之用，二簋可用享”二簋应有时。损刚益柔有时，损益盈虚，与时偕行。

“损下益上”，“下”指不义、不德。“上”指正义、道德。减少民众之不善，增益其道德。

“其道上行”，君子仁义之道长进。民众减少不良品行，则道义上进，故“其道上行”。

“二簋应有时”，民众知困而返，以诚敬之心归顺君子要等待时机。

“损刚益柔有时”，“刚”为不德，“柔”为德。君子欲遏止民众不良品行，必须待民众信服君子之后进行，如果君子不为民众信服，君子何谈“损刚”，强行御民则有“班如”之忧。《论语・子张》：“子夏曰：君子信而后劳其民，未信，则以为厉己也。信而后谏，未信，则以为谤己。”同乎此。

君子欲增益民众之道德，必须待到其人知困而返，主动向善之时，不然徒劳无功，故“益柔”亦应等待时机。孔子说“不愤不起，不悱不发。”《孟子・告子下》：“征于色，发于声而后喻。”即“益柔”有时。

“损益盈虚与时偕行”，“盈虚”即“盈满与空虚”，此处指发展变化。“偕”《说文》：具也。引申为共，同也。“与时偕行”即“与时同行”。

“损”与“益”得运用要根据时义变化而变化，当“损”则“损”，当“益”则“益”，损益交替，如此循环不息。

《象》曰：山下有泽，损，君子以惩忿窒欲。

“山”其德为止。“泽”其德为悦。心悦而止，为“损”。

“惩”《说文》：艾（yì）也。即改革前失，引申为克制。《左传・成公三年》：“各惩其忿，以相宥也。”

“忿”《说文》：悁（yuān）也，即怒、怨恨。

“窒”《说文》：塞也，引申抑制。

“欲”《说文》：贪欲也。

“惩忿窒欲”，克制情绪，抑制欲望。

“君子以惩忿窒欲”，君子“损”忿欲以近德，去非义以就道。《论语・颜渊》：“子曰：克己复礼为仁。”“惩忿窒欲”即“克己”。

初九：已事遄（chuán）往，无咎，酌损之。

“已”《尔雅》：止也。此处解作“停止、废止”。

“已事”即废止之事，此处指制止人之不良品行。

“遄”《说文》：往来数也。即多次往来。《尔雅》释为“疾，速也”，乃引申义。

“酌”《说文》：盛酒行觞也。即倒满酒而后依次敬酒。引申为斟酌、考虑。《左传·成公六年》：“子为大政，将酌于民者也。”，“酌”即思虑。大概古人“盛酒行觞”，要考虑酒之多少以符合自己酒量，以不至于醉。以“酌”字字意演变，可推知古人宴饮或为自斟自酌，宾主之间饮酒多少以个人酒量为限，必无当今之劝酒愿多之风，可见酒之不酒也久矣！

“已事遄往”，君子治“损”，遏止其人之不良行为，必不可一蹴而就，必多次劝戒，若操之过急，则适得其反。民众之不良、不义之习性，熏习已久，不能一时去除，应逐步、多次、斟酌进行，故“遄往”而“斟酌减损之”。

“无咎”，即逐步修治，积极渐进是治“损”之正道，虽不能遽然有得，但终能成功。

此爻明治“损”应逐步修治，斟酌损益，不能操之过急。

《象》曰：“已事遄往”尚合志也。

“尚合志”，即治“损”之本在化其心志，心志同乎君子，其自致于道可矣！

九二：利贞，征凶。弗损益之。

“利贞”，“损”道之贞为“合志”，为化其心，从而能使其自损、自益、自得。

“征凶”，不“尚合志”，不能“遄往、酌损之”，欲强行、迅速去其不善，则是“征凶”。“征”者寓意敌我相对。

“弗损益之”即不用君子“损益之”，言外之意，其人同于君子之志，可以自己“日三省其身”，可以“见贤思齐”。此为治“损”之大成。

此爻明治“损”，应当以感化人心为根本，以自行“损益”为最终目的。

《象》曰：“九二利贞”中以为志也。

“中”即内心。

“中以为志”，治“损”以改变其心志为根本追求。

六三：三人行，则损一人。一人行，则得其友。

虽三人同行，亦必有不同心者。虽一人独行，亦必能得同志之友。“三人行”亦有“损”，“一人行”亦有“益”。言“损益”为事理之必然，其所以“损益”之准则为志，志同则“益”，志乖则“损”。

此爻明治“损”之得失，在于“合志”与否。

《象》曰：“一人行”三则疑也。

“疑”《说文》：惑也。迷惑。此处指怀疑不信。

“三”并非确指，意在明众人之少者。

“三则疑”，人多则有不能同心同德者。

六四：损其疾，使遄有喜，无咎。

“疾”《说文》：病也。为病之轻者。

“损其疾”，减少、抑制其疾病，去除人之不良品行。

“使遄有喜”，使其人主动进步，如同病人频繁求治于医者，如此为善。君子治“损益”能使受教化者主动上进，则君子之道“上行”，故曰“使遄有喜”。

“无咎”，减少人之不良品行，亦即教人有成，君子“无咎”。若不能“损其疾”，则为“咎”。

此爻明治“损”，能使其人积极主动上进为善。

《象》曰：“损其疾”亦可喜也。

“损”攻心为上，矫枉为下，然人有不齐，聪慧如颜回者“见贤思齐，见不贤自内省”，如此何用夫子“损其疾”？如宰予者“朽木不可雕也，粪土之墙不可杇也”，夫子不“损其疾”，其为废人也。可见君子治“损”当标本兼顾，治其标，亦有功，故“亦可喜也”。

六五：或益之十朋之龟，弗克违，元吉。

“或”，不必之辞。

“朋”，古货币单位，五贝为一朋或说五贝为一系，两系为一朋。《诗·小雅·菁菁者莪（é）》：“既见君子，锡我百朋。”

“十朋之龟”，龟为通灵之物，用以决疑，固信。龟因形制、颜色而有等级。“十朋之龟”言至为宝贵者，最灵验者，正信之代表。“十朋之龟”此处比喻正信。

“或益之十朋之龟”即“如果能增益人之正信”或者“有的人可以树立正信”。

“弗克违”，“弗”即“不”，其否定意味较“不”深重。“克”《尔雅》：能也。“违”《说文》：离也。违背之意。“弗克违”，如果能增益其人之正信，那么就绝不会违背正道。

“元吉”，君子教人以正信，其人诚敬则“弗克违”。如此是“合志”，是治“损”根本之得，故“元吉”。

此爻明治“损”能施予人正信，为根本之得。

《象》曰：六五元吉，自上祐也。

“自上祐也”，信于君子之道者，君子祐助之，信于正道者，上天祐助之。《论语·述而》：“子曰：自行束脩以上，吾未尝无诲焉。”夫子祐助其弟子也！

上九：弗损益之。无咎，贞吉，利有攸往，得臣无家。

“无”与“無”，古皆有其字，《说文》中其意为“亡失”，然《说文》中“無”又解作“丰”，许慎引《周书·洪范》“庶草繁無”，即兴盛之意。“无家”即“兴家”。

“弗损益之”，合其志也，为治“损益”之大成。

“无咎”，其一、君子治“损”当“遄往”。其二、君子治“损”，应使其人积极主动为之。君子行此二者，则“无咎”。

“贞吉”，君子治“损益”当以“合志”为本，标本兼顾，为治

“损益”之正道，可致吉。

“利有攸往”，君子应深行其事，方能成其功。

“得臣无家”，治“损”于国家而言可以得良臣，于家庭而言可以兴家道。言治“损”致用广大。

此爻明治“损”以道，则致用广大。

《象》曰：“弗损益之”大得志也。

“大得志也”，刚者同于君子之志，自发上进于君子之道，为君子教化之大成，故君子“大得志也”。

第四十二卦　益 ䷩ 巽震

利有攸往，利涉大川。

“利有攸往”，治“益”，君子往则有功，使道义上行，故“利有攸往”。

“利涉大川”，全面、深入推行“益”民之事。

所谓“利涉大川”即君子宣仁义，倡礼乐，即全面、深入增益民众之道德，使民众由愚昧而文明。

《彖》曰：益，损上益下，民说无疆，自上下下，其道大光。“利有攸往”中正有庆。“利涉大川”木道乃成。益，动而巽，日进无疆。天施地生，其益无方。凡益之道，与时偕行。

“损上益下”，降低君子身份，行利益民众之事。

“民说无疆”，“疆”《说文》：界也。无疆，言其广大也。君子能亲民、教民，则天下和顺、安康，故“民说无疆”。

“自上下下”，君亲民。

“其道大光”，君民和合，礼义盛行，故曰“其道大光”。

“中正有庆”，“中”者，中于义。“正”者，正于行。君子治“益”，以道义为准则，如此则教化大行，故曰“有庆”。

“木道乃行”，“木道”者，“曲直”之道，木可由曲化直，民众经由君子增益道德，可由愚昧而文明，即由曲而直，故“益道”即“木道”。

《尚书·洪范》：“五行（xíng）：一曰水，二曰火，三曰木，四曰金，五曰土。水曰润下，火曰炎上，木曰曲直，金曰从革，土爰稼穑。”“五行”即五种品行，水流向下而滋润草木，可以比作君子亲民、利民；火焰向上，可以比作君子修道积极向上；木可曲可直，可以比作君子正民，行曲直之事；金可刚可柔，可以比作君子德行之刚柔；土可以生养谷物，可以比作君子之厚德。

君子治“益”，即是传授正道与世人，使世人由愚昧而文明。此过程君子以礼为工具，使民众之行为有所遵循。以讲学为方法，去除影响民众之邪道。以仁爱为宗旨，使民众凝聚、团结，以豫乐为手段，使民众安心向道。如此可使民众由愚昧致于文明，即由曲变直，即“木道乃成”。

“益，动而巽”，“巽”解作“顺”，君子以道义增益民众，其人顺从，即君民和合，故曰“动而巽”。

“日进无疆”，民众道德日进，道义日进，日进不息，则教化大成，道德大兴，天下大同，故曰“无疆”。

“天施地生”，天施之以寒暑，地生之以水肥，地载其形体，天主其生长休息，斯是天地“益”万物之法则。君子法天地以教化世人，养其身，育其德。

“其益无方”，益之道无一定之法则，或劝勉，或惩罚，或益其资用，或益其才德，某先行，某后行，孰重，孰轻，皆依据客观现实而施行。孔子说“因材施教”即“其益无方”。

“凡益之道，与时偕行”，时变义迁则所“益”不同，君子治“益”应“与时偕行”。

《象》曰：风雷，益。君子以见善则迁，有过则改。

“迁”当作迁（gān），二字意思略有分别。“迁”《说文》：登也。迁，《说文》：进也，进取，谋求。进，《说文》：登也。登，《说文》：上车也。可见“迁”为升高之意，“迁”侧重进取之意，所以此处应为“迁”。《论语·为政》中“子张学干禄”，其中“干”即“迁”。

“风雷，益”，“风”比作教令，使民众顺行，“雷”比作君子行教，道义之动。动而顺，即为“益”。

“君子见善则迁，有过则改”，自觉进取于善而远恶，为君子修德，为自“损益之”。

初九：利用为大作，元吉，无咎。

“作”《尔雅》：为也。此处解作“作为、施为”。“大作”即大作为，即利义兼得。

“利用”，利其用，利民之需用。

“利用为大作”，君子益民之作为，以能利益民众之需用，同时能合于正道为上。即君子益民之举措能利义兼顾，可称之为“大作”。比如冠、昏、丧、祭、乡饮、相见等民众社会活动，君子制礼规范之，使能达其用且合于道，“礼”即为“利用之大作”。

“元吉”，民众好利，无利则难行长远，君子欲以道德利益天下，利义兼顾为根本方法与主要途径，舍此不能大成，故“利用”为“元吉”。

“无咎”，君子欲教化天下，“利用”为唯一方法，舍此别无他途。不能行利义兼顾之措施，则必然无成，于君子而言为“咎”。

此爻明治“益”当以“利民众需用”为原则，不然则不能行。

《象》曰：“元吉，无咎”下不厚事也。

“下”，指民众。

“厚”《说文》：山陵之厚。引申为重、大、多、过甚。《左传·成公三年》：“贾人曰：‘吾无其功，敢有其实乎？吾小人，不可以厚诬君子。’”

“厚事”即深行其事。此处指民众深行礼义，严守道义。

“下不厚事”，民众好利，见识短浅，不能深行礼义，不能坚守道义。《论语·阳货》“唯上智下愚不移”，其旨意相同。

六二：或益之十朋之龟，弗克违，永贞吉。王用享于帝，吉。

“永”《尔雅》：长也，远也。引申为长久，长远。

“或益之十朋之龟，弗克违”，给予、增益民众之正信，从而其人能敬顺不违。树立正信，其人自觉从顺、上进，是治“益”之核心，是长治久安之策，故为“永贞”，“永贞”为教化之成，故“吉”。

“王用享于帝，吉”，君王所敬信者天道也。君王行敬奉天帝之事，是以身行教民，为民垂范。寓意君子治“益”，当以身作则，引导民众。

此爻明治“益”核心在于要使民众树立正信，其次要以身作则，引导民众。

《象》曰：“或益之”自外来也。

“自外来”，民众未曾有正信，君子通过教化，使其树立之。所谓“外”即君子通过外在教导，使正信“著于内”，故曰“自外来也”。

六三：益之用凶事，无咎。有孚，中行，告公用圭。

“凶事”，即惩戒、刑罚之事。

“益之用凶事”，君子为增益民众之道德，而惩罚其违悖行为。因为民众不能严守礼义，君子用惩罚手段，使不违离于正道，故“用凶事”而“无咎”。

“有孚”，君子有孚于民众，民众信服君子。

“中行”，君子行为中于义，合乎常则。

“有孚，中行”，君子有信于民，行在中正，此二者为君子治“益”之必备。

“告公用圭”，“告”解作“告示”，“公”解作“公众”。“圭”《说文》：瑞玉也。即用作凭证的玉。此处指信用之凭证，之象征。君子以言行告示于民众，如同秉持“圭”行事。寓意君子言行谨守礼义，以为民垂范，故曰“告公用圭”。

《礼记·缁衣》：“子曰：王言如丝其出如纶，其出如綍（fú），故大人不倡游言：可言也不可行，君子弗言，可行也不可言，君子弗行也。则民言不危行，而行不危言矣。……子曰：君子道人以言，而禁人以行，故言而行必稽其所敝，则民谨于言而慎于行。《诗》云：慎尔出话，敬尔威仪。”

《礼记·礼运》:“示民有常。”

《论语·子路》:“言必信,行必果。”

以上皆是言“告公用圭”之意,即君子谨守礼义。

此爻明治“益”可以使用必要的惩罚手段,但取信于民,行为中正,示民有常仍是主要途径。

《象》曰:益“用凶事”固有之也。

用惩诫,刑罚等手段,匡正民非,去除民妄,使之远于不义,巩固既有之道德,故曰“固有之”。

六四:中行、告公从、利用,为依迁国。

“从”与“從”《说文》中为不同二字。“从”释为“相听”即听从。“從”释为“随行”。此处应解作“随行”。

“迁国”即“迁国”,即“进国”,使国家进步。

“中行”,君子治“益”,行为中正。此是治“益”之基本准则。

“告公从”,君子示民有常,以此使民众随顺。《礼记·缁衣》:“子曰:君子之朋友有向,其恶有方,是故迩者不惑,而远者不疑也。”

“利用”,利义兼顾。此是治“益”之根本途径。

“为依迁国”,即以“中行、告公从、利用”三者为依托,开展“益”民之事业,由此可以使教化大行,从而国家进步。

此爻明治“益”之三要素。

《象》曰:“告公从”以益志也。

“以益志也”,君子用实际言行感化民众,从而能使之随顺,使之志于道义。君子如此行事,是谋求与民众“合志”,所以“告公从”的方式,志在感化人心,故曰“以益志也”。

《荀子·荣辱》:“陋也者,天下之公患也,人之大殃害也,故曰:仁者好告示人,告之示之,靡(mí 磨炼)之儇(xuān 环绕)之,鈆(yān 劝导)之重之,则夫塞者俄且通也,陋者俄且多也,愚者俄且知也,是若不行则汤武在上曷益?桀纣在上曷损?汤武存而天下从而治,桀纣存则天下从而乱,如是者,岂非人之情固可与如此,可与如彼哉。”

其中“仁者好告示人，告之示之”即“告公”。“则夫塞者俄且通也，陋者俄且（多）也，愚者俄且知也”即治“益”之得。“汤武存而天下从而治，桀纣存则天下从而乱”即“公从”。“中行”是“公从”之前提，不然则“天下从而乱”。

九五：有孚惠心，勿问元吉。有孚惠我德。

“惠”《尔雅》：顺也。使之顺。“惠心”即使其人心顺于道。

“问”《说文》：讯也。审问。此处解作“责问”。《左传·僖公四年》：“昭王南征而不复，寡人是问。”

“有孚惠心”，君子有孚于民众，民众内心顺服。

“勿问，元吉”，民众中心顺道，则“弗克违”，自觉上进于道义，不用君子责问，“惠心”为根本之吉，为“元吉”。

“有孚惠我德”，君子有孚于民众，民众从顺、践行君子之德。

“有孚惠我德”为终成，“有孚惠心”为根本。

此爻明治“益”之根本在于其人内心顺服。

《象》曰：“有孚惠心”勿问之矣。“惠我德”大得志也。

“勿问之矣”，其人中心顺道，则“弗克违”，自觉上进于道义，何用君子责问？

“大得志也”，民众顺行君子之德，君子行教有成，故君子“大得志”。

上九：莫益之或击之，立心勿恒，凶。

“莫”此处解作“没有”，《诗经·小雅·天保》：“天保定尔，以莫不兴。”

“击”，原意为敲打，此处解作告诫、惩罚、攻击。

“勿”此处解作“不”，《左传·襄公三年》：“齐侯欲勿许。”

“莫益之”，没有增益其人之道德。“莫益之”寓意君子治“益”有不成之虞。

“或击之”，对于有不求上进者，甚而阻碍治“益”者，君子告诫之，惩罚之，攻击之。“或击之”寓意君子治“益”阻力巨大。

“立心勿恒”，“立心”确立心志。君子治“益”即弘道化民，遇到一时难以成功，遇到为乱者等情形，君子不能因难而退，轻易放弃，持之以恒则最终有得。反之则有失，故“凶”。

此爻明欲治“益”艰难，必须持之以恒。

《象》曰：“莫益之”偏辞也。“或击之”自外来也。

“偏”此处解作“偏颇”。

“偏辞也”，偏颇之说法，不全面，不准确的说法。意思指“莫益之”乃是对治“益”无成的笼统说法。“莫益之”包含两层意思，第一治“益”暂时未有成，君子对其人惩戒之，促使其改正、上进。第二治“益”最终不能成功，则君子对顽愚不化者讨伐之、击杀之。

“自外来”，君子“击之”以促其顺从君子之教，以外在之强制力量，促其来“惠我德”，故曰“自外来”。

第四十三卦　夬 ䷪ 兑乾

扬于王庭，孚号有厉。告自邑，不利即戎，利有攸往。

“夬（guài）”《说文》：分决也。

“决”由“水”与“夬”会意而成，《说文》释为“行流也”，即掘开河堤泻流。

“缺”字由“缶”与“夬”会意而成，《说文》释为“器破也”，即器具有缺口。

以“决”、“缺”字意考证，“夬”有打开缺口、断裂、之意，此处解作清除、疏导。《吕氏春秋·古乐》：“疏九江，决壅塞。”

“扬”《说文》：飞举。即飘扬之意，引申为发扬、宣扬、传布。

“扬于王庭”，君王宣扬正义，声讨不义于朝廷之上。

“孚、号有厉”，“有”置于动词前无实义。“厉”作也。“号”《说文》：呼也。引申为号令、命令。《尚书·冏命》：“发号施令，罔有不藏。”君子治“夬”，一用信，二用号令，故曰“孚、号有厉”。换言之君子治“夬”，首先要有民众之信服，其次再依靠强制命令，民众信服是号令的基础。

“告自邑”，告示国人，有教导意味。

“不利即戎”，“即”此处解作“从事”，《论语·子路》：“善人教民七年，亦可以即戎矣！”

“告自邑，不利即戎”，君子教导国人，不能使国人顺从，听命于己，所以不利于从事战争。言外之意，君子之教化未能有成。若“利即戎”则是人民完全听命于君子的标志，是教化有成。

“不利即戎”即人民不听命于君子，即教化未成，君子应当继续弘道教民，故曰“利有攸往”。

《彖》曰：“夬”，决也，刚决柔也，健而说，决而和。“扬于王庭”柔乘五刚也。“孚号有厉”其危乃光也。“告自邑，不利即戎”所尚乃穷也。“利有攸往”刚长乃终也。

“决”此处解作“清除、疏导”。

“刚决柔”，“刚”为刚健，“柔”为道义。君子以刚健之态度疏导道义，清除壅塞使道义流行。

“健而说”，“健”此处解作“刚健、强健”。君子刚健以讨伐不义、不德，以之为公敌，并不与民众对立，故人民“悦”。

“决而和”，君子清除壅塞，疏导道义而能得民众之应和，故曰“决而和”。

“柔乘五刚也”，“柔”有德君子。“乘”驾驭、治理。“五刚”即“不义顺者，不孝者，不忠者，不守信者，不敬爱者”。“柔乘五刚也”即君王治理君臣、父子、兄弟、朋友、夫妇、五伦之不义者。五伦为社会之根柢，五伦健顺则社会和谐，人民安乐。

此处“五刚”之所以为“不义顺者，不孝者，不忠者，不守信者，不敬爱者”，原因在于：首先“扬于王庭”是在国家朝堂之上宣扬，可见所宣扬内容必为公德。其次“孚、号有厉”即国家以“号令”为手段使民众践行，可见所践行内容必涉及范围广大。由此两者推断能当“五刚”者唯有“父子、兄弟、夫妇、君臣、长幼、朋友”。

“危”应为“诡”，《史记·李斯列传》：“今高有邪佚之志，危反之行。”

“诡”《说文》：责也。即责求、要求。

“恑（guǐ）”《说文》：变也。即诡诈之意。“诡”与“恑”古时通用，今人用“诡”代“恑”，而“诡”之原意隐没。

“其危乃光也”即君王之要求得到广泛施行。君子以信，以号令治“夬”，使广大民众践行君子之要求。

“所尚乃穷”，“不利即戎”君子所推行之教义不为民众接受，所以教化不成。即君子推行之教义困穷，故曰“所尚乃穷”。

“刚长乃终”，“长（zhǎng）”此处解作“进长”，不德、不义终究不能长久，不能广大，其进长必至于“倾否”，故“刚长乃终”即“否终则倾，何可长也”。

《象》曰：泽上于天，夬。君子以施禄及下，居德则忌。

“泽”其德为悦。“天”其德为健。君子以刚健态度，清除道义之壅塞，而民众悦服以应和，为“健而悦”，为“夬”。

“禄”《说文》：福也。

“居”通“倨”。倨，《说文》：不逊也，傲慢之意。

“忌”《说文》：憎恶也，引申忌讳、禁忌。

“施禄及下”，君子以道德教化民众，即是施予民众福泽，故曰“施禄及下”。

“居德则忌”，自恃道德高尚，而蔑视民众，不能惠及他人。“居德”有违君子弘道化民之职责，故为君子之禁忌。

初九：壮于前趾，往不胜，为吝。

“前趾”指羊之前足，此处以羊比喻民众。

“壮于前趾”，“壮”即君子教化民众，强壮其心智。“壮前趾”而“后趾”未壮，故力不足。寓意民众学养不够，不能笃信、力行君子之道。

“往不胜”，“不胜”即治事不成。君子使民众治事，不克胜。

“为吝”，君子不能量民情、民力而行，则徒劳无功，或适得其反，故“为吝”。“壮于前趾”为教民有得，不贸然治事，何吝之有？

此爻明君子治“夬”，必待道义牢固植根于社会，民众完全信从君子之后，不然则有恨惜之事。

《论语·子张》：“君子信而后劳其民，未信，则以为厉己也。信而后谏，未信，则以为谤己也。”译文：“君子先取信于民，而后再劳动他们，没有取信于百姓而役使他们，他们就以为是残害他们。要先取得尊长的信任，而后来劝谏，不曾信任则以为是诽谤自己。”《论语》这段话的旨意同于此爻意。

《象》曰：“不胜”而往，咎也。

“咎”，君子欲清除道义之壅塞，民众不能有力配合，则劳而无功，或适得其反，故“咎”。

九二：惕号莫夜，有戎勿恤。

“惕”《说文》：敬也。即警惕、戒慎之意。

“莫”《说文》：日暮也。“莫夜”黄昏与夜晚。

“惕号”，君子警戒其号令，有违反号令者必惩治之。

“惕号莫夜”，君子严察违反号令者，虽暮夜不倦怠。寓意君子兢兢业业以清除道义之壅塞。

“有戎”，君子清除不义、不德，有不顺从者敌我相见。

“勿恤”，“恤”，忧也。“自我致戎，敬慎不败”，故“勿恤”。

此爻明治“夬”君子要严守号令，不可倦怠，虽有违逆者，敬慎不败。

《象》曰：“有戎勿恤”得中道也。

“得中道也”，君子清除道义之壅塞，以民心为依托，利用法令，择机行事，孜孜以求，故“得中道也”。

九三：壮于頄（kuī），有凶。君子夬夬独行，遇雨若濡。有愠，无咎。

“頄”，查《说文》、《尔雅》无此字。应为顴（yuán）。顴，《说文》：颠顶也，即额头与头顶。此处指山羊之额头与羊角。山羊生性好斗，但并非所有山羊都有羊角，无角之羊用“颠”抵架，有角之羊以头顶之角抵架。“頄”为争斗之工具，此处比喻人之智力。

“夬夬”应为“决决”，严肃、严格、坚决的样子。

“独”通“笃”。笃，《尔雅》：固也。即坚实、牢固。此处指心志坚定，行为果决，“独行”即“力行”。

“濡”此处为浸染之意。《诗经·邶风·匏有苦叶》：“济盈不濡轨。”

“壮于頄”，提高人之智力，寓意民众可以明理。

“有凶”，仅仅提高民众对道义的认知水平，若不能强大其内心之根本，则不能力行道义，如此“有凶”。

“君子夬夬”，君子治“夬”，态度严肃、坚决。

“独行”，坚定力行其事。

“遇雨若濡”，“遇雨”即君子施教化于民众。“若濡”比喻君子教化之温和，如同细雨滋润万物，历久乃成。

“有愠”，“愠”《说文》：怒也，怨怒之意。君子治“夬”，要求民众与不义、不德决裂，有顽愚者一时不能服顺，故有怨怒，曰“有愠”。

“无咎”，有怨怒者乃事理之必然，其人顺从君子号令而行，终可受益，其怨怒自会消亡，故君子“无咎”。

此爻明治“夬”得失之所在。

《象》曰：“君子夬夬”终无咎也。

“终无咎也”，君子治“夬”，保持严肃之态度，终能成功，故曰“终无咎也”。

九四：臀无肤，其行次且，牵羊悔亡。闻言不信。

“肤”此处指肌肉。《论语·颜渊》：“肤受之愬，不行也。”

“臀无肤”，山羊臀部没有肌肉，则行进无力。“肤”此处比喻正道，正道为力量源泉。

“其行次且”，“次且”《说文》又作趑趄（cī jū），释为“行不进也”。“其行次且”比喻其人修德治事不得正道，不由礼义，不能“左右逢其源”，故行不能进。

“牵羊”，比喻君子用“号”，用政令，引导民众致于正道。

“悔亡”，君子引导民众从正道，使民众免于邪道歧途，于君子行教化而言，则无悔恨之事，故“悔亡”。

“闻言不信”，民众不听信君子之教导，所以不能得正道。

此爻明治“夬”当以正道教授与人，如此民众方可上进。同时对于不能听信教导者，应给予引导，则无失人之悔。

《象》曰：“其行次且”位不当也。“闻言不信”聪不明也。

“位不当”，未从君子之道，故“位不当”。

“聪不明”，民愚昧也。

九五：苋陆夬夬。中行无咎。

“苋”应为萈（huán），二者篆体形似。萈，《说文》：山羊细角者。细角山羊说明其在群体之中不是首领，此处比喻普通民众。

“陆”应为陛（bì），二者篆体形似。陛，《说文》：牢也，所以拘非也。即牢狱，用来拘押为非作歹者的地方。

“萈陛”，即用来关押不驯顺山羊的羊圈，此处比喻用以惩戒为非作歹者之刑罚。

“夬夬”，形容刑罚严格。

“中行”，合乎正义、常则。君子治“夬”软硬兼施，用“孚”，用“号”，用“遇雨若濡”，如此为“中行”。亦可以说德法兼用。

“无咎”，君子德法兼施，为情势之必然，欲治“夬”有成，别无他途，故君子“无咎”。

此爻明治“夬”应惩治不义，君子“中行”则“无咎”。

《象》曰：“中行无咎”中未光也。

“中未光也”，“中”即内心，民众未能信服君子之道，未深明道义，故曰“中未光也”。

上六：无号，终有凶。

“无号”即不用政令。民众有顽愚者，不强制不能行于正道，不约束、惩戒则有乱道之凶，故“终有凶”。

此爻明君子使用号令约束、惩戒民众，乃必要之举措，不然有凶。

《象》曰：“无号”之凶，终不可长也。

“无号”之凶，在于不能致远，即“不可长也”。礼义为立国、立身之根本，法令为存国、保身之保障。无法制则礼义不能久立，无礼义则法度不能达用。

人类社会概先有礼义而后立法度，法度健全可保障礼义确立，礼义盛行，则法度不用，似相违，实相生。法制缺失必有祸害，“无号，终有凶”斯之谓也。

此爻之易理支持荀子“性恶论”。余曾游直隶总督府，一牌坊题“下民易虐，上天难欺”，余颇为之感叹。此句话之精神，实有违于易理。若“下民难虐”，则哪有“天”可欺？其“上天难欺”为诛心之论，若有法制能诛其身，何必求于诛心？“下民易虐”皆“无号”之过，求不虐民于良心、良知，“终不可长也”。

中国帝王社会自秦算起两千多年，其间均未长久着力于法制管理，多用心于“上天难欺”。儒学之正义泯灭，儒者应反思之。

第四十四卦　姤 ䷫ 乾巽

女壮，勿用取女。

“姤”《说文》、《尔雅》皆无此字，推测“姤”应为媘（huá），二者篆体形近。

媘，《说文》：面醜也。《尔雅》释靦（tiǎn）为媘。靦，《说文》释为“面见也”。媘应为“面见”之意。今《说文》释媘为“面醜”，应为“面靦”之误。“醜”与“靦”篆体形近。《尔雅》解释“媘”，王引之《经义述闻》引王念孙曰：“《说文》‘媘’，面靦也。”可见王念孙所见之《说文》释“媘”仍为“面靦”，而非“面醜”。故“媘”其意应为“面见”，《彖》辞阐发为“遇”，“遇”《尔雅》释为“见也”。由上推知“姤”应为媘（huá）。

“女壮”，“女”德为顺，此处比作未进学者、待进学者，如青少年。“壮”，大也，“女壮”即国家新一代进学者不断成长、壮大。

“勿用取女”，“娶女”男子应主动，当“媘”之时，君子宣教已久，礼乐植根于社会，广大民众信从道义，欲进学者应主动亲近君子、有德者。言外之意此时，君子应当以教导者之身份，待“自行束脩”之后生主动求教，以求其诚敬。

《彖》曰：姤（媘），遇也，柔遇刚也。“勿用取女”不可与长也。天地相遇，品物咸章也。刚遇中正，天下大行也。媘之时，义大矣哉！

“柔遇刚也”，有德君子与进德民众相接。“遇”君子接见、教导民众。

“不可与长也”，若“娶女”则为君子主动。此时必待求教者主动亲近君子，不然不能见其诚敬之心。其人无诚敬之心，即使君子主动教导之，亦不能久长。因为其人“心不在焉”。

“天地相遇，品物咸章也”，“品”《说文》：众庶也。众多之意。“章”即“彰”《说文》释为“文彰”，此处意为文采。天地相接，万物皆兴盛而富华彩。

“天”比作君师，“地”比作人民。“品物”比作仁、义、礼、智、信诸德。天与地相接，则万物繁华，君与民相接，则民众之行为文明。

《泰》卦“天地交而万物通”，意在上下交流顺畅。《姤（姡）》卦“天地相遇而品物咸章”，意在教学相长，君民共同致力于焕发文明。《姤（姡）》为《泰》之进。

“刚遇中正”，“刚”不德者、民也。“中正”为义。民众遇“中正”之道，是为“刚遇中正”。

“天下大行”，天下广泛践行中正之道，称之为“天下大行”。

“姤（姡）之时，义大矣哉”，天地相接，可使万物繁华。君民相接，可使文明焕发。“姡”为天地大义，故曰“义大矣哉”。

《象》曰：天下有风，姤（姡）。后以施命诰四方。

“天”其德为健。“风”其德为使万物顺。使顺而健，为“姡”。君子相接于民众，民众顺从教化，且民行强健，为“姡”。

“诰”《说文》：告也。学者根据其古体字由“手持肉”构成，认为“诰”原为告神之专字，所以在《尔雅》中释为“谨”，此说应为正解。又有解释为“专用于上告下”，则是谬论。由“告神”引申，凡以某种正式之形式求告、通告皆可用“诰”，即凡蕴含“谨慎”之告，皆为“诰”。《论衡·自然》“诰誓不及五帝”，意思为告神。《国语·楚语上》“近臣谏，远臣谤，舆人诵，以自诰也”，解作自我告诫。《尚书》中有《大诰》、《康诰》、《酒诰》等，均是以上告下之文告。可见告上、告下、自告皆可用“诰”。

“后以施命诰四方”，“施命”即“传布教令”。君王施教令告示天下。君王以教令大“遇”天下之民，是为“姤”。

初六：系于金柅（chì），贞吉，有攸往：见凶、羸豕、孚踯躅（zhí zhú）。

《说文》中有“系”与“係”，“系”即联系之意。“係”为捆束，绑扎之意，二字简体均为“系”。此处应为“系”，有“在于、寄于”之意。

“柅”《说文》中又写作“尿（chì）”。尿，《说文》：籆（yuè）柄也。籆，《说文》：收丝者也。即络车。络车，古代收丝之器具。“柅”即络车之手柄。转动手柄把蚕丝缠在络车轮上，从而可把蚕丝分别成束，以便使用。“柅”此处比作君子，君子为运营教化之关键，君子动则教化行，君子止则教化息。“金柅”比喻坚定、强健之行教者，即有道君子。

“系于金柅”，“金柅”比喻有道君子，为运营教化之主宰。“柅”停歇则络车不能致用，有道君子休息则政教停运。寓意国家教化兴衰系于有道君子。

“贞吉”，运营教化，当遵循行教之正义，如此可致吉。

“有攸往”，君子行教化之事。

“见凶”，“见”此处解作“发现、知道”，“见凶”即发现凶险，此处指君子教化民众，及时发现凶险之所在，使民众免于不义、不德，而行于正道。

“羸豕”，“豕”比喻愚昧而为乱教化者，“捆绑猪”比喻君子约束为乱教化者。

“孚踯躅”，“蹢躅”《说文》：住足也。宋玉《神女赋》：“奋长袖以正衽兮，立蹢躅而不安。”《说文》作“住足”，有不知所往，迷茫徘徊之意。“孚”此处解作使信服。“孚蹢躅”，使踯躅者信服，即使迷茫者信从君子之道。

“见凶、羸豕、孚踯躅”，此三者为君子行教之具体举措。“见凶”保护民众免于凶险；“羸豕”保障民众顺利上进于道义，不被扰乱。

“孚蹢躅”争取可教化之民众，扩大教化成果。

此爻明有道君子为行教关键，遵循行教正义，措施得当，如此能成其功。

《象》曰：“系于金柅”柔道牵也。

“牵”《说文》：引前也。

“柔道牵也”，“柔道”即君子之道，仁义之道。有道君子以仁义教化民众，使之上进于道，故曰“柔道牵也”。

九二：包有鱼，无咎，不利宾。

“包”即“庖”，“庖”《说文》：厨也。即厨房。此处比喻君子之行教机构。

“宾”《说文》：所敬也。即宾客。此处比作民众。

“鱼”此处比作君子教民之资材。比如冠、昏、丧、祭、乡饮等礼乐制度，民众遵循礼乐，可以践行仁义。比如《诗》、《书》等文学，民众通过学习可以明智、明德。

《礼记·乡饮酒义》：“君子尊让则不争，洁敬则不慢，不慢不争则远于斗辨矣，不斗辨则无暴乱之祸矣，斯君子所以免于人祸也，故圣人制之以道。”

《礼记·冠义》：“礼义之始，在于正容体，齐颜色，顺辞令。容体正，颜色齐，辞令顺而后礼义备。”可知“乡饮酒”礼与“冠”礼等等，皆为君子飨民之“鱼”，为佳肴。

“包有鱼”，鱼在庖中，随时加工即可以招待宾客。君子所教授民众之德行与学问，随时义而有不足、有变化，君子应随时准备新教材、教义给予民众，不然则民众无所用。

“无咎”，鱼在庖中，以备随时招待宾客。君子“议礼、制度、考文”，随时准备修正教材、教义。教民有所备，君子不失其职守，故“无咎”。反之“无鱼”则君子失职。

“不利宾”，鱼在庖中，加工之，增其滋味，美其颜色，待时而呈于宾客。君子所修正之礼制，所修定之政令，所考订之文学，皆应在时机成熟之后颁布实施。

此爻明君子行教化应当密切追踪时义变化，及时制定新的教材、教义，时机成熟之后则可推陈出新。

《象》曰："包有鱼"义不及宾。

"义不及宾"，原因有二：其一，新教义、教材推行，必须等待时机成熟，早晚皆有失。其二，新教材、教义必须精心准备，使合于道且顺乎民情。

九三：臀无肤，其行次且，厉，无大咎。

"臀无肤，其行次且"者，民众行为不能以礼义为依据，故不能顺利行进。寓意有不能顺从、上进于道义之民众。

"厉"，即君子做为也，即以仁义相接、教导民众，即"姤"。

"无大咎"，所谓"大咎"，指君子广失民众，民众不能上进于正道，如此为"大咎"。有少数不能上进者，君子"无大咎"。

"厉，无大咎"，君子应积极教导落后之民众，虽未必能尽得，君子"厉"而"无大咎"。

此爻明君子要引导落后民众，努力教导之，如此则"无大咎"。

《象》曰："其行次且"行未牵也。

"行未牵"，不听从君子之教导，不按道义要求行事。

九四：包无鱼，起凶。

"起"《说文》：能立也。即能起立。《尔雅》：兴也。解作兴起、起而行，此处指行教民之事。

"包无鱼"，厨房无鱼，比喻君王之教育机构不能及时为民众、社会提供符合时义之礼制、政令、文学，从而致使民众无所遵从。

"起凶"，不能以符合时义之礼制、政令、文学来教化民众，则致乱，故曰"起凶"。

此爻明君子教化天下，当以制定礼乐、刑政、文学等教化资材为首务，否则为失职，则致祸乱。

《象》曰："无鱼"之凶，远民也。

君子应"议礼、制度、考文"，用以教化世人。"议礼、制度、考文"为君子之职责，不致力于此，则无用以教化民众之资材，即"无鱼"。不亲近民众，不能明察时义，则不能考定合宜之礼仪、制度、文学。不亲民，不能以正义教民，有违君子之职责，是远于人民，故曰"远民也"。

九五：以杞包瓜，含章，有陨自天。

"杞"应为"析"之误也。"析"《说文》：破木也。即劈开木头，引申分析、分开、解除。此处解作切割。《尔雅》"瓜曰华之"，古学者注疏"华"，其解释为"华谓半破也，降于天子，故破而不四析也"，即把瓜从中一分为二称之为"华"，分成多份，则称之为"析"。

《礼记·曲礼上》中有"为国君者华之"，即"为国君切瓜"，郑玄注疏："'华'中裂之不四析也。"由上可知古人有"析瓜"之说。

"包瓜"即匏（páo）瓜，俗称葫芦或瓠（hù）子，可食用，可盛物，可做乐器。

"含"《说文》：嗛也，口有所衔。引申为蕴含。

"析匏瓜"，在匏瓜上切割口子，此处指制作乐器"匏"，即葫芦笙。推测"析"应为当时制笙专用语，如后世之"斫琴"。葫芦笙即以葫芦为笙斗，以竹制笙管插入笙斗，笙管有四至八不等，管长九至九十厘米，管径一厘米左右。《说文》中释"音"为："宫、商、角、徵、羽，声也；丝、竹、金、石、匏、土、革、木，音也。"《汉书·律历志》："八音：土曰埙（xūn），匏曰笙，皮（革）曰鼓，竹曰管，丝曰弦，石曰磬，金曰钟，木曰柷（zhù）。""匏曰笙"所言即葫芦笙，至今苗族等少数民族仍在使用。

传说伏羲又名"匏析氏"，女娲始创"笙簧"，又说女娲为伏羲之妹，三者与"析匏瓜"制作葫芦笙皆有关联。伏羲氏为制笙簧之祖先，或有待考古者证明，然而"析匏瓜"以制笙，可以确立为事实。

"以杞包瓜"，君子"析匏瓜"为乐器，可以演奏多种乐曲。君子以乐器授人，其人则可以自行演奏无穷华章。君子制义，给予民众可把握之准则，民众依据准则行事，可以畅行礼乐，不致违乱。“析匏瓜”即“制义”，二者功用相同。

“含章”，蕴含文采。乐器之中蕴含无穷声乐，把握义与拥有乐器皆可以致用无穷，故曰“含章”。

“有陨自天”，“有”为助词，置于动词前无义。“陨”《说文》：从高下也。“天”在上，比喻君子在上位，而能行向下亲民、教民之事，为“有陨自天”。

此爻明君子制义，授民以义，且能亲近之、教化之。

《象》曰：九五“含章”中正也。“有陨自天”志不舍命也。

“中正也”，“中”此处指“中心、内心”，“正”为贞正，即内心得于义。

“志不舍命”，君子之志为弘道化民，“有陨自天”为君子以上下下，相接于民众，是不舍君子之使命也，故曰“志不舍命”。

上九：姤其角，吝，无咎。

“角”指羊之角，此处比作不听从君子教导者之抵触行为。

“姤其角”，君子遇到不从顺者之抵触，寓意有难化之民众。

“吝”，有不化之人，于君子行教而言，为“吝”。

“无咎”，有抵触，有难化者，为事理之必然，君子“无咎”。

此爻明君子遇到顽愚者之抵触，为事理之必然，君子无咎。

《象》曰：“姤其角”上穷，“吝”也。

“上穷”，君子穷尽教化，终不能改造之，使归顺道义，故曰“上穷”，于义为“吝”。

第四十五卦　萃 ䷬ 兑坤

亨，王假有庙。利见大人，亨，利贞。用大牲，吉，利有攸往。

“萃”《说文》：草聚儿。草聚集的样子，引申为聚集。《萃》卦言君子以正义聚合天下民众。

“亨”，天下之物必聚集方能成其大，君子以仁义之道聚集天下民众，可使道义发扬光大，故“萃”可致亨通。

“王假有庙”，“假”《尔雅》：大也。指思想、意识形态方面大，如自大、伟大、光大。“有庙”即保有、存立宗庙。“王假有庙”，君王广泛推行存立宗庙之事，即君王广泛推广尊祖之道。君王藉尊祖以聚合天下民众，即行“萃”。

“利见大人，亨”，“大人”即得道者，治“萃”往见“大人”，可以行于中正，可致亨通。

“利贞”即“贞则利”，治“萃”必秉持中正，见“大人”即为从“贞正”。用尊祖以聚合民心，即是秉持“贞正”以行“萃”。若不以正道聚合，必不能久长。

“用大牲”，“大牲”，即牛、羊、马等牺牲。《左传·僖公二十九年》：“古者六畜不相为用，小事不用大牲。”六畜指马、牛、羊、猪、狗、鸡，“不相为用”指大牲与小牲不交互使用，不同时使用。大牲当指马、牛、羊，小牲当指猪、狗、鸡。《史记·秦本纪》：“乃用緌（ruí）驹、黄牛、羝羊。”《史记·封禅书》：“其牲用驹、黄牛、羝羊。”《汉书》卷二十五《郊祀志》第五上：“其牲用駠（ang）驹、黄牛、羝羊。”可见秦汉时期祭祀用“大牲”仍为马、牛、羊。后人所谓“大牢”为猪、牛、羊应当有误，因为“大牲”与“小牲”不能交互使用。我推测所谓“大牢”应该指马、牛、羊，单独之马、牛、羊亦称之为“大牢”。所谓“少牢”应当指猪、狗、鸡，单独之猪、狗、鸡亦称之为“少牢”。所谓“牢”即是牲畜之牢圈，因牲畜牢圈有大小之别，所以有大牢、少牢之说。祭祀中所谓“特牲”指没有阉割的牲畜，如特羊、特豕，这种牲畜用以祭天，因为天属阳，祭地则用阉割的牲畜,因为地属阴。特，《说文》释为“朴牛”，即没有阉割的牛，泛指没有阉割的牲畜。《礼记》中有《郊特牲》，即郊祭用没有阉割的牲畜。

“用大牲”，祭祀用马、牛、羊，即隆重其事，以彰显其诚敬。心怀诚敬以从天命，如此可致“吉”。

“利有攸往”，君子遵循客观规律，逐渐扩大聚合规模，则教化广大，故“利有攸往”。

“用大牲，吉，利有攸往”，寓意君子治“萃”为履行其弘道化民之天职，聚合天下并非为君民、享民，而志在化民。君子应心怀敬畏，勤奋以治“萃”。

《彖》曰：萃，聚也，顺以说，刚中而应，故聚也。“王假有庙”致孝享也。“利见大人，亨，利贞”聚以正也。“用大牲，吉，利有攸往”顺天命也。观其所聚，而天地万物之情可见矣。

“顺以说”，君子顺应民情以制聚合之策，使民众乐于从顺。

“刚中而应”，“刚”民也，民众行于义，遵从君子之教导，积极向上。

“顺以说，刚中而应”，如此为“聚”。

“致孝享”，“致”《说文》：送诣也。即送而必至其处，此处解作“呈送”。“享”即供鬼神享用的祭品。“致孝享”即呈送表达祭祀者孝心的祭品，即行孝道。“王假有庙”目的在于使民众皆能“致孝享”，从而聚合民众。

《礼记·祭义》："君子生则敬养，死则敬享。"译文"君子父母在世时尊敬赡养，去世后虔敬祭享。"《论语·阳货》："子曰：子生三年，然后免于父母之怀。"敬养父母，敬享祖先，顺应人情，符合人伦之义，是为天理。君王倡行孝道，可聚合民心。

"聚以正"，"大人"者，得道者也，治"萃"能从"大人"之教导，是从正也，故曰"聚以正"。

"顺天命"，君子之天命为"厚德载物"，弘道化民。君子敬畏天命，兢兢业业以治"萃"，故曰"顺天命"。

"观其所聚，而天地万物之情可见矣"，观察天地万物聚合的原因，可以得知其心志。譬如君子聚于义，小人聚于利。君子聚合天下当依据其情趣、心志，因势利导，则能致吉。反之不得其理，妄行用强，终不能致远。

《象》曰：泽上于地，萃。君子以除戎器，戒不虞。

"泽"其德为悦。"地"其德为顺。顺以悦，为"萃"。

"除"《尔雅》：襄也。清除、解除之意。

"戎器"即兵器。

"虞"《尔雅》：度也。料想之意。"不虞"即不能料想到，即意外。

"君子以除戎器，戒不虞"，君子解除聚合者之兵器以备不虞之乱。君子聚众当预防作乱者，故应防备、清除作乱因素。

"君子以除戎器，戒不虞"言外之意，君子应当有应对违乱之能力，于君王而言应当"强王师，树法制"。《礼记·王制》："诸侯赐弓矢然后征，赐斧钺然后杀。"古代诸侯虽有军队而无征杀之权，虽非严格"除戎器"，亦是出于防止诸侯作乱之目的。彼时允许诸侯有军队，目的应当是用以自身防卫。

君子治国应以道德为根本，以法制为保障，不然必不能大成。胡适先生说："一个肮脏的国家如果人人讲规则而不是谈道德，最终会变成一个有人味的正常国家，道德自然逐渐回归。一个干净的国家如果人人都不讲规则却大谈道德高尚，天天没事就谈道德规范，人人大公无私，最终这个国家会堕落成为一个伪君子遍行的肮脏国家。”胡适先生所说规则即制止违乱之手段、措施，没有外在的强制约束力，则不能制止为非作歹者。作为社会管理者制止、惩罚违乱者，保障社会正常秩序是其职责所在。作《易》者于二千多年前已经明此道理，然至今仍未能深入施行。复兴中华文化，建设文明国家，实现当代中国梦，吾辈任重而道远！

初六：有孚不终，乃乱乃萃。若号，一握为笑。勿恤，往无咎。

“若”《尔雅》：顺也。从顺之意。

“号”此处指教令、政令。

“笑”应为竺，二者篆体形似。“竺”《说文》：厚也。此处指敬意深厚。

“一握”即四手指之宽，人手握物之长度。《礼记·王制》：“祭天地之牛角茧栗，宗庙之牛角握，宾客之牛角尺。”译文：“祭天地所用之牛最为幼小，其角如蚕茧和栗子般大小；祭宗庙所用之牛，其角长约一手攥握的长度；招待宾客的牛，其牛角长一尺。”

“有孚不终”，君子“有孚”于民众是治“萃”的基础，民众信服君子之道，而后才能聚合到君子周围。始终能使民众信任，则民众会长久聚合在君子周围，一旦失去信任，则民众背离。“不终”即不能始终取信于民。

“有孚不终，乃乱乃萃”即“有孚乃萃，不终乃乱”，意思指“有孚”是聚合民众的根本，“无孚”则乱。

“若号”，使民众顺从教令而行是君子治“萃”的措施之一。

“一握为笑”，祭祖使用其角长“一握”的小牛，如此是祭祀者深厚敬意的体现。寓意民众对君子聚合之道，心怀诚敬。

“若号，一握为竺”，意在说明，治“萃”要以教令、规则为外在约束，以诚敬为内在约束。能同时运用两种手段，则无违乱发生。

“勿恤，往无咎”，聚合民众不能完全杜绝违乱行为，君子积极预防，严格惩戒，最终能使天下归心，社会和谐有序，故“勿恤，往无咎”。

此爻明治“萃”要以信为基础，利用规则约束之，恒以行之，终能成功。

《象》曰：“乃乱乃萃”其志乱也。

“其志乱”，君子不能孚众，民众不能志于道义，则民众之志混乱，故曰“其志乱”。

其心志乱所以不能聚合，其心向道所以能“萃”。此处“其志乱”为省略写法，其完全写法应为“其志乱则乱，其志齐则萃。”

六二：引，吉，无咎。孚乃利用禴（yuè）。

“引”《说文》：开弓也。引申为延长、延伸之意。《尔雅》中释为“长”，即引申、延长之意。

“引”，引申、延长德行，譬如尊祖引申为尊敬师长、贤哲。友爱兄弟引申为亲善朋友。能如此作为“吉，无咎”。反之不能如此作为，则不能治“萃”广大，则君子“有咎”。

“禴”《尔雅》：祭也。《说文》释为“夏祭”。《礼记·王制》：“天子诸侯宗庙之祭：春曰禴，夏曰禘，秋曰尝，冬曰烝。”《礼记》所记四时之祭应为夏商制度，此爻之“禴”应当为夏祭，盖周朝之制度。《礼记·祭统》：“春夏之祭阳义也，秋冬之祭阴义也。夏祭阳之盛也，秋祭阴之盛也，故曰：莫重于夏秋之祭，古者于夏祭发爵赐服，顺阳义也，于秋祭出田邑（征伐），发秋政（刑杀），顺阴义也。故曰‘夏秋之祭义大矣，治国之本也，不可不知也’。”

“禴”祭所行“发爵赐服”即嘉奖之事，对于能敬享祖宗者，能继承先人志向，发扬先人美德，弘扬先人事业者，在“禴”祭之时给予嘉奖、表彰，从而起到鼓励、劝勉民众积极上进之作用。

“孚乃利用禴”即“利用禴”能“有孚”于民众。君子比照“禴”祭之义，行“萃”之事，对于遵从教令，诚心向道，德业有成者嘉奖之，从而增固其信念，同时起到激励后进的作用。君子通过表彰先进，可以使君子之道广泛取信于民，故曰“孚乃利用禴”。

此爻明发展德义是治“萃”根本方法，要通过嘉奖先进来激励民众上进。

《象》曰：“引，吉，无咎”中未变也。

“中未变也”，其义不变，譬如父子之义推广为君臣之义，二者之义同，故曰“中未变也”。

六三：萃如嗟如，无攸利，往无咎，小吝。

“萃如嗟如”，聚合之情形，君子常有嗟叹之情态。

君子之嗟叹，原因在于民众之不能信从教令。民众不信从教令，则聚合必定不能成，必定涣散，故曰“无攸利”。

“往无咎”，君子往以警戒之，教导之，而后能聚合之，如此君子“无咎”。

“小吝”，通过警戒、教导能使其中多数人信从，其“吝”为小，故“小吝”。君子不能及时教正之，则为“吝”。

此爻明不信从教令为“萃”之祸患，应及时教导之，使之信从，不然为“吝”。

《象》曰：“往无咎”上巽也。

“上”应为“尚”，推崇之意。

“巽”此处解作使顺从。

“上巽”，使其人顺从道义为上。

九四：大，吉，无咎。

“大”，广泛宣扬德义，扩大信众，使高尚道德成为社会主流。“王假有庙”即是“大”尊祖之道。

“吉，无咎”，言外之意，广大正义是君子治“萃”之必要举措，反之不能光大德义，于君子为“咎”。

此爻明治“萃”要广泛弘扬德义，使高尚道德成为社会主流。

《象》曰：“大，吉，无咎”位不当（dàng）也。

“位不当”，光大正义是君子治“萃”之必须作为，正义未能光大，则君子“位不当”，为咎。

九五：萃有位，无咎。匪孚一元，永贞，悔亡。

“萃有位”，君子以德行取信于人，从而使民众自发聚合，如此为上。君子以权位强制人顺从正道，以此使民众聚合，如此为下。但人有不齐，事有不一，有舍强制而不能成之情况，故君子“萃有位”而“无咎”。

“匪孚”，“匪”应为棐（fěi）。棐，《尔雅》释为“俌（fǔ）”，即辅助之意，意思侧重于弥补不足、矫正错误。匪、篚、棐古时皆可通用。君子用权位使民众顺从、聚合于正道，此种作为乃以德行取信于民之辅助。即以“有位”辅助“有孚”，即以攻心为主，以强制为辅。

“匪孚一元，永贞，悔亡”，“有位”辅助“有孚”乃“萃”之根本途径，为“元”。只有二者兼用，才能保证“萃”长久之贞正，为“永贞”。亦只有二者并举，才能“悔亡”。

此爻明治“萃”必须“有位”与“有孚”兼用，如此才能广大、长远。

《象》曰：“萃有位”志未光也。

“志未光”，君子之志，以道义教化民众。以强力使民众就范，则是君子之教化未光大，故曰“志未光”。“萃有孚”为君子之志光大。

上六：赍（lāi）咨涕洟，无咎。

“赍”应为喟（kuì），二者篆体形似。喟又写作“喟”。“喟”《说文》：大息也。即深深地叹息。

“咨”《尔雅》：嗟也。哀叹。

“涕”《说文》：泣也。眼泪。

“洟”《说文》：鼻液也。

“赍咨”，忧心之貌。

“涕洟”，伤心之貌。

“赍咨涕洟”，君王者忧民伤民，忧国伤国，国家兴盛之兆，“嘻戏放浪”国家衰败之先也，君王之忧为人民之幸。君子能“赍咨涕洟”

则“无咎”。

此爻明治“萃”当怀忧患之心。

《象》曰:“赍咨涕洟”未安上也。

“未安于上”，君王未安享于上也，忧天下也，励精图治也。

第四十六卦　升 ䷭ 坤巽

元亨。用见大人，勿恤。南征吉。

“升”《说文》：二十龠（yuè）也。即容量单位。此处“升”应为“登”之假借，久用成俗而作“陞”，用以区别“升”。《论语·先进》：“子曰：由也升堂矣，未入于室也。”《论语·阳货》：“旧谷既没，新谷既升。”《谷梁传·襄公二十四年》：“五谷不升为大饥。”其中“升”即“登”。又有成语“五谷丰登”，可证“升”为“登”之假借。

“登”《说文》：上车也。《尔雅》释“登”为“陞”。此处解作上进、高升。

“元”，民众不断上进，是明智、明德的根本，故曰“元”。

“亨”，民进于德，则国进于治，天下进于化，故“升”为通达之道，故曰“亨”。

“用见大人”，凡上进之道，首先必须明确进取之目的，其次必须克服前进之阻碍。“见大人”可以保证行于正道，可以得“大人”之资助。“用见大人”是上进之必要条件，而“利见大人”则是辅助条件。换言之欲求上进“不见大人”则凶，“利见大人”之情形如果“不见大人”或仅“无功”而已。

“勿恤”，“升”必自卑而高，由小渐大，勿忧当下之困难，遵循正义，力行不辍，则终有庆，故“勿恤”也。“勿恤”寓意“升”必然经历其艰难方能有成。

“南征吉”，南方者，光明之方也。故“南”为发明之方也。《礼记·王制》：“天子命之教，然后为学。小学在公宫南之左，大学在郊。

天子曰辟雍，诸侯曰泮宫。”古代“小学”建在君王宫室南面的左边，以君王宫殿之方位言，小学在其东南方向。东南，明之始也；正南，明之至也；西南，明之消也。《礼记·乡饮酒义》：“南方者夏，夏之为言假也，养之、长之、假之，仁也。”“养之，长之，假之”是“升”也。古人以南方为光明之方，养育之方。“南征”比作君子推行教化，教育民众。“南征”可以使人民上进，礼义盛行，即民众与君子之道皆“升”，故“吉”。

《彖》曰：柔以时升，巽而顺。刚中而应，是以大亨。“用见大人，勿恤”有庆也。“南征吉”志行也。

“柔以时升”，“柔”，德也。德业之上进不可一蹴而就，如草木之春生，夏长，秋实，揠苗助长则欲速而不达。

“巽而顺”，“巽”，具备。“顺”，顺从。条件具备，且民众顺从教化，如此则“升”。

“刚中而应”，民众遵从教导，行于正道。“刚中而应”即民众敬顺，内心诚服，此为“升”之基础，故曰“元亨”。“元亨”为“大亨”。

“有庆”，“见大人”可以保证行于中正，可以得大人资助，如此其人终能有成，故曰“有庆”。

“志行也”，弘道化民是君子之志，“南征”即行教化，君子行志，故曰“志行也”。

《象》曰：地中生木，升。君子以顺德，积小以高大。

“地”，其德为顺。“木”，其道为曲直，其行进为渐升。“生木”比喻君子培育民德。君子顺应客观规律，行培育民德之事，如此为“升”。

“以顺德，积小以高大”，君子根据现实条件，顺应客观规律，宣扬道义，示范德行，以此使民众之道德逐渐进步，由浅薄到高深，由小德到大德。

初六：允升，大吉。

“允”应为䚬（yún）。䚬，《说文》：进也。䚬由“夲（tāo）”与“允”会意。夲，《说文》释为“进趣”，即快速前进。允，《说文》

释为“信”。“𨋰”本意指人积极上进。

“允升”，民众信服且力行君子之道，如此积极上进称之为“允升”。

“大吉”，使民众主动积极上进，乃君子教化成功之根本途径，是教化之至善，故曰“大吉”。

此爻明使民众自觉积极上进是“升”之根本动力。

《象》曰：“允升，大吉”上合志也。

“上合志”，“上”通“尚”，“合志”即使民众志于君子之道。君子教育民众，应以感化其心志为上，使其自发向道为上，故曰“上合志也”。

九二：孚乃利用禴，无咎。

君子效法夏祭之义治“升”，以嘉奖增固民众之信。

“无咎”言外之意，增固民众对于道义之信孚，于治“升”而言尤为重要，不能增固民信，则为行教者之“咎”。此处亦可说明“见大人”为“升”必要之条件。

此爻明治“升”重在增固民信。

《象》曰：九二之“孚”有喜也。

“有喜也”，君子有喜也，表彰先进，激励后进，增固民众之信，促进民众积极上进，君子之志大行，故“有喜也”。

九三：升虚邑。

“虚”《说文》：古者九夫为井，四井为邑，四邑为丘，丘谓之虚。徐灏《段玉裁注笺》：“人所聚居谓之丘虚。”

“邑”《说文》：国也。即国家。

“升虚邑”即君子教化由小渐大，一家齐，一国治而后天下平。由“虚”扩至“邑”，教化渐“升”也，由小渐大为事理之必然。“升虚邑”意思近于“富以其邻”。

此爻明治“升”应循序渐进，由小渐大。

《象》曰：“升虚邑”无所疑也。

“无所疑”，家齐为国治之基础，国治为平天下之基础。能齐家者人不疑其治国之德才，能治国者人不疑其平天下之德才。

“父子，兄弟”之义通于“君臣，朋友”之义。故孝敬父母者，必忠敬君王。爱兄弟者，必友朋友，推而广之而已，故人“不疑”。

《尚书·君陈》：“君陈，惟尔令德孝恭，惟孝友于兄弟，克施有政。”译文：“君陈，你具有孝恭之美德，孝敬父母、友爱兄弟，这种品德可以推广用以政事。”周成王看到君陈具有孝恭之美德，所以信任其执政，是“无所疑也”。

六四：王用亨于岐山，吉，无咎。

“王”，周王，泛指诸侯。

“亨”即“享”，祭品。

“岐山”，周国封地之名山，享诸侯之祭。

“王用亨于岐山”，周王祭祀岐山。

《礼记·王制》：“天子祭天地，诸侯祭社稷。天子祭名山大川，诸侯祭名山大川之在其地者。”《礼记·祭法》：“山林、川谷、丘陵、能出云为风雨。”“山林、川谷、丘陵，民所取财用也。”君王祭祀山林，是感其风雨、财用之恩泽，故敬享之。周王祭祀岐山，意在以祭祀之行为教化民众。通过祭祀可以使民众明事奉鬼神之道，明君臣之义，父子之伦，贵贱之等，亲疏之差，可以明奖赏之道，夫妇之别，可以明政治平等之道，可以明长幼之序，可以明精神与物质之结合。故古人以祭祀为教化主要手段之一。《礼记·祭统》：“夫祭之为物大矣，其兴物备矣，顺以备者也，其教之本与！”即通过祭祀可以贯彻道义于社会各个方面。祭祀是全面提升民众道德的手段。

此处言“王用亨于岐山”，而不言君王祭祀天地或其它，原因在于古制天地必须由天子祭祀，诸侯在其封地之内祭祀山川，即是最高规格之祭祀。此处意在表明掌握国家教化者，皆可运用祭祀来教化国人，来提升国人道德。

此爻结合《明夷》中“箕子”推断，《周易》应在周武王之后成书，而非周文王所作。

“吉，无咎”，君子利用祭祀治“升”，使民众在各个方面上进于道义。如此方能全面有成，可致吉，否则为“有咎”。

此爻明治“升”当使道义全面贯穿民众社会生活之中，使民众全面进步。

《象》曰“王用享于岐山”顺事。

“顺事”，“顺”《尔雅》：陈也。陈列之意，此处解作“展示、告示”。君子以祭祀展示诸多教义，使民众效法行事。

六五：贞吉，升阶。

“阶”《说文》：陛（bì）也。台阶，凡以渐而升皆曰阶。

“贞吉”，保持贞正而“升”，方能致吉，失“贞”必致凶。

“升阶”，分阶段上升。

此爻明治“升”的两条原则，首先保持“贞正”此为致吉之保障，反之则凶。其次要分阶段上升，即“积小以高大”。

《象》曰：“贞吉，升阶”大得志也。

“大得志”，民众秉持中正，则道义不失，民众逐渐进步，则教化可期。如此可弘道化民有成，故曰“大得志也”。

上六：冥升，利于不息之贞。

“冥”《说文》：幽也。此处解作愚昧。

“冥升”，使愚昧者进步于道义。

“利不息之贞”，对于愚昧者应当持续、深入以正道教导之，熏陶之。

此爻明君子应当对愚昧、不开化者，持续、深入教化之，此为君子之义务。

《象》曰：“冥升”在上，消不富也。

“在上”，“在”解作“在于、决定于”。《荀子·劝学》：“驽马十驾，功在不舍。”使愚昧者上进，在于君子教化不息，故曰“在上”。

“消不富”，“不富”指民众之德寡者。“消”，减也。“消不富”，消除愚昧者，使臻于文明之列。

第四十七卦　困 ䷮ 兑坎

亨。贞，大人吉，无咎。有言不信。

“困”《说文》：故庐也。衰败而倒塌的房屋。引申为困穷，困难。《论语·季氏》：“困而学之又其次也。”

“亨”，于困难之中，君子秉持“中道”而行，临事制宜，故虽难行亦有通达之道。

“贞”，此处解作卜问、占筮。

“大人吉”，大人道德高尚、行为中正可以使民众信从。

“贞，大人吉”，占筮与大人皆可以决民众之其疑惑，定其犹豫，使民众信从，故吉利。

《礼记·曲礼上》：“卜、筮者，先圣王之所以使民信时日，敬鬼神，畏法令。所以使民决嫌疑，定犹豫也。故曰：疑而筮之，则弗非也，日而行之，则必践之。”

“无咎”，于困难之际使民众信从则“无咎”，不然则为咎。

“有言不信”，民众于困难之中不明道义所在，亦不听信君子之教导，故曰“有言不信”。

《彖》曰：“困”，刚揜（yǎn）也，险以说。困而不失其所亨，其唯君子乎？“贞，大人吉”以刚中也。“有言不信”尚口乃穷也。

“揜”《说文》：覆也。覆盖。此处解作遮掩、围困。

“刚揜”，“刚”即“不德、不义者”，不义、不德围困、掩蔽正义、道德，此种情形为“困”。

“险以说”，“说”即“悦”，君子临险难不忧，而能于治“困”中感受治事之意趣。《孔子家语·在厄》：“子曰：君子之修行也，其未得之，则乐其意；既得之，则乐其治。是以有终身之乐，无一日之忧。”其中“其未得之，则乐其意”即“险以说”。

“困而不失其所亨，其唯君子乎？”临“困”能行中正，能致通达，唯有君子能如此。

“以刚中也”，“以”此处解作“率领、带”，《左传·僖公五年》：“宫之奇以其族行。”卜筮与大人能使民众敬信、顺从，率民践道，故曰“以刚中也”。

“尚口乃穷”，以说教劝民向道，致于困穷之境地。言外之意要谋求使民众内心敬畏之方法，以使民众信从。

《象》曰：泽无水，困。君子以致命遂志。

“泽无水”，“泽”之为物可滋养草木鱼虫，若“泽无水”，则不能取悦于草木鱼虫。“泽”比作君子之教化，教化不承载德义，则民众不悦于教化，故“困”。

“致”《说文》：送诣。

“遂”，解作称意。《诗·曹风·侯人》：“彼其之子，不遂其媾。”

“致命”即君子全身心投入弘道化民之事业。

“遂志”，实现弘道化民之志向。

“致命遂志”，君子践行使命，实现弘道化民之志愿。

初六：臀困于株木。入于幽谷，三岁不觌（dí）。

“觌”《尔雅》：见也。相见、会见之意。《荀子·大略》：“私觌，私见也。”

“株”《说文》：木根。土内称之为根，土上称之为株。“株木”即伐木余留之木桩。“株木”在乡野之物，能坐之物，非人文之坐器，有别于席、床等。此处比喻非君子之正位，为暂居之位。

“臀困于株木”，君子困于野，困于不能得其正位。所谓正位即君子行教之位，或为君，或为师。“臀困于株木”亦即民众未能顺从君子之道，未能信服、尊敬君子。“臀困于株木”为君子立身之困。

“入于幽谷”，“幽”解作“昏暗、昏昧”，“幽谷”比喻昏昧、不开化之社群。“入于幽谷”即君子入于昏昧民众之中。

“三岁不觌”，“三岁”泛指多年。“不觌”君子不能以君师之身份与民众相见，寓意君子之道未能大行于社会。

“三岁不觌”，君子于愚昧之社群推行教化，必先取信于民，而后君子得其位，故曰“三岁”。寓意君子之道须长久经营方能行于民众之中，亦可以说，使文明显现于社会，必须长期谋求。

此爻明在道义昏昧之际，解决立身之困，需要持之以恒。言外之意治“困”须有耐心。

《象》曰：“入于幽谷”幽不明也。

“幽不明”即“幽而不明”，愚昧遮掩正义，道义不能彰明。君子行教于愚昧之社会，道义一时难以申张，故曰“幽不明”。

九二：困于酒食，朱绂（fú）方来。利用享祀，征凶，无咎。

“困于酒食”，“酒食”为利养民众之资财，此处泛指民众之利益。君子必能利益民众，而后能取信于民众。君子解决民众资财之困，即“困于酒食”。

“朱绂”，“绂”亦写作“市（fú）”。市，《说文》：蔽也，上古衣敝前而已。天子朱绂，诸侯赤绂。古代遮在衣服前的装饰布块，天子用朱色，诸侯用赤色。“朱绂”权位之象征，此处代指君王之位。

“朱绂方来”，君子能利益民众，民众信服君子，如此君王方有其权位。

“享祀”，享受民众祭祀。古制能利益天下人民之贤能者，方能享受世人祭祀。《礼记·祭法》：“法施于民，则祀之；以死勤事，则祀之；以劳定国，则祀之；能御大灾，则祀之；能捍大患，则祀之。”译文：“能以技艺教授民众者，可享受祭祀；能为人民效力而死者，可享受祭祀；对安定国家有功者，享受祭祀；能抵御大灾害者，可享受祭祀；能保卫人民不受侵害者，应享受祭祀。”

“利用享祀”，君子欲得民心，必要行各种利益民众之事。君子力行以上五种可以使民众感恩戴德之事，以得民心，故曰“利用享祀”。

“征凶”，未能利益民众之前，而强行推行君子之教化，则“凶”。

“无咎”，以利益民众来争取民心，如此行事为事理之必然，故可保“无咎”，舍此则为“有咎”。

此爻明行教之“困”，主要在于不能得民，时刻以利益民众为先，则“无咎”。

《象》曰：“困于酒食”中有庆也。

“中有庆也”，所谓“中”即君子行教化过程之中。通过利益民众，取得民众之敬顺，从而君子有其位，同时可保障民众继续上进于道义，故“中有庆也”。

《论语·子路》：“子适卫，冉有仆，子曰：庶矣哉！冉有曰：既庶哉，又何加焉？曰：富之。曰：既富矣，又何加焉？曰：教之。”此处“富之”即以资材利益百姓，为君子教化民众、广推道义奠定基础。这段话阐述富民在教民之先，同于君子治“酒食”之意。

六三：困于石，据于蒺藜。入于其宫，不见其妻，凶。

“据”《说文》：戟挶也。即拮据。《诗·豳（bīn）风·鸱鸮（chī xiāo）》：“予手拮据，予所捋（luō）荼（tú，草也）。”其中“拮据”作操作劳累。“捋”即以手握物，向一端滑。“拮”《说文》：手口共有所作也。此处“据”应解作以手劳作。

“據”《说文》：杖持也。段注：“谓倚仗而持之，杖者，人所據，则凡所據皆曰杖。”

古文据、據两字各有其意，今简体字则独存“据”。此爻应作“据”解，不作“據”。

“蒺藜”，草，有刺，布地生，危害谷类，为杂草之难除者，此处比喻危害教化之异端邪说。

“困于石”，“石”此处指药石。“困于石”比喻教化受异端邪说侵害之困。

“据于蒺藜”，以手劳作，清除蒺藜草。比喻铲除不德、不义等异端邪说，应如同清除蒺藜草，要做到斩草除根。

“入于其宫，不见其妻”，“宫”君子之家。“妻”比作顺从、辅助君子者。“不见其妻”，是妇人不从于丈夫，远去于丈夫，比喻顺从、辅助君子行教者背离君子而去。

“困于石，据于蒺藜。入于其宫，不见其妻，凶。”对于异端邪说对教化之侵扰，君子当斩草除根，不然后患无穷。如果顺从君子者与君子离心离德，则凶。君子对外要除恶务尽，对内要加强团结，如此作为方能解除困扰。

此爻明治“困”之得失所在。铲除外在危害教化者，同时要密切团结内部支持正义者，防止离心离德。

《象》曰：“据于蒺藜”乘刚也。“入于其宫，不见其妻”不祥也。

“乘刚”，“刚”即不德、不义。去除非礼、非义。

“不祥”，“祥”《尔雅》：善也。支持君子之事业者为亲近君子者，亲近者背离，则君子教化难成，其事不善，故曰“不祥”。对于支持者之背离，君子应反思。

九四：来徐徐。困于金车，吝，有终。

“徐”《说文》：安行也。安舒行走。

“俆（xú）”《说文》：缓也。今无“俆”，均作“徐”。此爻应为“俆”。

“徐徐”，缓慢的样子。

“来徐徐”，君子使民众来归顺，其进展缓慢。言外之意，君子力求以德义感召民众，使民众自发归顺，如此行教艰难，故曰“来徐徐”。

“困于金车”，“金车”比作君子之文教体系，即君子之“道车”。“金车”谓其高贵，比喻文教为教民最为重要之手段。君子不能以礼义文教教化世人，为“困于金车”。

“吝”，不能顺利推行以文教教民，不能迅速、广泛得民，于君子行教而言为“吝”。但君子力行其事，能最终有得，故曰“有终”。

此爻明君子当坚持、力行弘道化民之事业，虽然推行文教艰难，但此为根本，努力营求，最终有得。

《象》曰：“来徐徐”志在下也，虽不当位，有与也。

“志在下”，志在教化民众。虽然民众来归顺君子迟缓，但君子不舍弘道化民之志。

“虽不当位”，君子不得其尊位，即未得君王之位。

“有与”，“与”此处解作“追随、亲比”，《论语·里仁》：“君子之于天下，无适也，无莫也，义之与比。”其中“义之与比”即立身从事遵循义。

“有与”即“君子与义”。君子虽不得其尊位，但君子力行弘道化民之志，行君子之道义，即“义之与比”。

“虽不当位，有与也”是孔夫子一生行教之写照。

九五：劓刖，困于赤绂。乃徐有说，利用祭祀。

“劓刖”，刑罚也，为行政教民手段。以文教教民不成，而后以刑罚矫正之。

“困于赤绂”，“赤绂”，诸侯之制服，此处比喻政治官僚体系。君子困于以政治官僚体系管理民众。

“乃徐有说”，“说”即“悦”，民众需要逐渐适应政法要求，从而能形成良好社会秩序，民众受益，故民众喜悦。

“利用祭祀”，以祭祀为宣教手段，使民众在各个方面皆能贯彻礼义。如此可以从根本上解决政法管理民众之“困”。

此爻明管理国家人民乃“困”之大者，只要从困难之根本因素着手解决，则无不克。

《象》曰：“劓刖”志未得也。“乃徐有说”以中直也。“利用祭祀”受福也。

“志未得”，君子志在以德化民，利用刑罚，则君子化民之志未得也。

“以中直”，“直”此处指行为正直，合乎政令。民众遵守政法规则，行为中于“直”，故曰“以中直”。

“受福也”，《礼记·祭统》：“贤者之祭，必受其福，非世所谓福也。福者，备也，备者，百顺之名也。无所不顺者之谓备，言内尽于己而外顺于道也，忠臣以事其君，孝子以事其亲，其本一也。上则顺于鬼神，外则顺于君长，内则以孝于亲，如此之谓备。唯贤者能备，能备然后能祭。是故贤者之祭也，致其诚信与其忠敬，奉之以物，道之以礼，安之以乐，参之以时，明荐之而已矣，不求其为。”

《祭统》此段文字解释“受福”十分透彻。祭祀，人神之伦，明祭祀之道，则人道无不顺！

上六：困于葛藟（lěi），于臲卼（niè wū）。曰：动悔，有悔。征吉。

“葛藟”，草也，别名“野葡萄”，落叶木质藤本，有缠绕，攀附的特点。《诗·王风·葛藟》“绵绵葛藟”，《诗经·周南·樛木》“葛藟累之”、“葛藟荒之”、“葛藟萦之”。“葛藟”此处比喻繁乱、芜杂的事务与局面，

“臲卼”《说文》、《尔雅》皆无此字，《说文》有“䖍（wā）”，推测即臲，《说文》释为：“槷（yí）臲，不安也，从出，臬声。《易》曰：槷臲。”许慎并未说“槷臲”出自哪一卦，推测应是《困》卦，即此爻“臲卼”又一写法。其中槷（yí）《说文》解释为“木相摩也”，有动摇之意，所以“臲”应当解作“动摇不安”，“卼”与其同意连用。

《尚书·秦誓》：“邦之杌陧（wù niè），曰由一人，邦在荣怀，亦尚一人之庆。”

“陧”《说文》：危也。有不安之意。

“杌”《说文》无此字，应为扤（wù），释为“动也”，亦有不安之意。

“荣怀”与“杌陧”相对应，“荣怀”即繁荣安定，“杌陧”应为

动荡不安。

我家乡方言用来形容吃饭仓促不安，亦说“抓陧”，推测即是此“臲卼”。

由以上推断，“臲卼”应为“抓陧”，意思为动荡不安。

“困于葛藟”，君子困于繁乱、芜杂的事务。君子治事，必须思路清晰，主次先后明确，不然则困于芜杂之局面。“困于葛藟”乃治事者主观上有失而致困。

“于臲卼”即“困于臲卼”，君子困于社会动荡不安。“困于臲卼”乃客观之困难。君子治事应因地制宜，虽险难之中亦有通达之道，君子敬慎不败。

“动悔”，“动”为“勇”之误，二者篆体形近。“勇悔”，君子勇于反省自身之不足。

“有悔”，君子知悔，可及时改正前非。《礼记·中庸》：“庸德之行，庸言之谨，有所不足，不敢不勉。”“有悔”即“有所不足”而“自责、自勉”。

“曰：动悔，有悔”，“勇悔”勇于自我反省；“有悔”明察客观之得失。能行此二者，则可以解决内外之困。《论语·卫灵公》：“子曰：过而不改，是谓过矣！”

“征吉”，君子克服主观与客观之困难，可致吉。

此爻明治“困”之成功，在于不断提高自身修养与能力，在于明察治事之得失所在。

《象》曰：“困于葛藟”未当也。“动悔，有悔”吉行也。

“未当也”，思路不清晰，治事不条理，自我致困，故称之为“未当也”。

“吉行也”，勇于改正错误，不断自省；保持敬慎之心，明察得失，如此为善行，曰“吉行也”。

第四十八卦　井 ䷯ 坎巽

改邑不改井，无丧无得，往来井井。汔（qì）至亦未繘（yù）井，羸其瓶，凶。

“井”供民以水，此处比作礼、礼教。水可比作道德，水滋养身体，德滋养精神。井之用，在于输民以水，礼教之用，在于输民以德。二者功用相同。

“改邑不改井”，“改”《说文》：更也。“邑”即邑国。“改邑不改井”即无论国家、邦域如何变化，如何不同，其人民必用井给水。寓意无论地域、族群如何不同，都需要以道德来滋养民众之精神。“改邑不改井”说明“井”乃民众生产、生活之必要条件。

“无丧无得”，井为汲水设施，虽日月取水而不竭，虽不取一瓶其水不增多。言井有其常，以能供水于人为其义。如同礼以使民众致道为其义。“无丧无得”说明井止于达其功用，为井之本质。

“往来井井”，“往来”即往者与来者，“往来”皆围绕井生产、生活。“井井”即有序的样子，《荀子·儒效》：“井井兮其有理也。”井是生产、生活有序进行的基础。“往来井井”寓意礼是保障民众有序、社会和谐的根本制度。

“汔至亦未繘井”，“汔”《说文》：水涸也。“繘”应为矞（yù）。矞，《说文》：以锥有所穿。即用锥子凿穿物体。“矞井”即凿井、穿井。“汔至亦未繘井”即水已经干涸，但仍未曾凿新井。比喻原来使用的礼已经不能通达道义，已经不合时宜，但仍未制定新的符合时义的礼。

“羸其瓶”，“羸”解作“缠束”。“瓶”民众用以汲水之水瓶。古代汲水瓶底尖、腹大、口小，系绳子的耳环设在瓶腹稍微靠下的部位。当汲水瓶空着时，由于瓶的重心高于绳的悬点，瓶身会倾倒，把水瓶放到水里，水就自动流进瓶内，当瓶中汲入适量的水之后，瓶的重心降到绳的悬点之下，往上提绳，装有水的汲水瓶则能保持直立。如果瓶内水太满，则重心又高于绳的悬点，瓶将自动倾倒，直至重心低于悬点。“羸其瓶”指汲水绳在下放水瓶的过程中与水瓶发生缠绕，从而不能正常汲水，故为“凶”。“羸其瓶”比喻不能正确的运用礼，则不能达礼之用，不能致礼之用，则劳而无获，故“凶”。

《象》曰：巽乎水而上水，井，井养而不穷也。“改邑不改井”乃以刚中也。“汔至亦未繘井”未有功也。“羸其瓶”是以凶也。

“巽乎水而上水”，“巽”解作具备。井通于地下水，是“巽乎水”，以瓶汲水而上，是“上水”。寓意礼必须通达于道且可以循礼而得道。

“井养而不穷也”，“养”解作供养。“穷”解作穷尽。井水养民而其水无穷。井联通地下水，则可以致用无穷。寓意礼合乎道义，可教民无疆。

“乃以刚中也”，“以”此处解作“带、率领”。“刚”指民众。“中”指依井从事，比作遵循礼教以进道德。君子设井，率领民众依井而生产、生活。君子设礼教，率领民众遵循礼以进养道德。

“未有功也”，制定礼是君子之职责。民德匮乏而不能及时制礼，则民众不能循礼以进德，如此君子弘道化民无功，故曰“未有功也”。

“是以凶也”，不能正确使用礼，则劳而无功。

《象》曰：木上有水，井。君子以劳民、劝、相。

“木”曲直之道，此处比作民众。民众经教化可由愚昧而文明，由邪僻而正直，故曰“木”。“木”在下，木道上行。

“水”德为润下，此处比作君子行教，君子向下，亲民、教民，故曰“水”。“水”在上，水道下行。

“木上有水，井”，君子教民以德，民众从顺，上下相与，为“井”。

君子之行如水，润下。修习者之行如木，由曲变直。“水、木”各安其事，可谓之“清”。“水、木”皆善成其事，可谓之“华”。教授者与修习者各安其事，皆善成其事，亦可比喻为“水木清华”矣。

“劳”此处解作“褒奖、慰劳”之意，《后汉书·王丹传》：“每岁农时，辄载酒肴于田间，侯勤者而劳之。”

“劝”《说文》：勉也。勉励之意。

“相”《尔雅》：辅助，相助。

“劳民”，君子褒奖修习礼义之先进者。“劝、相”勉励、帮助后进者。“劳民、劝、相”即君子教导民众践行礼义之方法。

初六：井泥不食，旧井无禽。

“井泥不食”，井水清洁则可用于民众生产、生活。水中有泥沙则不能食用，则井之致用不能广大。寓意礼必须通达于道且能和于广大民众，方能广泛致用。虽能通达于道不能和于民众，不能广泛致用，则为不善，为下。

“旧井无禽”，“旧井”者不用之井也，时过境迁，不能给水以民，或远于民众居所。井不能上水，虽鸟雀之饮亦不能满足，言其无用也。“旧井”比喻过时之旧礼。礼随义迁，时义变化则礼变，过往之礼合于彼时之义，犹“旧井”，不能致用于当下，为无用之物。

此爻明礼必须通达于道且和于广大民众，能广泛致用。礼必须合于时义方有其价值。

《象》曰：“井泥不食”下也。“旧井无禽”时舍也。

“下也”不能尽善，故曰“下”。

“时舍”旧礼不合此时之义，为时义所舍弃，为无用之礼。

九二：井谷射鲋（fù），瓮敝漏。

“谷”应为“尚”之误，二者篆体形似。

“尚”此处解作“时间久远”，《吕氏春秋·古乐》：“古乐之所由来者尚矣，非独为一世之所造也。”

“鲋”《说文》：鱼也，即鲫鱼。“射鲋”即用弓箭射鲫鱼。古人有射鱼之俗，清人张庆长在《黎岐纪闻》中记载：“黎岐无不能射者，射必中，中可立死，每于溪边伺鱼之出入，射而取之，以为食，其获较网罟为尤捷云。”

“瓮”《说文》：罂（yīng）也。即缶之大者，此处指水缸。

“敝”《说文》：破衣。引申为破败。

“漏”《说文》：屋穿水下。指滴漏、渗漏。

“井尚射鲋”，井经久不用，井水生鱼，人以弓箭射取之。言外之意，井不为民所用，失其正义，流于它用，不伦不类。寓意如果礼不能为民所用，不能起到规范行为、修养道德的作用，其它小小不严的功用则无足轻重。

“瓮”比喻民心，用以盛德。“瓮敝漏”即水缸破败或渗漏。比喻民心不诚，虽受之以德，不能存也。

“井谷射鲋，瓮敝漏”，此爻寓正于反，意在阐述，礼一旦远于民众，不能为民众所广泛使用，则失去礼之正义，即便有小小不严之功用，亦无足轻重。同时教化必须使民众具有诚敬之心，不然不能畜养道德，徒劳无功。

此爻明君子行教化当从礼教与民心两方面用功，礼不能和于民众，不能育民以德，失其正义，则无用。民心不诚敬，则修习不能有得。

《象》曰：“井谷射鲋”无与也。

“无与”者，井不能亲和于人，不能相与于人。礼不能和于民众，即“无与”也。

九三：井渫（xiè）不食，为我心恻，可用汲。王明，并受其福。

“渫”《说文》：除去也。

“恻”《说文》：痛也。多用于内心悲痛。

“汲”《说文》：引水于井也。引申为引导之意。《穀梁传·襄公十年》:“汲郑伯,逃归陈侯。”

“井渫”者,除去井之泥污,使井水充足、清洁。“井渫不食”,民众不从完好之井中取水饮食,比作民众不循正礼修德。

“为我心恻”,“为”此处作助词,使宾语“井渫不食”前置。井水清洁而民众不食用,如同礼完善而民众不遵循。正道不能为民所用,于君子而言痛心也。“为我心恻”君子忧道忧民也。

“可用汲”,即面对民众不汲水于井的局面,君子积极引导,嘉奖之,劝勉之,辅助之,终能使民众致道。“汲”即“劳民,劝,相”。

“王明”,使君王明白“井”道之利,则可以广泛推行“井”道。言外之意以国家力量推行礼教,乃教化之大道。

“并受其福”,“并”《说文》:併也。即并列。君王明白礼教之利益,从而倡导民众践行礼,民众能上进于道义,教化广大,君民皆受其利,国泰民安,故曰“并受其福”。

此爻明民众需要引导才能信从正道,能以国家之力推行“井”道,则使世人皆得其福利。

《象》曰:“井渫不食”行恻也。求“王明”,受福也。

“行恻”,民众不食“井渫之水”的行为,让君子痛心。

“求”此处解作谋求、争取。谋求君王明白“井”道之利,则可以广泛推行“井”道。使王者晓明“井”道之利益,可使天下“受福”。

“受福也”,“受”此处作使动用法,使君民受福。

六四:井甃(zhòu),无咎。

“甃”《说文》:井壁也。引申为砌井壁。

“井甃”即“甃井”,井壁有毁坏之处,及时修复之,礼有不足之处,及时修正之,如此则君子“无咎”。

此爻明及时修正礼为君子之职责。

《象》曰:“井甃,无咎”修井也。

“修井”即君子议礼也。

九五：井洌寒泉，食。

“洌”《说文》：水清也。

“寒泉”泉水之名。夏天泉水温度低于环境温度，故曰“寒泉”。唐人元结《寒泉铭序》：“有寒泉出于石穴，其水本无名称也，为其当暑大寒，故命曰寒泉。”《诗·凯风》：“爰有寒泉，在浚之下。”

泉水温度四季一如，不称“暖泉”，大概炎热天气用水较多，故“寒泉”之作用在夏季较其他季节为大，故称之“寒泉”。

“井洌寒泉”，井水清洌如寒泉之水。比喻礼合乎其正义，即通达于道，且可和于民众。

“食”民众汲水饮食，比喻礼和于民众，民众循礼而进德。

此爻明“井”道之本，在于合于道，和于民。

《象》曰：“寒泉”之“食”，中正也。

“中正”，合于道，和于民，达其用，即为“中正”，即为义。

上六：井收，勿幕。有孚元吉。

“收”此处解作结束、停止，有功成而止之意。《礼记·月令》：“雷声始收。”

“幕”《说文》：帷在上曰幕，又覆食案亦曰幕。引申为覆盖。《左传·昭公十一年》：“以其帷幕孟氏之庙。”

“井收”，井之功用完成，比喻礼之用结束。

“勿幕”，勿遮盖、隐蔽之，勿销毁之。

“井收，勿幕”，井功已成，其用已尽，不得毁灭之，不得隐匿之。比喻礼虽然不合时宜，不再使用，但一定要记载于典籍之中，其礼器陈于庙堂，不得毁败。

“井收，勿幕”目的在于让民众瞻仰井之功德，以使民众有感恩之心，敬信之心。我故乡有俗，弃井不得掩埋，不然目盲。不能填井之俗大概出自此爻。

“井收，勿幕”意思近于《蛊》之上九“不事王侯，高尚其事”。“不事王侯”即“井收”，“勿幕”即“高尚其事”。

“有孚”，民众信从“井”道。民信为根本，是君子以礼教教化民众之始，之根本，故为“元吉”。“元吉”为根本之吉，为大吉。

此爻明井道之善终。

《象》曰：“元吉”在上，大成也。

“在上”即最高成就。民众敬信井道，为井之最终成就，故曰“在上”。

“大成”，民众敬信礼教，为教化之“大成”。

第四十九卦　革 ䷰ 兑离

己日乃孚。元亨，利贞。悔亡。

“革”应为諽（gé）。諽，《说文》：饬也，一曰更也。即整治、变更之意。

“己日乃孚”，“己”以天干纪日，有作“巳”者，为谬。十天干：甲、乙、丙、丁、戊、己、庚、辛、壬、癸。其中“己”居六位，“戊”居五位，“戊”居中，表示事物盛极之时，“己”表示事物盛极转衰之际。“己日乃孚”于事物在转变之际进行改革，方能取信于人。

“元亨”，变革是事物发展的根本之路，为通达之道。

“利贞”，变革必秉持正义而往，不然则为“乱”。

“悔亡”，顺应情势，合理、有序改革，则悔不得生。

《彖》曰：革，水火相息，二女同居，其志不相得，曰“革”。“己日乃孚”革而信之。文明以说，大亨以正。革而当，其悔乃亡。天地革而四时成，汤武革命，顺乎天而应乎人。革之时，大矣哉！

“水火相息”，“息”解作止息。水可灭火，火可涸水，其性相背。水居火上，水下行，火上行，故“相息”。

“二女同居”，婆媳同居，同《睽》。

“其志不相得”，即婆媳之志不合。婆婆若不退出主妇之位，则会制约儿媳主宰家庭、全面参与社会活动的要求，故“其志不相得”。婆媳身份变更为人伦之常，其情形如同天地四时变化，故为“革”。

“二女同居，其志不相得”，以人伦变革阐释“革”道兼有变更与和合二义。

“革而信之”，变革切合正确的时机，则可以取得信任。君子行养民教民之事，择时机革旧立新，则民众信之。

“文明”指主导改革者之文采彰明，寓意改革者之道德广泛乎众。“文明以说”即改革者以自身之道德，使广大民众悦服。即以道德感召民众，从而民众能愿意顺从改革。

“大亨以正”，即“大亨”要建立在遵循正义的基础之上。“大亨以正”解释“元亨，利贞”。

“文明以说，大亨以正”，寓意成功的改革建立在民众悦服，以及遵循正义的基础之上。若民众不信从，不能遵循正义，则改革必定失败。

“革而当”，变革合理、有序，则为“当”，反之则“有悔”。

“天地革而四时成”，天革，时迁也，地革，物化也，时迁物化则“四时成”。春夏秋冬为天地之变革，为革之大者。

“汤武革命”，商汤、周武，自革其命也。武王为商之臣，伐纣称王，变臣为君，故为自革其命。

“顺乎天，应乎人”即顺天时，得人和，为“革而当”也。

“革之时，大矣哉”，天地之革成就四时，国家之革成就文明进步。凡天下事物无时不在变革之中，改革可利用与道义兼得，故“大矣哉”。

《象》曰：泽中有火，革。君子以治历明时。

“泽”中有水，与火“相息”为“革”；“泽”德为“悦”，火德为明，“文明以悦”亦为“革”。“革”兼具变更与和合二义。

“治历明时”，“历”即历法。“时”即时间。君子修治历法，划分一日之时间。历法用来标注四季之变革，时辰用来标注一日之变革。历法与时辰为天地变革之标记。“治历明时”寓意君子应时刻思变。

初九：巩用黄牛之革。

“巩”《说文》：以韦束也。即用柔皮束缚，此处解作约束。

“革”此处指皮革，黄牛皮革较其他革坚韧耐用。

“巩用黄牛之革”，用黄牛之皮革束缚，以达到牢固之目的。此处指君子严格自我约束、克制，不可贸然变革，必须等待时机成熟而后动。寓意治“革”要有坚忍之心。

此爻明君子变革必须等待时机、条件具备之后动。

《象》曰：“巩用黄牛”不可以有为也。

“不可以有为”，不具备变革条件不能贸然用事。

六二：己日乃革之，征吉，无咎。

“己日”由盛而衰之日，事物转变之际。

“己日乃革之”，行改革之事要切合时机。先于“己日”则人不信，后于“己日”则乱已生。人不信则不从，致乱生则君子大费其事，明哲君子必“己日”而革，顺天应人。

“征吉”，“征”即推行改革，切合时机推行改革则可致吉。

“无咎”，只有“己日革之”方能无咎，不能“己日革之”为有咎。

此爻明改革时机之重要，合时机则吉，反之则凶。简言之即“顺天”。

《象》曰：“己日革之”行有嘉也。

“嘉”《说文》：美也。引申为吉庆。

“行”即君子治革。“行有嘉”即切合时机推行改革则顺利有成，可获吉庆。

九三：征凶，贞厉。革言三就，有孚。

“征凶”，不符合变革之道而强行，则凶。顺天应人则吉。

“贞厉”，遵循正义而作。寓意改革需要付出坚实的努力。

“革言三就”，“言”助词无义。“就”《尔雅》：成也。达成、达到之意。《诗·大雅·常武》：“不留不处，三事就绪。”

“革言三就”即改革有赖三个条件达成。所谓“三就”，其一，改革之时机，即“己日”。其二，遵循正义，即“利贞”。其三，合理、有序，即“悔亡”、“革而当”。一为客观条件，二为宗旨，三为方法，三者具备则改革必成。

“有孚”此处指改革者能遵循“三就”准则行事，则能使改革本身取得民众信服。

此爻明改革得失之所在。

《象》曰：“革言三就”又何之矣？

“之”解作“往、到某处去”，此处指事情发展到某种地步。

“又何之矣？”为反问句，如果具备变革的三个条件，改革还能发展到那里呢？必成而已。

九四：悔亡。有孚改命，吉。

“悔亡”，革而当也。改革应顺应情势，合理、有序进行。

“有孚”，使人相信改革，为改革成功之关键。

“改命”，改变命运。变革命运乃“革”之大者，但只要“有孚”，则能“吉”。

此爻明变革要遵循客观规则。民众能信从，则改革必定成功。

《象》曰：“改命之吉”信志也。

“信”通“伸”，此处解作伸张。《孟子·告子上》：“今有无名之指，屈而不信。”

“信志也”，改变命运即伸张志向之行为。

九五：大人虎变，未占有孚。

“大人”即人之大者，道德高尚，功德广大。

“虎变”，虎皮黄黑相间，变化有序，纹理鲜明，用来比喻大人之文采彰明。

“占”《说文》：视兆问也。即察看征兆求问疑惑。龟为卜，蓍为筮。问龟，问筮，皆为占。

“大人虎变”，大人之文采彰明，如同虎之皮纹变化鲜明。寓意主导改革者道德高尚，广为尊重，民众信从。

“未占”即不用占问。“未”此处解作“不”，《左传·庄公十年》：“食肉者鄙，未能远谋。”

“有孚”，大人有孚于人民。

“未占有孚”，大人行改革之事，不用借助卜筮以使民众信服。言外之意，民众对“大人”足够信服、敬顺。

此爻明主导改革者应通过自身德行，使民众由外而内的了解自己，以谋求广大民众之诚服、敬顺。简言之即“应人”。

《象》曰：“大人虎变”其文炳也。

“炳”《说文》：明也。明亮、显著之意。

“其文炳”，大人之文采炳然。只有内在道德圆满，外在文采方能彰明。

上六：君子豹变，小人革面，征凶，居贞吉。

“君子豹变”，豹子之皮纹繁盛，比喻君子文采繁盛。

“豹变”不如“虎变”鲜明、显著。君子之文采虽繁盛但不显明，寓意君子之道德未能“有孚”于民众，民众不能顺从君子。言外之意，若君子主导改革，则需要先谋求民众认同君子之德，而后能顺从君子。

“小人革面”，“革面”即改变面貌。君子以自身之德行使民众信从，从而民众改变其面貌。即民众对君子由不信转而信从。

“征凶”，君子在未能取得民众信服之前，强行改革，民众不能应和，则凶，为“征凶”。君子应安守贞正，首先使民众认同君子之道，最终行为顺从，故曰“居贞吉”。

此爻明改革者取得民众了解、信从为改革之首要。

《象》曰：“君子豹变”其文蔚也。“小人革面”顺以从君也。

“蔚”《说文》：牡蒿也。引申为草木繁盛、繁茂。《说文》中引用此句《象》辞，写作“其文斐也”。“斐”解作“分别文也”，即错杂的色彩。《诗经·曹风·侯人》“荟兮蔚兮”，其中“荟”《说文》解作“草多的样子”，推测“蔚”应解作“草茂盛的样子”。《淮南子·兵略训》：“设蔚施伏，隐匿其形。”

“文蔚”，君子文采繁盛。

“顺以从君也”，民众感于君子之德，而顺从于君子。

第五十卦　鼎 ䷱ 离巽

元吉，亨。

“鼎”《说文》：三足两耳，和五味之宝器也。即炊煮器具。人以鼎烹饪食物以养身体，君子设宗教以树立道德以养民众之精神。故以鼎比作君子之宗教，即思想及教学体系。

“元吉”，炊煮器具是烹饪食物的基本条件，教学体系是树立道德的基本条件，故君子设立思想及教学体系为“元吉”。

“亨”，“鼎”道为通达之道，以思想及教学体系弘道化民可致亨通。

《彖》曰：鼎，象也。以木巽火，亨（烹）饪也。圣人亨（烹）以享上帝，而大亨（烹）以养圣贤。巽而耳目聪明，柔进而上行，得中而应乎刚，是以“元亨”。

“亨”与“烹”通用，烹解作煮，《孟子·万章上》：“昔者有馈生鱼于郑子产，子产使校人畜之池，校人烹之。”

“饪”《说文》：大熟也。烂熟之意。

“烹饪”即煮熟食物。

“圣”《说文》：通也。即通达之意，“圣人”即通达事理之人，道德高尚之人。

“贤”《说文》：多才也。引申为有才能的人。

“鼎，象也”，“象”即比拟之意。以鼎比喻思想及教学体系。

“以木巽火”，“巽”具也，即以木取火，目的为烹饪食物。此为鼎之功用。

“圣人烹以享上帝”，圣人以鼎烹饪食物作为祭品，敬献于上帝。寓意用鼎可致亨通。

“而大烹以养圣贤”应为“而大人烹以养圣贤”，其中“大人”遗“人”字。大人以德义培养圣贤之人。寓意鼎之利用重大。

“巽而耳目聪明”，“巽”此处解作“使顺从”。使民众顺从君子之教，则民众能明智、明德。此句解释“元吉”。

“柔进而上行”，民众道德进步，社会道义上行。

“得中而应乎刚”，君子治事本于道和于人，为“得中”，“得中”而能使民众顺应，即“应乎刚”。

“柔进而上行，得中而应乎刚”解释“亨”。

“元亨”应为“元吉，亨”，遗失“吉”。

《象》曰：木上有火，鼎。君子以正位凝命。

“凝”《说文》：水坚也。引申为使致坚。

“木”比作民众，可由愚昧变文明。“火”比作教化，可以使人明德智。民众上进，教化亲民，如此则民德成。用鼎以烹饪可以化生为熟，君子之宗教可以化愚昧为文明，故“木上有火”为鼎之用。

“正位”即端正君子之位。

“凝命”即坚固其使命。

“君子以正位凝命”，即君子端正行教化之身份，坚守弘道化民之使命。

初六：鼎颠趾，利出否。得妾以其子，无咎。

“趾”《尔雅》：足也。

“颠”《说文》：顶也。引申为颠倒、上下倒置。

“鼎颠趾”即“使趾升于颠”，亦即把鼎倒转。

“否（pǐ）”，不善。《左传·隐公十一年》：“师出臧否亦如之。”此处指不善之物。

“利出否”，倾倒出鼎内之污垢杂滓等“不善”之物，方利于烹饪食物。

“鼎颠趾，利出否”，使鼎倾倒，去除鼎内污垢，是烹饪前的必要程序，如此才能烹饪出佳肴。君子之宗教体系必须能输出高尚道德，方能滋养民众精神。

“得妾以其子”，“得”此处解作感激、感念。《孟子·告子上》：“所识穷乏者得我与?”感念妾的原因在于妾可以生养子女。比喻无论何种教化手段、方式，只要能达到预期目的就有其价值，就应当受重视。

“无咎”，能以行之有效的办法，去达成教化目的，则君子“无咎”。

此爻明宗教体系当以能输出高尚道德与正义为准则，强调任何教化手段，皆以致用为目的，能致用为上。

《象》曰：“鼎颠趾”未悖也。“利出否”以从贵也。

“悖”《说文》：乱也。

“未悖也”，指倾倒污垢为烹饪之必要步骤。

“从贵也”，追求高贵。“从”有追赶之意，此处解作追求，《孙子·军争》：“佯北勿从。”寓意宗教体系要力求输出高尚道德。

九二：鼎有实，我仇有疾，不我能，即吉。

“仇”《说文》：为怨匹，为嘉偶。即怨恨或喜爱的对象。此处指君子所要教化之人。

“能”此处解作顺从、亲善。《诗·大雅·民劳》：“柔远能迩，以定我王。”《韩非子·亡征十五》：“下不能其上。”《左传·襄公二十一年》：“故与乐盈为公族大夫，而不相能。”

“即”解作接近、亲近。《左传·僖公元年》：“楚人伐郑，郑即齐故也。”《诗·卫风·氓》：“匪来贸丝，来即我谋。”《礼记·曲礼》：“将即席。”

“鼎有实”，“实”为佳肴，比作德义。君子之宗教寓含真理、美德。

“我仇有疾”，君子所要教化之人有思想道德方面的问题。

“不我能”即“不能我”，不能亲近于君子，即不能从顺教化。

“即吉”，君子前往亲近民众而教导之，如此可得民，为“吉”。

此爻明建立有效可行的教化体系为首要工作，对于不能信从教义的民众，君子要争取之。

《象》曰：“鼎有实”慎所之也。“我仇有疾”终无尤也。

“慎所之也”，“之”即“到某处去”。君子以其教义教人，要因人施教。因为不同层次的人会有不同的认知水平。如果给小人讲大道，则大费少得，同样给君子讲小节亦不适宜，所以应以符合受教化者水平、身份的教义教导之。“慎所之”即小心以适宜之德义教授相应之人。

《论语·雍也》：“子曰：中人以上，可以语上；中人以下，不可以语上也。”《论语·卫灵公》：“子曰：可与言而不与之言，失人；不可与言而与之言，失言。智者不失人，亦不失言。”以上皆为“慎所之”之意。在《论语》中孔子从多层次、多角度解释“仁、孝”即是因为所教导的对象不同，而因人不同。

“终无尤也”，“尤”解作过错。《左传·襄公二十一年》：“王曰：尤而效之，罪之慎焉。”“无尤”使民众信从于君子之教，从而改邪归正，故其能“终无尤”。

九三：鼎耳革，其行塞。雉膏不食，方雨亏。悔终吉。

“塞”《说文》：窒也。阻塞之意。

“革”，更也，引申有去除之意。

“雉”《说文》释为山鸡。

“膏”《说文》：脂也。又“凝者曰脂，释者曰膏”。《说文》释“脂”为“戴角者脂，无角者膏”。可知“膏”为肥肉。

“雉膏”山鸡之肥脂，意指美味佳肴，比作美好德义。

“亏”《尔雅》：毁也。毁坏。

“鼎耳革”即去除鼎耳，鼎耳用来贯穿木杠以移动鼎。鼎失去鼎耳则不能移动。君子之宗教要随时义变迁而不断进步，如果不能适时调整思想及教学体系，则不能致用。君子之宗教要具备不断进步的机制。

“其行塞”即鼎去其耳则不能行。

“雉膏不食”，“不”解作“无、没有”。《诗经·邶风·终风》“不日有曀（yi）”译文“没有太阳则阴沉”。“雉膏不食”鼎内有肥美的山鸡肉而没有人食用。意在说明君子不能使美好德义惠及民众，亦即君子未能使民众亲近。

“方雨亏”，“方”此处解作“正当、当”，《楚辞·九章·哀郢》：“方仲春而东迁。”“方雨”正赶上下雨，即时变，比喻社会情势变化。“方雨亏”君子之宗教树立了正义与道德，若不能及时惠及民众，若恰巧遭遇社会情势变化，则所树立之正义与道德被毁坏，前功尽弃，故曰“方雨亏”。寓意行教要及时。

“鼎耳革，其行塞”与“雉膏不食，方雨亏”，前者是君子之宗教不能随时义进步，为设教之失，为“失其义也”。后者是君子不能有效行教，为治教之失，为“失其用也”。

“悔终吉”，能及时认识到错误而改正，最终可“吉”。

此爻明治“鼎”之失。

《象》曰：“鼎耳革”失其义也。

“失其义”君子之宗教不能做到随时义进步，则不能广泛、长远致用，则失其为教之义。

九四：鼎折足，覆公餗（sù），其形渥（wò），凶。

“折”《说文》：断也。

“覆”《说文》释为“反覆”，即翻覆。

“餗”《说文》：鼎实。鼎内食物。

“渥”《说文》释为“霑”，雨水浸染、沾湿，渥言湿之深厚也。

“鼎折足”，鼎折断其足，则鼎不能直立，比作君子之宗教失去其根本，则不能成立。儒教之根本为仁，若失去仁道，则儒教倾覆。

“覆公餗”，“公”与私相对，“公餗”用以飨天下人民，比喻国家正义与社会公德。君子之宗教失去其根本，则不能承担树立社会正义与道德的职能。

“其形渥”，“形”应为“彤”之误。“彤”《说文》：丹饰也。用红色涂料装饰器物，此处指鼎之装饰。“彤渥”指鼎之丹饰受浸污，而剥落，而失其文彩，比喻君子之宗教失去其文采。儒教之文即：礼、乐、射、御、书、数。

“鼎折足”言宗教之根本有失，“其形（彤）渥”言教化之文采有失。譬如儒教失其仁，则为“鼎折足”。儒教之文有不美，则为“其形渥”。《论语·雍也》：“质胜文则野，文胜质则史，文质彬彬然后君子。”君子之宗教，根本有失，则不能致用，文采不美，则不能悦人，故“凶”。

此爻明建立、维护健全而完善的教学体系，是教化民众的先决条件。

《象》曰：“覆公餗”信如何也？

“信如何也”即“如何信也”，君子之宗教不能承载正义，树立道德，如何能取得民众的信服？

六五：鼎黄耳，金铉（xuàn）利贞。

“铉”《说文》：举鼎也。用来抬鼎的木杠。

鼎耳与鼎铉是鼎赖以移动的结构与工具。“鼎黄耳”寓意鼎行“在中”，即君子之宗教时刻保持合于道且和于人。“黄”为治教之原则。

“金铉”为行鼎之工具，此处比喻君子，君子致力于行鼎，即运营宗教，使之随时义进步。“金”比喻君子道德高尚，地位尊贵。“金”为致远之条件。

“利贞”，有道君子运营教化，应当遵循贞正原则，即顺天应人。

此爻明君子之宗教要以“在中”为准则，君子运营宗教，要顺天应人。

《象》曰：“鼎黄耳”中以为实也。

“中以为实”，循中道以为鼎实。“实”此处指教义。寓意君子之宗教以中为准则确立各种教义。

上九：鼎玉铉，大吉，无不利。

“玉铉”比喻君子道德圆满。“鼎配玉铉”，言外之意，不用君子抬鼎、行鼎于天下。寓意君子之宗教大行于天下。

君子之宗教广泛流行于社会，为君子行教之大成，故为“大吉”。

“无不利”，民众广泛修习君子之宗教，则民德广进，社会道义上行，君民两利，故“无不利”。

此爻明使君子之宗教生长于民众之中为教化之大成。

《象》曰：“玉铉”在上，刚柔节也。

“节”《尔雅》释“裁”为“节”，即削减、节俭之意，此处引申为调和、和顺。《史记·历书》：“阴阳调，风雨节。”

“在上”使君子之宗教植根于民众之中为治教之最高成就，故为“在上”。

“刚柔节”“刚”指民众，“柔”指君子。君子之宗教植根于民众之中，民众藉此修德，宗教藉此以进步，两相调和，故为“刚柔节也”。

第五十一卦　震 ䷲ 震震

亨。震来虩虩（xì），笑言哑哑（è）。震惊百里，不丧匕鬯（chàng）。

“震”《说文》：霹雳，振物者。即疾雷，可以振奋万物。《尔雅》释为“惧也，动也”。《左传·僖公十五年》：“震夷伯之庙。”此处解作使敬惧、振奋。

“雷”《说文》：生物者也。

“霆”《说文》：雷余声也铃铃，所以挺出万物。

“霜”《说文》：成物者。

“雪”《说文》：凝雨，悦物者。

由《说文》可知：春曰“雷霆”，使万物生发；夏曰“震”，振奋万物精神；“秋”曰“霜”，成就万物。冬曰“雪”，使万物愉悦。“振物”即警诫、激励万物，此为《震》卦之意。

“亨”，以君子行教而言，在教化过程中效法天之“震”，行警诫、振奋之事，使修习者不懈怠于正道，故为“亨”。

“震来虩虩”，“虩”《说文》：恐惧。“虩虩”恐惧的样子。修习者对君子之警诫、激励心怀敬畏，故有战战兢兢之情状。

“笑言哑哑”，“言”助词无义。“哑”《说文》：笑也，指有声之笑。“笑言哑哑”即“哑哑而笑”，此处意思指开怀、会心之笑。修习者由有所戒慎，进步为能从容应对，如同孔子所言“随心所欲而不逾矩”。“笑言哑哑”指修习者经历了“震来虩虩”的阶段，达到心有所得的程度。

“震惊百里，不丧匕鬯”，“匙（chí）”《说文》：匕也。“匕”《说文》：所以取饭，一名柶。“柶”《说文》：匕也。“匕”此处指汤勺。

“鬯”《说文》：以秬（jù 黑黍）釀鬱（yù）草，芬芳条畅，以降神也。用黑黍酒和郁金香釀在一起，使酒芬芳条畅，用以降神。

“匕鬯”即“匙中之香酒”，祭祀以“匕”汲“鬯”洒于地，即灌祭。

“震惊百里”，“百里”极言“震”之强烈。

“不丧匕鬯”，以“匕”之小，以“震”之烈而不失其中之祭酒。

“震惊百里，不丧匕鬯”，内心诚敬，平和，虽“震惊百里”又何惧焉？以此见行祭者内心得于正义，故平和笃定。

《彖》曰：“震，亨”。“震来虩虩”恐致福也。“笑言哑哑”后有则也。“震惊百里”惊远而惧迩也。“不丧匕鬯”出可以守宗庙社稷，以为祭主也。

“恐致福也”，“恐”《说文》：惧也。对于修习者而言，内心有所畏惧，从而有所戒慎，如此可避免过失，故可“致福”。

“后有则也”，知恐惧则行为谨慎，谨慎则有所不为，故为“有则”。

“惊远而惧迩”，“远”《说文》：辽也。“迩”《说文》：近也。“惊远”与“惧迩”并列，言震之强烈使远近皆惊惧，比喻君子之警诫对于广大修习者，无论近于道者或远于道者，皆有震慑作用。

“出可以守宗庙社稷”，“出”指从事公共事业。“社”为土神，“稷”为谷神，“宗庙社稷”指国家。“守宗庙社稷”即可守护先人宗祀，保护国家人民。内心诚敬，行为无失，如此之人可以守护家国。

“以为祭主”即“为祭祀之主祭者”。此处意在表达，内心诚敬，笃行于道义者可以承继家国。“祭主”即国家与家族之领导者。《礼记·特郊牲》：“将以为社稷主，为先祖后，而可以不致敬乎？”即诚敬方能“以为祭主”。

《象》曰：洊雷，震。君子以恐惧修省。

“洊”即“荐”，“荐”《尔雅》：再也。“洊雷”即卦象上下为雷，雷德为动，故称为“震”。

“恐惧修省”，“修”，治也。“省”，检查、反省。“修省”修德省身。“恐惧”而知敬慎，敬慎而后进退有度，是“修省”也。

初九：震来虩虩，后笑言哑哑，吉。

“震来虩虩，后笑言哑哑”，通过警诫而后受教化者能得于心。“后笑言哑哑”此处与卦辞“笑言哑哑”多一“后”字。表示修习者服从“震”，而后“笑言哑哑”，前后有因果关系。

“吉”，因“震”而知“惧”而“修省”。修省必致福，故“吉”。

此爻明必使其人内心有所震动，而后方能致吉。

《象》曰：“震来虩虩”恐致福也。“笑言哑哑”后有则也。

《论语·季氏》子曰：“君子有三畏，畏天命，畏大人，畏圣人之言，小人不知天命而不畏也，狎大人，侮圣人之言。”君子有“三畏”故能为君子，小人“不畏”故为小人。

六二：震来厉，亿丧贝。跻于九陵，勿逐，七日得。

“厉”通“励”，作也，此处指民众受鼓励而积极上进。

“亿”应为“億”，億《说文》：安也。即安定。《国语·楚语下》“億其上下”。此处解作安于。

“贝”应为“贞”之误。贞此处指正义、正道。

“跻”《说文》：登也。《尔雅》：升也。

“震来厉”，“来”此处解作招致、得来。君子行警诫之事，得来民众精神之振奋。

“亿丧贝”即安于现状，不能与时俱进，则会丧失正义。

“跻于九陵”，“九陵”即“高陵”，《同人》九三“升其高陵”同于此“跻于九陵”。《同人》被孤立而升至高陵，此处则因为不信从君子，自行远于正义，行至绝境。

“勿逐”，自迷、自失者，必无所终，待其知困而后返，故君子

“勿逐”之，可待其自返。寓意君子对于不听从警告者，不急于求成。

“七日得”即庚日得。庚日即近于终结、灭亡之日，过于“己日”，言已然错失改邪归正之最佳时机，过错已深，尚不及时悔改，则自绝于正道。

《论语·季氏》：“孔子曰：生而知之者上也；学而知之者次也；困而学之，又其次也；困而不学，民斯为下矣！”此爻“七日得”者为“困而学之”者。

此爻明君子治教，须及时提醒修习者，使之时刻存有敬畏之心，如此方能不懈上进。对于不能听从警告者，要等待其内心之转变，不必急于求得。

《象》曰：“震来厉”乘刚也。

“乘刚”君子警诫修习者，使修习者恐惧、敬慎，从而振奋精神，积极上进。

六三：震苏苏。震行无眚。

“苏”，有死而复生、苏醒、逐渐恢复之意，《左传·宣公八年》：“杀诸绛市，六日而苏。”《孟子·梁惠王下》：“后来其苏。”“苏苏”此处指逐渐进行，不温不火的样子。

“震苏苏”，“震”必须有雷厉风行之气势，有雷霆万钧之效力，如此方能达到“震惊百里”之目的。如果不温不火，慢条斯理则失去“震”之本义，不能达到“恐惧修省”之用。

“震行无眚”，“行”解作“成、成功”。“震行”即君子之“震”对民众起到警诫作用。其人戒慎，可不犯过错，即“无眚”。

此爻明不能给予受教化者有效警诫，则“震”不能致用。只有使其人心生敬畏，才能免于过错。

《象》曰：“震苏苏”位不当也。

“位不当”，“震”必使人恐惧而修省。君子之“震”必行之而有效，若“苏苏”则失“震”之义，故“位不当也”。

九四：震遂泥。

“遂”为“坠”之误，二者形近。坠，《说文》：从高坠也。《尔雅》：落也。

“泥”解作阻滞、胶滞，《论语·子张》：“致远恐泥。”

“震坠泥”，震道陷入胶滞状态。“震速速”即为“震”之失败，即为陷入阻滞。君子治“震”目的在于通过警诫起到促进作用，所以君子要把握分寸，既能警诫其人又要保证其人不离正道。

《论语·子张》：“子夏曰：君子有三变：望之俨然，即之也温，听其言也厉。”译文：“子夏说：与君子接触感觉上有三步变化，看君子的仪容感觉庄重、威严，接近君子感觉态度温和，听君子的言论感觉口气严厉。”由子夏论述君子的情态可知，威严与温和当并用，独有威严必疏远于人。

此爻明君子治“震”要把握分寸，讲究方法，避免陷入胶滞状态。

《象》曰：“震遂泥”未光也。

“未光也”，不能通过警诫起到促进作用，则“震”道未能光大，故曰“未光也”。

六五：震往来厉。亿无丧，有事。

“震往来厉”，君子以“震往”，而能“来厉”。即“震”行之有效。

“亿无丧”，即使民众安于规则，则不丧失正道。此处意思为，使修习者安于君子所设立之教化规程，则不会丧失正道。譬如安于礼，则不会丧失正义。

“有事”即使修习者有所事从，有所依托。譬如事从于礼。

“亿无丧，有事”亦可写作“有事，亿无丧”，若能使修习者安于通达正义之规则行事，则可保证修习者不丧失正道。

此爻明“震”必须行之有效，只有行之有效，才能使民众恐惧修省，不然君子丧失其威严，教化丧失其严肃性。同时君子要设立相应的教化规则，使修习者有所事从，如此能使人时刻保持敬畏之心。

《象》曰："震往来厉"危行也。其事在中，大无丧也。

"危"应为产（yán）。产，《说文》：仰也，一曰屋梠（lǚ 屋脊）。由屋脊引申为高直，正直。《论语·宪问》："邦有道，危言危行，邦无道，危行言逊。"

"危行也"，警诫目的在于使其行为正直，亦可以说正直其行为。

"其事在中"，"其事"即君子之教化规程。"在中"即修习者通过践行教化规程，实现"恐惧修省"，积极向上之目的。如祭天地山川、上下神祇之礼，皆能使人生敬畏之心。故"其事在中"。

"大无丧"，"大"指正义。"大无丧"即不丧失正义。"其事在中"能"大无丧"。

上六：震索索，视矍矍（jué），征凶。震不于其躬，于其邻，无咎。婚媾有言。

"索"《说文》：草有茎叶，可作绳索。

《庄子·徐无鬼》"索然出涕"其中"索然"即眼泪如绳索下垂的样子。"索然"又有离散零落之意。绳索由两股拧成，如果两股小绳不能紧密拧合，则会松散。以上"索然"之意皆由此"绳索之形态"引申而来。其它如"空乏、无兴味"等解释皆为再引申。"索"又有"捻绳使紧"之意，《离骚》中有"索胡绳之纚纚（xǐ）"。由"索"字义以及诸用法推测，"索索"此处当以"捻绳使紧"引申为紧张之意。此处"索索"亦可写作"索然"。

"矍"《说文》：视遽儿。即目视急切的样子。"矍矍"或为"瞿瞿（jú）"。瞿，《说文》：左右视也。亦顾视急切之意。

"震索索"，君子行警诫之事，其人紧张，说明其内心不笃定。

"视矍矍"，目视急切，左右顾盼，内心不安定之貌。

"征凶"，对于未能笃信教化，行为不轨之人，君子强制之，进而惩处之。君子如此作为有失人之凶，然此亦为必须，不然则丧失教化威严，则"震坠泥"。

"震不于其躬，于其邻"，"躬"《说文》：身也，此处指其人本身。

“邻”《说文》：五家为邻，引申为近，此处即指具有典型性的违规者。君子行“震”应当选择具有代表性的人或事，如此可以起到广泛的警诫作用。

“无咎”，君子能谨慎运用其威严，起到广泛的警诫作用，达到“小往大来”之功效。此为行“震”之原则，如此作为则“无咎”。

“婚媾有言”，“婚媾”比喻君子与修习者交相亲近，以取得相互信赖，同《屯》之“婚媾”。此处指君子对待不能恐惧修省者，君子谋求亲近之，以期从顺教化。“有言”即有待酌商之意，即视情形而言。“婚媾有言”即面临威严不能致用的情况，君子谋求亲近其人而教化之，然此种手段与“震”相违背，故必视具体情况而用。“婚媾”与“震”配合得当，则事半功倍，否则前功尽弃。

此爻明“震”亦有其不足之处，君子当宽严并举。同时“震”要讲究方法，才能使效力最大化。

《象》曰：“震索索”中未得也。虽凶无咎，畏邻戒也。

“中未得也”，“中”即内心，内心未得于正义。修习者未能深明教义，未笃行正义，所以临“震”而紧张。反之若内心笃定，则“不丧匕鬯”。

“虽凶，无咎”，所谓“凶”指君子警诫行为不轨者，有失人之凶，但君子可以藉此警诫更多修习者于未然，故“无咎”。

“畏邻戒也”，畏惧其邻人之不善，而自我戒慎。即以有失者为戒，知惧而改，即“恐惧修省”，此为“震”之成也。

第五十二卦　艮 ䷳ 艮上艮下

艮其背，不获其身。行其庭，不见其人，无咎。

“艮”《说文》：很也。“很”《说文》：不听从，一曰行难。“艮”当由“不听从”引申为遏止、制止。

“艮其背”，“背”人身之后，“艮其背”即从身后遏止，比喻不直接正面阻止其人，而是从外部条件遏止之。

“不获其身”，即从外部遏止，并不能使人在认识上有根本改变，从而能全身心顺从君子之道。以君子行教而言，从正面教导，使其心有所止，方为根本，即“艮其心，方获其身”。

“行其庭，不见其人”，“庭”《说文》：宫中也。段注：“宫，室也，室之中曰庭”，“庭”此处指堂下庭院。“行其庭，不见其人”即君子主动亲近其人，至其庭院，而其人不来接见。以君子行教而言，君子主动前往亲近之，而其人不予接纳。

“无咎”，弘道化民为君子之义务，虽有愚昧之人，不愿接受教化，君子依然要尽其本分，故虽“不见其人”，君子“行其庭”为“无咎”。

《彖》曰：艮，止也。时止则止，时行则行，动静不失其时，其道光明。“艮其止”止其所也。上下敌应，不相与也，是以“不获其身”。“行其庭，不见其人”无咎也。

“时止则止，时行则行”，君子行教有止、有行，必因时机而用，当止则止，当行则行。

“动静不失其时，其道光明”，君子行教只有切合时机、符合时义，才能使君子之道光明于天下。

“艮其止”应为“艮其背”之误。

“止其所也”，使止于当处之所在，合乎正义之位。

“上下敌应”，止之者为君子，被止者为受教者。君子在上，受教者在下。君子必欲遏止其人，其人不从，故为“敌应”，以敌对之态度相对。

“不相与”，君子与受教者没有契合之处，不相得也。亦即君子未能取信于人。

“无咎也”，君子尽力而为，虽不能得，君子无咎。

《象》曰：兼山，艮。君子以思不出其位。

“兼”《说文》：并也。并，《说文》：相从也，一曰持二。“持二”即“兼”。

“兼山”，二山重也，山德为止，为“艮”。

“君子以思不出其位”，君子时刻考虑不出其位，即言行符合自身身份，不违礼义。

初六：艮其趾，无咎，利永贞。

“趾”《尔雅》：足也。人赖足以行走，以“止其足”比喻制止人之行为。

“永”《说文》：长也。引申为长久之意。

“艮其趾”，此处比喻制止人之行为，使之行于礼义。

“无咎”，由外在行为进行遏止，为事理之常。

“利永贞”，利长久坚持贞正。教导民众使之坚持行于贞正，终能得正道。

此爻明应从行为着手制止，秉持贞正，持之以恒，终能有成。

《象》曰：“艮其趾”未失正也。

“未失正”，从一言一行处遏止，是教化民众，培养道德的正确途径，故曰“未失正也”。

《尚书·泰誓下》：“树德务滋，除恶务本。”译文：“树立道德必须要逐渐培植，铲除邪恶必须从根本上去除。”

六二：艮其腓，不拯其随，其心不快。

“腓”《说文》：胫腨（shuān）也。即小腿肚子，小腿肌肉掌控脚的运动，故“腓”为运足者。此处比喻主导行为的直接力量或观念，比如愚昧观念为乡愿行为的主宰。

古文抍、拯、撜为异体字。“拯”《说文》：上举也，此处解作触及，韩愈《石鼎联句》：“岂比俎豆古，不为手所拯。”

“随”《说文》：从也。即听从。此处指“腓”所听从的上级，即人心。心比作精神思想。

“快”《说文》：喜也。

“艮其腓”，制止小腿肌肉则可以阻止足部的运动。此处比喻制约其行为的主导因素，从而达到制止其行为的目的。比如制止愚昧者的错误观念是制止其愚昧行为的根本。

“不拯其随”，“腓”所“随”者为心，“不拯其随”即不触及其心，不触及其思想。

“其心不快”，不能从思想上进行根本改变，仅制止某错误观念，其人不能明智，所以对于君子“艮其腓”之行为“不快”。

此爻明制止愚昧观念，为遏止愚昧行为的直接手段，但不是根本手段。只有使其明智，改变其思想，才能从根本上遏止愚昧。

《象》曰：“不拯其随”未退听也。

“未退听”即没有使其所信从之观念去离。如果不触及其心灵，不能从根本上改变其思想，则不能铲除其诸多愚昧、邪妄观念。

九三：艮其限，列其夤（yín）。厉薰心。

“限”《说文》：阻也。此处解作界限、边界。

“列”《说文》：分解也。

“夤”《说文》：警惕也。此处指民众对君子的抵触、戒备心理。

“薰”为“熏”之假借。“熏”《说文》：火烟上出。引申为熏染之意。

“艮其限”即“止其所也”，制止其行为，使之处于德义界限之内。

亦即以规范制约其行为。“限”前人解作“腰”，纯粹为臆想。

“列其夤”即解除、消释、打破其人对君子的抵触心态。亦即取信于人，谋求其人心服。

“厉”作也，即君子教民。“艮其限，迾其夤”皆为“厉”，其旨在“熏心”，即“熏陶其人之心”。

此爻明以规范制约其行为，同时配合攻心，最终可以达到改变其思想的目的。

《象》曰：“艮其限”危薰心也。

“危”当为产之误。产，《说文》：仰也，一曰屋梠。由屋脊引申为高直，正直之意。《论语·宪问》：“邦有道，危言危行，邦无道，危行言逊。”

“危熏心”，以正直熏染其心。以规则、规范制约民众之行为，可以逐渐改造其思想，故曰“危熏心”。

六四：艮其身，无咎。

“艮其身”，即止其人，使“非礼勿视，非礼勿听，非礼勿言”，如此教人，君子“无咎”。

“艮其身”如果受教者“心不在焉”，亦不能得，故“艮其身”为下，止其心为上，二者须兼用则事半功倍。

此爻言“艮其身”为必要手段。

《象》曰：“艮其身”止诸躬也。

“躬”《说文》：身也。

“止诸躬也”，遏止于身行。

六五：艮其辅，言有序，悔亡。

“辅”，下颌也，主导言语之器官，如同主导“趾”之“腓”。

“序”此处作“次序”解。《战国策·秦策三》：“夫四时之序，成功者去。”

“艮其辅”，制约其下颌，即控制主导语言的直接因素。

“言有序”，能控制下颌，则能制约其言谈，使当言则言，不当言则止，有理方言，非礼勿言。故曰“言有序”。

“艮其辅，言有序”，寓意应把握其根本进行制约，如此则行之有效。制约根本，合乎情理，故能“悔亡”。

此爻明治“艮”要把握本末先后。

《象》曰：“艮其辅”以中正也。

“以中正也”，君子在根本处进行制约，可使民众中于义，正于行。

上九：敦艮，吉。

“敦”《尔雅》：勉也。“勉”《说文》：强也。“敦”同《复》之“敦复”，为自警，自勉之意。

“敦艮”，自警、自勉于“艮”，即“思不出其位”。自我戒慎，止于礼义，故“吉”。

此爻明其人能自我克制为治“艮”之大成。

《象》曰：“敦艮”之“吉”以厚终也。

“厚”《说文》：山陵之厚也。引申为丰厚、深厚之意。

“厚终”，自我克制是“艮”之最终成就。必深造于道义而后能自我克制，故“敦艮”为“厚终”。

第五十三卦　渐 ䷴ 巽艮

女归吉，利贞。

“渐”应为蹔（jiān）之假借，“蹔”《说文》：进也。

“女归吉”，“女归”即女往嫁于夫家，进为人妻。女子往而得其位，故“吉”。

“利贞”，往进必以贞正为准则，方能致吉。

《彖》曰：渐，之进也，“女归吉”也，进得位，往有功也。进以正，可以正邦也。其位刚得中也。止而巽，动不穷也。

“之进也”，“之”《尔雅》：往也。“之进”即往而进也。女子归嫁为“往”，成为人妻为“进”。

“进得位”，得妻之位，“往有功”，男女合而成家道，故为“有功”。

“进以正，可以正邦”，以“女归”而言，女“进”而为“妇”，则家道成。家道“进”则国道成，故“进以正”可以匡正国家。“进以正”解释“利贞”。

“其位刚得中也”，“其位”指渐进者所得之位，如“家妇”之位。“刚”即渐进者，如归嫁之女。“其位刚得中也”，家妇之位使女子中行于妇礼，于家道，故“得中也”。

“止而巽”，“巽”具备。女子居主妇之位，能成全夫妇，父子，兄弟三伦，是为“巽”也。

“动不穷”，父子可推之君臣，兄弟可推之朋友，而成天下之大伦，可正邦国，是“动不穷”也。

《象》曰：山上有木，渐。君子以居贤德善俗。

“山”其德为止，比作所居处之位。“木”其性为刚化柔，比作渐进者。人得其位而能刚化柔，而进，故为“渐”。

“君子以居贤德善俗”，君子之职责为弘道化民，“居贤德善俗”即君子据守道义与才德，且能逐渐弘扬“贤德”，以改善社会习俗。“君子以居贤德善俗”同“君子以自昭明德”之意。

初六：鸿渐于干。小子厉，有言，无咎。

“鸿”《说文》：鸿鹄也。古人亦作黄鹄，一说为天鹅，一说为大雁。天鹅较大雁体型庞大，卦中“鸿渐于木”，虽雁栖于树木亦为困难，何况天鹅，再有《渐》卦以“鸿”喻人，以雁群比喻民众，大雁之群体性大于天鹅，故“鸿”此处作大雁。

“干”即岸，《诗经·魏风·伐檀》：“坎坎伐檀兮，置之河之干兮！”

“岸”《说文》：水厓而高者。即临水而高于水的地方。

“鸿渐于干”，大雁为水鸟，饮食生养皆不离水，水边为其最宜居之所。“干”近于水之地。对大雁而言从水岸往进，行至水边最为简捷有效。“干”为可晋级“水边”之最佳位置。

“小子厉”，“小子”指学习为君子者，学习君子之道者。“厉”作也。“小子厉”，学习如何作君子者，往进而修习君子之事。即“小子”由学生之位“渐”进于君子之位。“小子”之位比作“干”，即学生之位比作水岸。君子之位则比作水边。

“有言”，“小子”初行君子之事，虽有未善，虽有待酌商之处，然“小子”之“厉”，中于义，合于常则，故“无咎”。

此爻明由接近理想目标之位置，谋求往进于理想之位，最为有效。比如由学生进为君子最为有利、易得。由此爻可知，对于教化社会而言，以学校教育培养德智兼备的青少年，是最为直接，最易见效的途径。

《象》曰：“小子”之“厉”，义无咎也。

“小子”之“厉”，由“小子”渐进为君子，符合常则，故于

“义”无咎。

六二：鸿渐于磐，饮食衎衎（kàn），吉。

“磐”，查无此字，由六二爻位推测，“磐”应为般，“般”通假于泮（pán），为水边之意。《诗·卫风·之月》：“淇则有岸，隰（xí）则有泮。”《史记》中亦写作“鸿渐于般”。“泮”水边，与岸之别在于泮可亲水，岸高于水，泮为河滩。“泮”为大雁生活最宜之所，饮食生养皆于此。此处“泮”比喻符合正义之位，比如君子之位，人妻之位等。

“衎”《说文》：行喜儿。行走喜悦的样子。《尔雅》：乐也。“衎衎”即喜悦的样子。

“鸿渐于泮”，大雁于水草丰盛之水边继续往进，其往进则可以使居住、饮食、生养等得善道。“泮”比喻正位，得君子之位者，可以教养民众，光大道义。

“饮食衎衎”，衣食无忧，生活安乐。寓意能得其正位则可以使诸事顺达。如女子得妻位则全人伦，贤者得君子之位则人民安乐、礼义兴盛、国家安定。即“动不穷”。

此爻明居处于正位而“渐”进，是终得正果的基础。

《象》曰：“饮食衎衎”不素饱也。

“素”有“空、白白”之意，此处解作“不止于、只是”。《诗·魏风·伐檀》：“彼君子兮，不素餐兮。”

“不素饱”，饮食欢悦，并非仅仅吃饱而已，还有人们的内心满足，行为有礼、相处和谐在其中。言外之意，得正位而进，则收获硕大，前途无量。

九三：鸿渐于陆。夫征不复，妇孕不育，凶；利御寇。

“陆”《说文》：高平也。即高而平整的土地。“陆”远于水，非大雁宜居之所，比喻远离正位之所在。比如昏昧之世君子不得弘道化民之位，昏昧之世即为“陆”。

“鸿渐于陆”即大雁从陆地处谋求上进，比喻从不适合自身存立的位置谋求进步，谋求建功立业。

“夫征不复”，“夫”主于外者，比喻在外治事难成。譬如君子处乱世，寻求弘道化民有成，则注定一时无果。

“妇孕不育”，“孕”《说文》：褢（huái）子也，即怀胎。“育”《尔雅》：养也。此处指生孩子。“妇”主于内者，比喻在内难以经营。譬如君子处乱世，欲建立完善之教义一时难成。

“夫征不复，妇孕不育”，若处于不当之位，则内外交困，故“凶”。

“利御寇”，处于不当之位，能做到不受不义、不德之侵害而自保，即为不易，欲建立功德则不切实际，只利于自保，故曰“利御寇”。

此爻明若处于不当之位，则面临内外交困之凶，方此时谋求自保可也。

《象》曰：“夫征不复”离群丑也。“妇孕不育”失其道也。“利用御寇”顺相保也。

“丑”《尔雅》：众也。此处引申为族类。《礼记·学记》“比物丑类”，其中“丑”解作“归类”。“群丑”即群类。

“离群丑也”，即脱离了自身的群类，即在非我族类中谋求治事。比如君子在野蛮、愚昧群众之中推行礼教。

“失其道也”，即处于不当之位者，不能使自身承载之道义存立。比如君子不能在愚昧的族群之中传承礼教。

“顺相保也”，“顺”即顺应客观现实。“相保”即保全之意，《史记秦始皇本纪》“六亲相保，终无寇贼。”君子顺应现实而得保全。

六四：鸿渐于木。或得其桷（jué），无咎。

“桷”应为称（chèn），二者篆体形近。“称”此处解作“适合”。

“或”不必之辞。

“木”即树木，树木非“鸿”久居之所，“鸿渐于木”比喻其人于临时暂居之位往进。比如孔子为委吏（管理粮仓的小官）、乘田（管理畜牧的小官），皆为暂居之位。

“或得其称”，其人如果于临时暂居之所，能正确认清形势，采取符合现实的应对策略，能苟安之，可再图长远，如此为“称”。所谓“称”即适合自身之定位。

“无咎”，虽然处于临时之位，但正确把握情势，顺应现实，可以为下一步发展奠定基础，完善条件。

此爻明虽然一时不能取得正义之位，在暂居之位亦可以有所作为，为进步做好准备。

《象》曰：“或得其称”顺以巽也。

“顺以巽”，“巽”具也。于暂居之位，顺应时势，徐徐图之，终能“巽”。

九五：鸿渐于陵。妇三岁不孕，终，莫之胜吉。

“陵”高远荒芜之所在，比喻远离文明之所在。如君子处《屯》、《蒙》之时境。

“鸿渐于陵”，比作君子于不文明之邦域谋求往进。或比作于薄弱基础之上、恶劣情况之中谋求往进。

“妇三岁不孕”，指内事不成，比喻在薄弱基础、恶劣条件之下，欲立足一时难成。但遵循“利御寇”、“得其称”等原则，终究能成。

“鸿渐于陵，妇三岁不孕”，以君子行教于蛮昧之社会而言，先取得民信，而后以道义教导之，而后行礼义之事，如此为成功。此处言“妇”，寓意有归顺君子之道者，但信从仅为开始，一时难以使道义植根于民众之中。亦即君子弘道化民，短时期内难以有所成就。待“子克家”则为有成。

“终，莫之胜吉”，“莫之胜”即不能胜。“吉”此处做名词，解作佳善、美好。薄弱的基础与恶劣的环境，这些客观困难，并不能战胜正道之美善。

“终，莫之胜吉”，最终美善、正义是不能被战胜的。即只要有志谋求上进，实施正确的行为，无论客观困难如何严重，最终正义与美善终究会胜利。

此爻明无论身处什么位置，只要行为正确，措施得当，积极“渐”

进，则正义终究会取得胜利。同时此爻寓意，人之不如意乃寻常情况，贞正、理智、坚持终究能成其功。

《象》曰："终，莫之胜吉"得所愿也。

有作"终莫之胜，吉"，语意前后矛盾，为谬。

"得所愿也"，往进而功成，遂其心愿，即"渐"之成也。

上九：鸿渐于陆，其羽可用为仪，吉。

"羽"《说文》：鸟长毛也。鸟身上的长羽毛。

"鸿渐于陆"，所处非善地。

"其羽可用为仪"，"羽"，鸿之羽也。"仪"解作仪表之意。即其人虽处于不当之位，亦应当保持自身本来之仪容。言外之意，虽处于不当之位，其人亦当有贞正之操守。以君子而言，君子之"仪"，即"温、良、恭、俭、让"等仪容。

"吉"，保有操守，可以修身，可以感人，故"吉"。

此爻明无论身处任何位置，都应保持其操守。

《象》曰："其羽可用为仪，吉"不可乱也。

"不可乱也"，人之操守不应随环境、位置改变而改变，故"不可乱也"。以君子而言于乱世之中，应持德不违，言为人则，行为人范，则必能感召人，感化人。

第五十四卦　归妹 ䷵ 震兑

征凶，无攸利。

“归”《说文》：女嫁也。《诗·桃夭》：“之子于归，宜其家人。”《公羊传·隐公二年》：“妇人谓嫁曰归。”“归妹”即嫁女。

“征凶”，婚嫁应本着自愿的原则，且应在男女各方条件具备之后进行，强行则“凶”。君子推行礼义，必以民众乐于接受为前提，待时机成熟而后动，强行则凶。

“无攸利”，不以自愿为前提，时机不成熟而强动，无所利益，或受其害。

《彖》曰：“归妹”天地之大义也，天地不交，而万物不兴，“归妹”人之终始也。说以动，所归妹也。“征凶”位不当也。“无攸利”柔乘刚也。

“天地之大义也”，女子归嫁，成夫妇之伦，夫妇为五伦之根本，故其义可比作天地之交。

“天地不交，而万物不兴”，天地交合，四时成序，而后万物兴盛。君民交亲，礼义兴盛，国泰民康。

“归妹人之终始也”，由男女进而为夫、为妇、为父、为母，五伦始于“归妹”，故曰“始”。由男女进而为夫妇，则五伦完备于一身，故为“终”。

“所归妹也”，“归妹”之行为，必须使迎娶“归妹”者心悦而动。以君子行教而言必须使民众心悦诚服，主动谋求礼义。

“位不当”，强行“归妹”则女子未必能当人妻之位，男子未必有成家之才。

“柔”指明事理之家长或行教之君子，“刚”指不明事理之男女或民众。“柔乘刚”指家长罔顾子女意愿，不顾男女是否具备成人条件，不择时机，自主决定嫁娶。

《象》曰：泽上有雷，归妹。君子以永终知敝。

“泽”其德为悦。“雷”其德为动。使悦而后动，为“归妹”。

“敝”《说文》：败衣，引申为弊乱之意。

“永”此处解作“终、尽”，《诗·周颂·闵予小子》：“永世克孝。”

“永终”即“尽终”，自始至终之意。《诗·周颂·振鹭》：“庶几夙夜，以永终誉。”译文：“无论白天黑夜一样勤勉，以始终被人称誉。”

“君子以永终知敝”，“永终知敝”，始终察知事情之弊乱、不足之所在。君子弘道化民当始终了解民众的真实现状，对其问题有的放矢，从而使教化顺达。任何事业只有及时准确的察知其中问题所在，才能合理解决，不然则“征凶”。

初九：归妹以娣（dì）。跛能履，征吉。

“娣”《说文》：女弟也。即妹妹。《尔雅》：女子同出，后生为娣。即同母所生，小者为娣。

“归妹以娣”，即嫁女以其妹为陪嫁，即以妹为媵（yìng）妾。古人有以妹妹、侄女等陪嫁的婚俗，其目的在于确保可以建立血缘姻亲。比喻君子教导民众必以义理与文礼兼施。

“跛能履”，虽为偏房媵妾，亦能生养子嗣，如“跛”足者能行。比喻人若不能明义理，循礼而行亦能中于道。

“征吉”，“征”即深入行之。指媵妾亦可以生养子嗣，亦可以承继宗祀、国家。寓意循礼以往，亦可以得于道。

此爻明以妹妹为陪嫁，以确保达成生育之实，此乃“归妹”之常则。君子教民必礼义兼施，如此可确保教人无失。

《象》曰：“归妹以娣”以恒也。“跛能履，吉”相承也。

“以恒也”，“恒”此处解作常则。以妹妹为陪嫁是婚俗之常。“以恒也”即用常规行事，以恒常之法行事。

“相承”，“承”即承继、承接。正室能生育子嗣为上善，不能则媵妾可以生育，以确保建立血缘姻亲。故“跛能履”为备用手段，在于承继正室，以防不测。以君子教民而言，其人不能得于义，退而求其次，可以使之践行礼，礼为义之承继。

九二：眇能视，利幽人之贞。

“眇”《说文》：一目小也。即一只眼小。

“幽人”即愚蠢、昏昧之人，不明礼义之人。

“眇能视”，目虽未大张，然能视物。古人认为眼睛代表清明之气，“眇”者清明不足。《礼记·郊特牲》：“目者，气之清明者也。”

“眇能视”，比喻虽民众信从正道但不能深明义理。

“利幽人之贞”，君子对于“眇能视”者，采用教化愚昧者的方法，即必先使悦从之，而后管教之，逐渐引导致道。

“眇能视，利幽人之贞”，比喻对于信从礼义之道但不能准确、深入的理解、运用礼义者，君子应正确引导以致道。寓意引导民众为君子之永久职责。

此爻明“归妹”之最终成功，必须依靠长期、正确引导。如同新夫妇虽具备五伦之实，但未必能准确践行五伦之义，亦需要不断教导之，最终才能承当夫妇之义。

《象》曰：“利幽人之贞”未变常也。

“未变常”，未改变教人之常则。即对于未能深明道义者亦需要进行不懈、正确教导，其方法本质上与教化愚昧之人无区别。

六三：归妹以须，反归以娣。

“须”应为媭（xū）。媭，《说文》：姊也，即姐姐，与“娣”相对。

“反”《说文》：覆也。即翻覆之意，此处解作违反、违背。

“归妹以须”，嫁女以姐姐做陪嫁，即姐姐为媵妾。如此则乱上下，失主次。比喻君子教民以礼为主而以义为辅。

“反归以娣”，即违反以妹妹为媵妾的尊卑规矩。

此爻明“归妹”必遵守主次、尊卑。违反规则则失上下，虽然未必遽然致凶，但长久必乱。

《象》曰：“归妹以须”未当也。

“未当也”，上下失位，尊卑失序，为妄乱之始，故“未当也”。君子行教始终以道义为根本，而以文礼为辅助，反之则乱。

九四：归妹愆（yān）期，迟归有时。

“愆”《说文》：过也。“愆期”即超越既定期限。

“归妹愆期”，嫁女之时期被推迟，原因在于准备未能充分。以君子教化民众而言，要等待民众之物质与精神条件具备之后，才能以礼义教育之。

“迟归有时”，待“归妹、纳妇”条件具备之后，即是行“归妹”之时。

此爻明“归妹”之行要慎选时机，不成熟则有不美。

《象》曰：“愆期”之志，有待而行也。

“愆期之志”，以君子教民而言，君子志在民信、民富之后而行。

“有待而行”，等待具备条件而后“归妹”。

六五：帝乙归妹，其君之袂（mèi），不如其娣之袂良，月几望，吉。

“袂”《说文》：袖也。此处代指衣服，比喻文采。

“帝乙”即殷商帝王乙，为商纣之父，《尚书·酒诰》、《尚书·多士》皆有“自成汤咸至于帝乙”。《尚书·多方》：“乃惟成汤……以至于帝乙。”由文章意思可知，“帝乙”确指商纣之父，且有贤名。

“几”应为僟（jī）。僟，《说文》：精谨。即精确严谨，引申为接近、逼近。僟《尔雅》：近也。逼近之意。

“望”指月圆之日，多指阴历十五。

“帝乙归妹”即君王嫁女，比喻君王礼义授予民众。

“其君之袂，不如其娣之袂良”，姐姐作为正室其嫁衣不如妹妹作为媵妾之嫁衣华美。比喻君子以义礼授予民众，义贵直、贵明，而礼贵其文采，故礼之文华而义之文素。

“月几望”，月亮将至满圆的时候，比喻“归妹”要待时机圆满而后行，则可致“吉”。

此爻明“归妹”为天下大义，“归妹”要明确上下之义，皆循其义而行，各得其所，则文明生焉。同时“归妹”要待时机圆满而后行，方可致吉。

《象》曰：“帝乙归妹，不如其娣之袂良”也，其位在中，以贵行也。

“其位在中”，正室之位乃妇人之正位，“在中”即在丈夫与媵妾之中，上以顺夫，下以率妾，曰“其位在中”。

“以贵行也”，正室之主要作为为传继宗祀，协顺丈夫以齐家。“以贵行”即以其用为贵，即贵其本质。

上六：女承筐无实，士刲（kuī）羊无血，无攸利。

“女”与“士”指未婚男女。《左传·僖公十五年》中记载晋献公嫁女儿于秦穆公，卜筮遇《归妹》之《睽》，其论述可说明“女、士”指未完婚之男女。

“承”《说文》：奉也，受也。

“筐”《说文》：饭器，筥（jǔ）也。筥《说文》：箱（shāo）也，即筲箕（shāo jī）。“箱”《说文》：饭器，容五升。故“筐”应为做饭用的筲箕。

“承筐”即指奉饭食，引申为操持家务。《诗经·小雅·鹿鸣》中“承筐是将”即解作“家务是从”。

《诗经·小雅·鹿鸣》为女子求佳偶之意，并非《毛诗序》所言宴饮群臣。因为“承筐”很少见于使用，故有必要以此诗文证实“承筐”之意。《鹿鸣》原文如下：

呦呦鹿鸣，食野之苹，我有嘉宾，鼓瑟吹笙，吹笙鼓簧，承筐是将，人之好我，示我周行。呦呦鹿鸣，食野之蒿，我有嘉宾，德音孔昭，视民不恌（tiāo），君子是则是傚（xiào），我有旨酒，嘉宾式燕以敖。呦呦鹿鸣，食野之芩，我有嘉宾，鼓瑟鼓琴，鼓瑟鼓琴，和乐且耽，我有旨酒，以宴乐嘉宾之心。

译文：呦呦求偶之雌鹿，食原野之艾蒿，我之有嘉偶，我必鼓瑟吹笙，吹笙鼓簧喜不自胜，且家务是从，如果他亦喜欢我，能告知我妥善的处事行为我亦能辅助于他。呦呦求偶之雌鹿，食原野之艾蒿，我之有佳偶，必善言广播，示人诚善，是君子的标准与模范，我有美酒，宴请以使他开怀言笑。呦呦求偶之雌鹿，食原野之蔓苇，我之有佳偶，我鼓瑟鼓琴，他亦鼓瑟鼓琴，和美欢乐令人陶醉，我有美酒，与之宴乐以求其欢心。

如此翻译词义得当，符合情理，应为正义。

“女承筐，无实”，女子在家应当操持家务，做饭之筲箕内无食物，即言女子懈怠其职事。比喻礼义不能致用。

“士刲羊无血”，“刲”《说文》：刺也。男人治牲，以牲血奉祭祀，然而宰牲者不得正确宰杀方法，则不易取得血液。言外之意男子未得宰杀牲畜之道。比喻修习者不能准确运用礼义治事。

“女承筐无实，士刲羊无血”，女子在家要勤加练习女红，如此归嫁之后方能承担其职责。男子在家要修习礼义之道，如此纳妇之后方能主导家室。如果男女本身不具备应有之素质，则贸然组织家庭亦不能承当实质职责，故为“无攸利”。

此爻明“归妹”要男女皆成熟而后进行，不然“无攸利”。以君子之教化而言，礼义必须通达于道，方能致用，修习者必须具备相应的学识方能治事。

《象》曰：上六“无实”，承虚筐也。

“承虚筐”，女子空有其身，实无其能，意即不具备为人妻之条件。

第五十五卦　丰 ䷶ 震离

亨。王假之，勿忧，宜日中。

丰、豐、寷古文为三个不同字，今简体均写作“丰”。

“丰”《说文》：草盛丰丰也。形容草旺盛、繁茂的样子。《尔雅》释茂、苞、芜为“丰”。

“豐”《说文》：豆之丰满者也，豆器盛物丰满。豆，《说文》：古食肉器也，用以食肉的器具。《说文》释笾为竹豆，释梪（dòu）为木豆，推知其材质应为陶土。豐之引申意为丰满、丰盛。

“寷（fēng）”《说文》：大屋也，《易》曰：寷其屋。许慎所见《易》本，其中“丰”写作“寷”。以《象》阐释为“大”分析之，当为寷之引申意。故《丰》应为《寷》，其义为盛大、弘大。

“假”《尔雅》：大也。

“忧”《尔雅》：思也。忧思之意。

“亨”美好的事物发展、壮大可得亨通。

“王假之”，君王大力推行教化，使其臻至盛大。

“勿忧”，广大教化、光大正义的过程面临诸多困难，但前途光明，故“勿忧”。

“宜日中”，“宜”此处解作“应当”，有必然之意。日中则天下大明，此为日明之“丰”。君王推行教化、光大道义合乎正义，只要正确经营，勤奋推行，则道义必致兴盛，如同太阳必然致于“日中”而天下大明一样。“宜日中”寓意“丰”乃事理之必然。

《彖》曰：“丰”大也。明以动，故“丰”。“王假之”尚大也。“勿忧，宜日中”宜照天下也。日中则昃，月盈则食，天地盈虚，与时消息，而况于人乎？况于鬼神乎？

“大”即盛大之意。

“昃”《说文》：日在西方时，侧也。即太阳偏西，指白日将尽。

“食”为占卜用语，指龟裂与预先墨画之纹路复合。此处引申为覆盖、掩盖。《孟子·公孙丑下》：“古之君子其过也，如日月之食也。”“日月之食”即“日月被遮盖、屏蔽”。

“明以动”，使人明礼义而后治事，如此则顺达，则可致于盛大。即使“明”而后“动”，故“丰”。

“尚大也”，正义、美好之事物，应提倡其壮大，推崇其盛大。

“宜照天下”，君子广大教化、光大道义合乎正义，其教化必然会如日在午，礼义应当大行，此为天理。

“日中则昃，月盈则食，天地盈虚，与时消息”，日之明晦，月之盈缺，天地之间万物兴盛、凋亡无不与时偕行，因时而变。“与时消息”即与时消长、作息。

“而况于人乎，况于鬼神乎”，人与鬼神无不顺时而作，随时而化。

“日中则昃，月盈则食，天地盈虚，与时消息，而况于人乎，况于鬼神乎”，天地日月、人物鬼神一切皆遵循时间兴衰存灭，其盛大为必然，其灭亡亦为必然。无恒久之光大，亦无恒久之幽微。君子始终行于义，未盛大之前“勿忧”，盛大之后应“知敝”。简言之“丰”乃长久之计，而非一时之功。

《象》曰：雷电皆至，丰，君子以折狱致刑。

“雷”动也。“电”明也。明于道义而动，故“丰”。

“致”《说文》：送诣。送而至其处。“致刑”以刑罚处置。

“折”《说文》：断也。“折狱”即断案，分断是非。《论语·颜渊》子曰：“片言可以折狱者，其由也与。”

“君子以折狱致刑”，明辨是非曲直方能正确“折狱”，正确“折狱”而后能“致刑”得当，即君子“明以动”也。

初九：遇其配主，虽旬无咎，往有尚。

“配”《说文》：酒色。古代酒有青黑二色，合二酒之色谓之配。引申为配合。

“主”解作掌管、承当，此处解作“承当者、负责人”，《左传·僖公三十年》：“若舍郑以为东道主。”

“配主”，与君子配合者，此处指响应君子教化者，即民众。

“旬”《说文》：遍也。十日为旬。

“遇其配主”，即遇到顺从君子教化者。君子欲弘道化民，光大道义，其基础在于“得民”，无民众顺从，则“丰”无从谈起。

“虽旬无咎”，君子欲培养民众基础，必须和合于民，即《屯》之“婚媾”，必须利益于民，即《需》之“酒食”。如此方能取信于民众，使民众顺从，之后方可以图谋“丰”。“旬”此处指一个教化周期，即君子以各种手段取得民众信从的教化过程。只要在此过程中能得到大部分民众信从，则“无咎”。“旬”此处有时间较长的意味。

“往有尚”，“尚”《尔雅》：佑也，助也。君子经营正义之事业，必能得佑助。言外之意在建立“丰”之基础过程中，只要君子行为得当，必然可通达。“往有尚”与“宜日中”呼应。

此爻明应有效建立“丰”之基础。

《象》曰：“虽旬无咎”过旬灾也。

“灾”此处解作灾害。

“过旬灾也”，君子各种争取民众信从的教化手段用尽，但仍未能得到大部分民众信从，则“丰”之基础不能建立，于“丰”而言为灾害。“过旬”即争取民众信从一时难以有成。“过旬”原因在于不能有效利用各种行教方法，为人为原因。

六二：丰其蔀。日中见斗，往得疑、疾，有孚发若，吉。

“蔀”《尔雅》、《说文》均无此字，应为“蔽”之误。

“蔽”《尔雅》：微也。微，《说文》为“隐行”，有隐蔽、藏匿、掩没、遮蔽之意。此处指被掩没之正义。

“发”此处解作“生”，《诗·大雅·生民》：“实发实秀，实坚实好。”

“若”《尔雅》：顺也。顺从。《诗·鲁颂·宓宫》：“万民是若。”

“丰其蔽”，君子使被掩没之正义光明、盛大。

“日中见斗”，“日中”即正午。“斗”指北斗星。食日发生，日光被遮蔽，大地陷入黑暗，故能白天见到北斗星。此处“日中见斗”寓意本应最为光明的时刻却陷入黑暗，指本应文明的社会此时却陷入昏昧。但太阳终究不会被长久遮蔽，日食注定极其短暂，文明必定回归社会。

“往得疑、疾”，“疾”此处解作憎恶、怨恨。在文明被掩没之际，君子宣教必定受到怀疑甚至憎恶。

“有孚发若”，君子取信于人，使人心生顺意。民信而后民顺，以此治事则“吉”。

此爻明光大被掩没之正义为君子治“丰”之主要工作。过程中遇到民众不理解、不接受为必然。君子取信于人，终能致吉。

《象》曰：“有孚发若”信以发志也。

“信以发志也”，君子使人信而后能志于道。

九三：丰其沛（pèi）。日中见沫（huì），折其右肱（gōng），无咎。

“沛”应为芾（fú）之假借。芾，《尔雅》：小也。幼小之意。《诗·召南·甘棠》：“蔽芾甘棠，勿翦勿伐。”其中“蔽芾”即微小之意。

“沫”当为“沬”，为暴雨、急雨。

“瀑”《说文》：疾雨也，一曰沬，一曰瀑，賈（yǔn）也。疾雨又叫“沬”或“瀑”，賈即雨之意。《淮南子·说山训》：“人莫鉴于沬雨，而鉴于澄水者，以其休止不荡也。”故“沬”为疾雨为暴雨。

“肱”《说文》：臂上也。指胳膊。

“丰其沛”，光大处于微小的正义。

“日中见沫”，即正午下暴雨，则天色昏暗、道路难行，虽不及“日中见斗”之黑暗，亦为难行。比喻艰苦难行之境地。

“折其右肱”，“右肱”为有力之手臂。折断其右臂，寓意时机不合之际，君子虽奋力治事，其力不及且伤于己。寓意治“丰”阻力巨大，当止则止，待时可也。

“无咎”，虽“折其右肱”而“无咎”。治“丰”者奋力进取虽有损失而“无咎”。

此爻明于艰难之时欲光大微小者，要因时制宜，循序渐进，强力冒进，或得不偿失。

《象》曰：“丰其沛”不可大事也。“折其右肱”终不可用也。

“不可大事”，欲使微小者臻于丰大，宜渐次营求，不可贪功冒进，故“不可大事”。

“终不可用”，在困难之中谋求壮大，应相机行事，徐徐图之，强力冒进，无济于事，所以“终不可用”。

九四：丰其蔀，日中见斗，遇其夷主，吉。

“丰其蔽，日中见斗”，君子于昏昧之时，光大道义。

“遇其夷主”，“夷”《尔雅》：悦也。悦于君子之道者为“夷主”。“夷主”即孔子所谓“好之者与乐之者”。君子经营事业得到志同道合者之支持，得到信众之拥护，如此事业必致于盛大，故“吉”。

此爻明光大被掩没之正义，若能得到志同道合者之支持，为“吉”。寓意治“丰”应壮大自身力量。

《象》曰：“丰其蔀”位不当也。“日中见斗”幽不明也。“遇其夷主”吉行也。

“位不当”，正义被掩没而不得其正位。君子光大之，使“蔽”为“丰”，使道义居其正位。

“幽不明也”，幽蔽正义，使道义不能明照天下。

“吉行”，得志同道合者之支持，可有效促进正义事业进步，故为

“吉行”。

六五：来章有庆，誉吉。

“来”《尔雅》：勤也。即勤勉之意。

“章”即“彰”也，文彰也，引申为显著、昭显。《左传·襄公二十七年》：“赏罚无章。”

“来章”即“勤于使正义昭显”。勤勉治“丰”，则成果丰硕，为“有庆”。

“誉”应为“豫”，解作预备、预防。任何事物皆有兴衰，不能及时改革进步，则阻碍、遮蔽正义，所以君子治“丰”永无止境。君子对时义盛衰、转变有所预防，则能使由“丰”至“丰”顺畅，不然则乱，故“誉吉”。

此爻明勤勉治“丰”则“有庆”，能预防盛衰则“吉”。

《象》曰：“六五之吉”有庆也。

“有庆也”，治“丰”成功，故“有庆”。

上六：丰其屋，蔀其家；窥其户，阒（qù）其无人，三岁不觌（dí）。凶。

“窥”《说文》：小视也。从隙缝中看。

“阒”应为闅（wén）之误也。闅，《说文》：低目视也。

“觌”《尔雅》：见也。相见之意。

“丰其屋”，“屋”人所以安身之所也，“丰其屋”即大其安身之所，寓意独居其所，独善其身。

“蔽其家”，“蔽”此处解作“隐匿”。“蔽其家”即隐匿其家，远离公共社会。寓意不关心公共事业。

“丰其屋，蔽其家”，既大其屋又要隐匿其家，只有远离社会而独居，故《象》曰“天际”。

“窥其户，阒其无人”，人不得入于其门，只能从其门中小视，而不见家中之人。寓意其人不愿与人交往。

“三岁不觌”，“三岁”言其多也，三岁之久不交接于人，不从事社会活动。

“凶”，君子光大正义事业，必须依靠众多社会力量，如果人人抱有独善其身的想法，抱有事不关已则高高挂起的想法，则光大正义无从谈起，故“凶”。

此爻明“丰”为社会集体事业，需要每个个体积极参与，不然则不能成功。

《象》曰：“丰其屋”天际翔也。“窥其户，闃其无人”自藏也。

“翔”《说文》：回飞也。回旋飞，此处解作飞翔。

“天际”，言其远也。“天际翔”其人远离公众社会，独得自由生活。此处用“翔”意在表明其人不与世人为伍，视世人非同群。

“自藏也”，其人自行隐匿，不愿接受社会正义之邀请，不愿参与光大正义之事业。

《论语·微子》：“子曰：鸟兽不可与同群，吾非斯人之徒与而谁与？天下有道，丘不易也。”孔子说不与鸟兽同群，而是要与群众在一起，如果天下有道，那还要君子干什么呢？弘道化民，除弊立新乃君子义不容辞之职责，岂能“蔽其家”而“自藏”？

第五十六卦　旅 ䷷ 离艮

小亨。旅贞，吉。

“旅”《尔雅》：途也。引申为旅行、寄居。《左传·襄公二十八年》：“岁弃其次，而旅于明年之次。”

“小亨”，旅者未得其位，能持正不失已属不易，难以大有作为，故为“小亨”。君子处“旅”只有“小亨”之道理，而无治大事之可能。

“旅贞，吉”，处“旅”之时，一定要认清形势且顺应客观现实，同时不失志向，如此为处“旅”之“贞正”，如此方可致吉。

《彖》曰：“旅，小亨”柔得中乎外而顺乎刚，止而丽乎明，是以“小亨”。“旅贞”吉也。旅之时，义大矣哉！

“柔得中乎外”，君子处“旅”，依据情势而制宜，为“得中”。“外”，君子正位之外。

“而顺乎刚”，顺应民众而行事。即因势利导，循循善诱。

“止而丽乎明”，“止”指旅者有所止，即君子坚守节操。“丽乎明”指旅者不迷失道义，不丧失其志向。

“旅之时，义大矣哉”，处“旅”应遵循在中、循理、守贞三原则。此三原则为治事之通则，故其“义”为大。

《象》曰：山上有火，旅。君子以明慎用刑而不留狱。

“山”，止也。“火”明也。“止而丽乎明”为“旅”。

“慎用刑”，“用刑”旨在以强力惩治“刚”者。君子行教使民众顺从为根本，故应“慎用刑”。君子行教应谨守此原则，此为行教之所

“止”。

“不留狱”，滞留诉讼的原因在于不能明断是非，若“听讼”者能深明义理、法制，则“不留狱”。所以君子应“丽乎明”。

“君子以明慎用刑而不留狱”，君子者要明白“用刑”违背行教根本，要“慎”；“留狱”则执法者未能深明义理，所以要“丽乎明”。

初六：旅琐琐。斯其所，取灾。

“琐琐”《尔雅》：小也。微小之意，引申有卑微、低贱之意。《诗·小雅·节南山》：“琐琐姻娅。”

“斯”《尔雅》：离也。离开、分离。

“旅琐琐”，处旅丧失君子操守，而顺从于不德、不义，流于乡愿，其行为低贱，为“旅琐琐”。

“斯其所”，离开君子当处之位，即背离君子之义。

“取灾”，背离正义之立场，丧失君子之原则，自失于正道，故曰“取灾”。

此爻明处“旅”应当有所遵循，有所坚守，不能为环境所改变，从而迷失正道。

《象》曰：“旅琐琐”志穷灾也。

“志穷灾也”，旅者“志穷”，所谓“灾”指丧失正道。不能坚守志向，则失于正道，沦为小人。

六二：旅即次，怀其资。得童仆，贞。

“即”解作“到”，《史记·周本纪》“周公旦即王所。”

“次”途中止宿之临时居所，《左传·襄公二十六年》：“师焚其次。”

“怀”《尔雅》：来也。

“资”《说文》：货也。即资财、资本。此处为依托之意。譬如民众信服为君子得位之依托。

“童”应为“僮”，指未加冠之少年。

“仆”《说文》：给事者。供使役之人。“僮仆”即辅助君子之力小者。

“旅即次”，君子处旅，暂得其所。

“怀其资”，来其资本，取得依托。比如通过利益民众而收聚人心。“怀”为“使之来”，寓意旅者要主动营求，方能得其依托。

“旅即次，怀其资”，旅者于暂居之位，积极营求方能得到晋升之资本，之依托。譬如君子治《需》、《蒙》、《讼》，借此得民望，进而终能得尊位。

“得童仆，贞”，君子处“次”能得“童仆”顺从、帮助，为“贞正”。寓意君子应积极寻求外部认同、支持，由“僮仆”而积弱成强，积少成多，最终得天下顺从。“得童仆”为“来其资”之小得。

此爻明治“旅”要积极营求，寻求民众认同、支持，此为晋位之基础。

《象》曰：“得童仆，贞”终无尤也。

“终无尤”，谋求认同，获得支持，合乎“旅”之正义。如此作为可保晋位无失，故“无尤”。

九三：旅焚其次，丧其童仆，贞厉。

“焚”《说文》：烧田也。即烧草以田猎，引申火烧。

“焚其次”，焚烧君子暂居之所。“次”应该是由树枝或禾草搭建而成，故此处用“焚”。《左传·襄公二十六年》中“师焚其次”，亦为焚烧其“次”。

“旅焚其次”，君子处旅失其暂安之所，失其赖以进取之依托。“焚其次”即旅者不能保其位而致失。

“丧其童仆”，丧失其助力者，即失人。

“贞厉”，即“贞而厉”，遵循正义而作，言外之意，君子处旅，随时会有丧失其位置，失去其支持者的可能。君子不能因此种种困难而丧失志向，应正确面对客观困难，不断谋求上进。

此爻明治“旅”不能惧难而退，坚持正义而往，方能最终有成。

《象》曰：“旅焚其次”亦以伤也。以旅与下，其义丧也。

“亦以伤也”，虽为暂居之所，但失去则旅人无所立身，遑论晋位，有伤于旅者，故曰“不亦以之伤乎?”

“以旅与下”，旅者无位，此时谋求下层人众之支持必不能坚实。下层人众多唯利是图者，面临利义交争之际，则其人必舍弃君子，故“其义丧也”。处旅君子当以德义感化人为根本，谋求志同道合者之支持，即使人“比”于我，方能稳步晋升。

九四：旅于处，得其资斧，我心不快。

“斧”《说文》：斫也。为劈砍工具，此处比喻君子用以管制、矫正邪僻之手段。

“资斧”即“可资利用之斧”，可以制约、处治不从顺者之手段。“资斧”近似于权力，但权力为公器，“资斧”为私器，彼时君子未有尊位，故无公权可用。比如君子之道德威严即为行管教之“资斧”。

“快”《说文》：喜也。喜悦。

“旅于处，得其资斧”，“处”此处解作位置。君子处旅，暂得其位，掌握制约、处治不从顺者之手段。

“我心不快”，旅者心未喜悦。虽然处旅有得，但仍未得其尊位，故其“心不快”。

此爻明君子处旅不要满足于一时之小得，要不懈追求最终之正位。

《象》曰：“旅于处”未得位也。“得其资斧”心未快也。

“处”为暂安之所，旅者借以进于正位，得“处”君子不以为功，故“未得位”。

“心未快”，虽有“资斧”未能终成，旅人之志未得，其心不快!

六五：射雉一，矢亡。终以誉命。

“誉”此处通“豫”，解作“乐于、喜欢”。

“命”《说文》：使也。使命也。

“射雉一”，“雉”为禽之小者。“雉一”言其数少也。“射”君子之田猎也，比喻君子治事。“雉”治事之所得也。

“矢亡”，“亡”此处解作无、尽。“矢亡”即用尽所有箭。

“射雉一，矢亡”即用尽所有箭矢，但所得仅一只山鸡。比喻君子处旅，积极谋求上进，虽然治事不能大获成功，但仍然需要全力以赴。

“终以誉命”即“誉命以终”，旅人始终乐于自身使命，即“旅贞”。

此爻明君子处旅当积极进取，虽大费少得，君子往矣！孔子一生行教，未有大功，可以说“矢亡、射雉一”，但夫子“终以誉命”，其德光耀千古。

《象》曰：“终以誉命”上逮也。

“上”即“尚”，推崇。

“逮”《尔雅》：遝（tà）也。即到达、赶上、相及之意。

“上逮也”即君子崇尚积极追求其理想，不懈于使命。

上九：鸟焚其巢；旅人先笑后号咷（táo）；丧牛于易。凶。

“号”《说文》：痛声也。

“咷”《说文》：泣不止也。

“鸟”比喻旅者，意在表示旅人以高高在上之姿态临“旅”，不能“得中乎外”，不能顺应民众，所以其人不能见容于时下，故其居所为人所毁，即“鸟焚其巢”。

“先笑而后号咷”，旅人得其“资斧”，满足于一时之小得，故“先笑”。旅人不能“旅贞”则最终“焚其次、丧其僮仆”，故“后号咷”。即旅人不能“止而丽乎明”。

“丧牛于易”，“牛”比作顺从君子者，“丧牛”即失去顺从之人。“易”通“场”，此处指草场。在草场放牧时丢失其牛。比喻君子在不能有效约束、制约民众的情况下，失去不愿顺从之人。言外之意其人未诚服、深信君子。“丧牛于易”意思同于“丧其童仆”，为失人之忧。

“凶”，其一鸟焚其巢；其二旅人先笑后号咷（táo）；其三丧牛于易。三者皆为处旅之“凶”。

此爻明旅之失。

《象》曰：以旅在上，其义焚也。“丧牛于易”终莫之闻也。

“以旅在上”，旅人不能“得中乎外，而顺乎刚”。

“其义焚也”，旅人失于正义，安得其位？故义丧其位也。

“终莫之闻也”，“闻”解作“闻名、著称”。旅者失其顺从者，说明旅者之德义未能使人诚服。旅者不能和同于人，如此则旅者与其德行必定不能被广泛认同，亦不会闻名。换言之，其人不能由“旅”而最终得其尊位。

第五十七卦　巽 ☴ 巽巽

小亨，利有攸往，利见大人。

“巽”《说文》：具也。具备之意。《礼记·祭统》：“备者，百顺之名也，无所不顺者之谓备。”“巽”引申为“顺、使顺”，《论语·子罕》：“巽与之言，能无悦乎？”

“小亨”，《巽》卦讲君子以教令使民众顺从礼义，虽“亨”未大，为“小亨”。言外之意民众自觉上进为“大亨”。

“利有攸往”，往有功也。

“利见大人”，得中正也。

《彖》曰：重“巽”以申命，刚巽乎中正而志行，柔皆顺乎刚，是以“小亨，利有攸往，利见大人”。

“申”解作“表达、说明”，《荀子·正名》：“申之以命。”

“重巽”即指“巽”卦上下皆“巽”。

“以申命”，《巽》卦讲君子申其命令，以使小人顺从。

“刚巽乎中正而志行”，“刚”民也。民众从顺于“中正”之道，上进于道义，君子弘道化民之志行。

“柔皆顺乎刚”，“柔”君子者、进德者。“刚”即教令。进德者皆能听从教令而行。

《象》曰：随风，巽。君子以申命行事。

“随风”，风之所向，万物随顺。“风”比作君子之教令。教令之所指，即民众行为之方向。使民众随顺教令而行，为“巽”。

“君子以申命行事”，君子发布教令，以使民众行礼义之事。

初六：进退。利武人之贞。

“进退”，君子随义而行，义之所在即君子之所向，唯“进”而已，何有“进退”之反复迟疑？《论语·里仁》：“子曰：君子之于天下也，无适也，无莫也，义之与比。”“义之与比”即随义而往，宁舍生而取义，“直道而行”虽“九死其犹未悔”。小人践行君子之教，亦当唯礼义是瞻，勇往直前。民众“进退”之疑虑，为君子行教令之失。

“武人之贞”，“武人”即军人也。军人唯军令是从。修习礼义者当以“武人”自比，以君子教令为军令，教令所指，即人之所向。犹豫、懈怠、违背皆失其正义。

此爻明治“巽”当使人坚定信念，行为果决，从教令如“随风”。“进退”为治“巽”之失。

《象》曰：“进退”志疑也。“利武人之贞”志治也。

“志疑”，其人临事而生“进退”之心，说明心志不笃定，有所疑虑，故曰“志疑也”。

“志治”，君子以教令使人践行道义，其关键在于增固其志，其“心志安定”方能勇往直前，而无“进退”之忧。

九二：巽在床下，用史巫纷若，吉，无咎。

“床”者，起居交接之所，比喻君子所居之位。

“床下”，比喻君子不得其位。

“巽在床下”，君子不得其位，君子之教令无绝对权威，即为“资斧”。此处指君子以无权位之身，谋求使人听从教令。

“史”此处指掌管卜筮者，《帛书易经·要篇》：“赞而不达于数，则其为之巫；数而不达于德，则其为之史。”《左传·桓公六年》：“祝史正辞，信也。”其中“祝”即“巫”，“史”即掌管卜筮之人。

“巫”《说文》：祝也。“祝”《说文》：祭主赞词者。即祭祀时祷告于神之人。

“史巫”，卜筮之人与祭祀时向神祷告之人，二者皆能通于鬼神，故为人所敬畏。君子若无权位，而欲使民众敬畏，只能以其贤德，舍此皆不能行。“用史巫”意思同《困》之“利用祭祀”。

“纷”此处解作盛多的样子。《楚辞·九章·橘颂》：“纷缊宜修，姱（kuā）而不丑兮。”

“若”《尔雅》：顺也。顺从。

“纷若”，即民众纷纷顺从。

“巽在床下，用史巫纷若”，君子在无位之时，效法史巫使人敬畏的道理，以自身之贤德使民众生敬畏之心，从而能使众多民众听从其教令。

“吉”，使民众心生敬畏，可以使其有效执行君子之教令，故“吉”。

“无咎”，如果君子无位之时，不能以贤德使民众心生敬畏，则“有咎”。言外之意使民众敬畏为必要之条件。

此爻明治“巽”之关键在于要使民众内心有所敬畏。民众不知敬畏，则必致于乱。同时此爻在此爻位阐发君子无位之时如何行使教令，寓意君子之命令应当以道义为依托，而不以强力为依托为。要以道义为根本，以强力为辅助。

《象》曰：“纷若之吉”得中也。

“得中”，得其心也。

九三：频巽，吝。

“频”应为濒。濒，《说文》：涉水颦蹙。“涉水颦蹙”，涉水不知深浅，其心惶恐不安，其情状为谨小慎微，欲行欲止。

“频巽”，对于君子教令，其人不能做到诚实信奉，坚定执行，而是心怀疑虑，且行且止。

“吝”，其人不能深信君子之道，故而行为不能果决，如此则进步也不易，于事为不美，故为“吝”。

此爻明民众不能坚决奉行君子教令，于事为不美。君子应戒慎于此。

《象》曰："频巽"之"吝"志穷也。

"志穷"，民众疑于君子之道，君子弘道化民之志困穷。

六四：悔亡，田获三品。

"悔亡"，君子使民众坚定信念，使其行为果决，如此则悔不能生。

"三品"指三类物品。《礼记·王制》："天子、诸侯无事则岁三田，一为干豆，一为宾客，一为充君之庖。"译文："天子、诸侯在没有祭祀与战争的时候，每年三次打猎，首先为了获取祭祀用的祭肉，其次为了招待宾客之用，再次为了家常食用。""三品"指三类不同用途的猎物。

"田获三品"，通过田猎获得三类用品，比喻君子通过"申命行事"，可以获得三项收获：第一可以弘扬道义；第二可以发明民众智慧，培育民众道德；第三君子可以存其位。此三项所得可以类比天子、诸侯之"一为干豆，一为宾客，一为充君之庖"。

此爻明行"巽"之得。

《象》曰："田获三品"有功也。

"有功也"，君子行教有功。

九五：贞吉，悔亡，无不利，无初有终。先庚三日，后庚三日，吉。

"贞吉"，使民众有所敬畏，从而坚定信念，力行教义，如此则"吉"，则"悔亡"，则"无不利"。"无不利"即利于道义弘扬、利于民德增长、利于君子得位。

"无初有终"，"有初"指好的开始，"有终"指好的结果，"无初"则指没有良好的开始。于道义未兴之社会，于民众未开化之时，于君子未有其位之际，正确行"巽"，最终皆能有善果，即"无初有终"。

"先庚三日，后庚三日"，"庚"在十天干第七位，"先庚三日"为"丁日"，后庚三日为"癸日"。"丁日"谋于事之未盛极，"癸日"谋于事之未始。君子令民从教，民众未违悖于教令之先，即警诫之，防患于未然。民众有违教令之初，及时矫正之，从而止于微小，不使其致于大过。能谋于事之未然，能止于微小，则“吉”。

此爻明如何治“巽”有成。

《象》曰：“九五”之“吉”，位正中也。

“位正中”，君子正确施行其教令则能事半功倍。以教令止不义于未然，于微小，君子如此使用教令，故曰“位正中也”。

上九：巽在床下，丧其资斧，贞凶。

“巽在床下”，君子未得其位，而谋求使民众听从其教令。

“丧其资斧”，君子未有其位，能使民众听从其教令，在于民众敬畏其贤德。民众之敬畏为君子之“资斧”。若君子失去民众之信从与敬畏，则为“丧其资斧”。

“贞凶”，义穷也，君子无位，又无教令民众的资本，则教令民众必不能行，其义穷也。

此爻明治“巽”之失。

《象》曰：“巽在床下”上穷也。“丧其资斧”正乎凶也。

“上穷”，君子不得其位，不能以权位行教令，君子行教穷困，故“上穷”。

“正乎凶也”即“正凶矣”，“乎”助词，表示停顿。《论语·雍也》：“于从政乎何由？”君子不得其位，又丧其“资斧”，则君子以无所恃之身而行教令，必不为人听，正义被掩弃，故“正义凶矣！”

第五十八卦　兑 ䷹ 兑兑

亨，利贞。

"兑"《说文》：说也。即悦也。

"亨"，君子行教化民能使人内心喜悦而动，为通达之道，故"亨"。

"利贞"，悦必遵循正道，故"利贞"。

《彖》曰："兑"，说也，刚中而柔外。说以利贞，是以顺乎天而应乎人。说以先民，民忘其劳；说以犯难，民忘其死。说之大，民劝矣哉！

"刚中而柔外"，"刚中"即心志坚固，"柔外"即行为柔顺。能使民众笃信于道义且能随顺于教化，如此为"兑"。

"说以利贞"，使民众悦从君子之道必须遵循贞正。

"顺乎天而应乎人"，顺应天道，合乎人情，此为君子治"兑"之原则。

"说以先民，民忘其劳；说以犯难，民忘其死"，先让民心喜悦，则民众忘其劳苦；民众乐意犯难而行，即使面临死亡亦不以为意。此为"兑"之功用。

"说之大，民劝矣哉"，"劝"《说文》：勉也。自强之意。"悦之大"即悦于道义。"民劝矣哉"民众喜悦道义，则能自强。

《象》曰：丽泽，兑。君子以朋友讲习。

"丽泽"，"丽"比附之意。"泽"德为悦。上下亲附、和合，两相喜悦，为"兑"。

“讲”《说文》：和解。即讲解之意。

“习”《说文》：数飞也。鸟频频试飞，即练习之意。《尔雅》释“娴、惯”为“习”，推知“习”指反复、多次练，引申为熟习。《论语·学而》：“子曰：学而时习之，不亦乐乎？”译文：“学了知识要不断练习，这样才能真正熟练掌握，从而内心喜悦。”

“朋友讲习”即朋友之间共同讲解、熟习义理。“朋友”为人之亲密者，共同治事者。通过共同研讨、熟习义理，可以统一认识，可以团结一致。君子行教，必要晓以情理，反复交流，最终使之“刚中而柔外”，一如“朋友讲习”而后得共识。

初九：和兑，吉。

“和”《说文》：相应也。彼此相应称之为和，引申为和顺、融洽。

“和兑”，君子欲使人内心喜悦以行事，当首先取得相互信任，而后谋求其认同君子之道，最终建立统一认识，如此为“和兑”。

“吉”，君子与民众和合，为教民之前提，故能“和”为“吉”。

此爻明治“兑”之前提为“和”。

《象》曰：“和兑”之“吉”，行未疑也。

“未”此处解作“不”。

“行未疑”，君子能和于人，进而君子施行教化则人不疑。

九二：孚兑，吉，悔亡。

“孚”《说文》：信也。

“孚兑”，其人信于君子之道，从而内心喜悦以行教化之事。有孚于心为“兑”之本。

“吉”，其人因信而悦动，行事必契而不舍。以君子行教化而言，民众信孚道义，孜孜以求，为教化之成，故“吉”。

“悔亡”，如不能做到“孚兑”，终有悔恨之事。言外之意“孚兑”为根本。

此爻明“兑”之根本在于信。人只有深信，方能有长久之“悦”。《孔子家语·在厄》：“君子有终身之乐，而无一日之忧。”即因为君子深信于道，故能“未得之，则乐其意，既得之，又乐其治”。

《象》曰：“孚兑”之“吉”，信志也。

“信”应为“伸”，伸张之意。

“信志也”，民众悦于道义，践行道义即为伸张其志。

六三：来兑，凶。

“来”应为勑（lài）。勑，《说文》：劳也。即慰劳、酬答之意，给予言语或物质的慰籍与补偿。《诗·小雅·大东》：“东人之子，职劳不来。”译文：“东方侯国之子弟，职事劳苦而得不到慰劳与补偿。”

“来兑”，即以言语或利益来换取其人喜悦。此种作为，不以人和为基础，不以谋求内心信仰为根本，为苟且之作为。

《论语·子路》：“君子易事而难悦，悦之不以道，不悦也。小人难事而易悦，悦之不以道，悦也。”若以“来兑”用之以小人，则乱正教。

此爻明治“兑”之弊。

《象》曰：“来兑”之“凶”，位不当也。

“位不当”，“来兑”小人之作为，不合君子之位。

九四：商兑未宁，介疾有喜。

“商”《说文》：由外知内也。揣测、计度之意。

“商兑”，“商”指其人在悦服之先，内心思量、测度君子之教义。经过“商”而后能“和”，“和”而后能“孚”。“商兑”即其人经由怀疑不信而后致于悦从之过程。

“未宁”，“宁”《尔雅》：安也。即安宁。“商兑”之阶段，其人信念不定，用事不专，即未能安于道义，有不“和”、不“孚”之忧。

“介疾有喜”，“介”同于“界”，此处解作隔离、分开。“疾”此处指毛病。在民众“商兑”阶段，君子要以正义引导之，使远于邪僻、妄乱等诸多“疾”。如此以正义熏陶之，可使其人最终信从、悦服于正道，故“有喜”。

此爻明如何取得广大民众之“悦”。

《象》曰："九四"之喜，有庆也。

"有庆"，君子通过正确引导，使民众远离邪恶侵扰，从而进于"孚兑"，为"有庆"。

九五：孚于剥，有厉。

"剥"此处指丧失正信、道德颓废之人。

"厉"通"疠"。疠，《说文》：恶疾也。多指疮疥。此处比喻坏毛病。《战国策·楚策四》："夫厉虽痈肿胞疾。"

"孚于剥"，使丧失正信、道德颓废之人恢复信心，重拾信念。

"有厉"，民众有毛病，比喻社会道德有问题。

"孚于剥，有厉"，君子行教要使民众笃信于正义，随顺于君子，必须戒除其不良品行，以始终保持对正义的信仰。言外之意保持正信为"兑"之根本。

此爻明治"兑"君子要使民众始终保持正信，随时清除邪僻。

《象》曰："孚于剥"位正当也。

"位正当"，君子使民众始终保持正信，此为君子之职责，故曰"位正当"。

上六：引兑。

"引"《说文》：开弓也。引申为引导之意。

"引兑"，引导民众致于"兑"。即引导民众坚定信念，随顺教化。

此爻明"兑"不能遽然而成，需要君子不懈引导。

《象》曰："上六引兑"未光也。

"未光也"，君子未能使民众笃信于道义，未能使随顺于君子，如此则君子之教化未光大也。

第五十九卦　涣 ䷺ 巽坎

亨。王假有庙，利涉大川，利贞。

“涣”《说文》：流散也。即水流分散。此处为分散之意。《涣》卦指把人与事物进行划分，从而便于有效管理、利用。

“亨”，把人与事物进行有效分划管理，是应对事物壮大的必然选择，为通达之道。

“王假有庙”，“假”即“大”。“有庙”即设立宗庙的办法。君王通过增设宗庙的办法，来分散不断壮大的家族、国家。此处指设立诸侯分治体系。

“利涉大川”，分散之道乃事物发展必然之道，在各个领域都应广泛、深入推行，如此有利于发展壮大。

“利贞”，分散之道要遵循正义而行，此为治“涣”之原则。

《彖》曰：“涣，亨”刚来而不穷，柔得位乎外而上同。“王假有庙”王乃在中也。“利涉大川”乘木有功也。

“刚来而不穷”，民众不断增长，即待教化者无穷尽。

“柔得位乎外而上同”，把教化组织、体系分散开来，分治不同领域。君子在各个组织、体系之外进行总体把控，如此称之为“柔得位乎外”。“上同”应为“尚同”，各个组织、体系所追求，所崇尚之目标一致。亦即所有分划系统皆为实现得道义之目标。比如社会教育体系其宗旨为培育道德，司法体系则是捍卫道德，经济体系则是保障道德，目标一致。

“王乃在中”，君王通过增设宗庙，设立诸侯，使自身处于诸侯体系之核心，为诸侯统率者。君王通过礼制、法度、文教以及官制、军事等诸多体系掌控诸侯，即君王在“中央”。

“乘木有功”，“乘”即驾驭、掌控。“木”比喻民众。“乘木有功”即君子通过分散之系统管理教化民众有功。

《象》曰：风行水上，“涣”。先王以享于帝立庙。

“风”动使万物行为致一。“水”动则四散分流。“风行水上”即虽在下分散治理，但向上目标一致，如此为“涣”。

“先王以享于帝立庙”，“先王”创制之君王。“享于帝”即敬享于共同唯一之上帝。“立庙”即祭祀于众多不同之宗庙。言外之意虽有分散之形式，但亦有共同之宗主。

初六：用拯马壮，吉。

“拯”通騬（chéng）。騬，《说文》：犗（jiè）马也，即阉割马。

“騬马”则使马匹健顺。“壮”即健顺。

“用拯马壮”，比喻使各个教化体系运营顺畅、有力。

“用拯马壮，吉”，君子施行分散治理，使各体系强健有力且服从君子统一管理，如此则“吉”。

此爻明治“涣”需要各体系强健而顺畅，此为必要条件。

《象》曰：初六之“吉”，顺也。

“顺也”，分划体系服从指挥，则“涣”方能有效、顺畅。

九二：涣奔其机，悔亡。

“奔”《说文》：走也。快跑之意。

“机”与“機”在《说文》为不同二字。“机”为树木，“機”为器物之机关，皆与此爻意思无关。“机”应为“杭”之误，“杭”通“航”，此处意思为渡。《诗·卫风·河广》：“谁谓河广，一苇杭之。”《楚辞·九章·惜诵》：“昔余梦登天兮，魂中道而无杭。”

“涣奔其杭”，各分划体系如同舟船快速、顺畅行进于各自航道，即各体系运行顺利，此为治“涣”之成，故“涣奔其杭”则“悔亡”。

此爻明治“涣”要使各分划体系合乎客观规律，以保证其运行有序、顺畅。

《象》曰："涣奔其机"得愿也。

"得愿"，教化体系运行顺利，各得其所，各安其事，如此教化必成，君子得其愿也。

六三：涣其躬，无悔。

"躬"《说文》：身也。自身。

"涣其躬"，君子分散自身为不同身份。譬如君子以君王、师长、父兄、朋友之身份，可以分别对不同对象行使不同教导。

"无悔"，君子以全身心投入教化事业之中，为实现弘道化民之志虽献身而"无悔"。

此爻明君子治"涣"当有为事业而献身之精神。

《象》曰："涣其躬"志在外也。

"志在外"，君子志在弘道化民而无私利之心。

六四：涣其群，元吉。涣有丘，匪夷所思。

"群"此处指群众。

"丘"《说文》：土之高者，非人所为也。

"夷"此处解释为平坦之地，《诗·小雅·节南山》："君子如夷，恶怒是违。"

"思"此处解作图谋、思虑。《说文》释"虑"为"谋思"。

"丘"与"夷"相对，言高处落水才会自然快速分散，平地则不能分流。

"涣其群"，设立制度分散群众，使分别成体系而教化之。以天子而言设诸侯为"涣其群"，以诸侯而言设乡邑为"涣其群"。

"元吉"，分散群众使各成体系，是有效扩大教化成果的根本手段，故为"元吉"。

"涣有丘，匪夷所思"，行"涣"必要有高下之分，无高下则难统率，如从高丘倾水，则水可快速分流而下，水若在平地倾倒则不能分流。比喻以"涣"道行教化，只有在上位之君王可以实施，而下位之君子则无能为力。“匪夷所思”即不是平地可以考虑的。言外之意不得高位者不能行其事。

此爻明通过“涣”可以扩大教化成果，同时说明只有据有高位者才能施用。

《象》曰：“涣其群，元吉”光大也。

“光大也”，君王之事业光大也。

九五：涣，汗其大号。涣，王居无咎。

“汗”为“泮”之误，二者形近。“泮”为水岸，此处比喻规则、制度等。

“大号”指最高号令。

“涣，泮其大号”，水流分散，水岸为制约水流的最大约束条件。比喻君王治“涣”，当用制度来规范管理，并且制度的制定一定要掌握在君王手中，如此方能保障“涣”有序、不乱。《礼记·中庸》：“非天子不议礼，不制度，不考文。”斯之谓也。

“涣，王居无咎”，非王者不能有“丘”之高位，无高位则不可行“涣”。

此爻明治“涣”之要。

《象》曰：“王居无咎”正位也。

行“涣”者必要有高位，王者居高位行“涣”，可谓“正位”。

上九：涣其血，去，逖（tì）出，无咎。

“血”此处应为“恤”，恤《说文》：收也。即赈恤、体恤、关爱之意。

“逖”应为“愁（tì）”，“愁”即“惕”之异体写法。“惕”《说文》：敬也。敬畏、尊敬之意。

“涣其血”，君子施关爱于天下人民。

“去，惕出”应为“血去，惕出”，同《小畜》之六四，省“血”。即君子关爱天下民众，民众生尊敬之心。人心相感，世人感于君王之仁爱而生敬惕。

“涣其血，去，逖出”，君王以“涣”推广、扩大教化成果，但其弊端在于，诸侯与民众因此远离君王，时空间隔势必滋生怠慢，久而久之必生不敬、不臣之悖乱。因此为君王者必须时刻以爱人之行为树立自身高尚形象，使世人始终保持敬爱之心。

此爻明君王最终要以收聚民心为首要，如此虽“涣”而不乱，可见“涣”亦有“萃”。

《象》曰：“涣其血”远害也。

“远害也”，君爱民、民尊君，则国家远离动荡之害。于“涣”之时，君王广播其仁爱于天下兆民，则民敬之，民敬则不乱，则祸害不生，故“远害也”。

第六十卦　节 ䷻ 坎兑

亨。苦节不可贞。

“苦”此处解作“痛苦”。《孟子·梁惠王上·五蠹》：“乐岁终身苦。”

“节”《尔雅》释“裁”为“节”，为裁节，节制之意。《吕氏春秋·论人》：“适耳目，节嗜欲，释智谋，去巧敌。”《节》卦讲节制之事。

“亨”，人若恣欲、肆意而为则伤身，则害理。节制可保全性命，可保天下和谐，故为“亨”。

“苦节”，使人感觉痛苦之节制。即其节制不能让人乐意接受，为“苦节”。

“不可贞”，使人感觉痛苦之节制，不能达到使人行为中正的目的。

《彖》曰：“节，亨”刚柔分而刚得中。“苦节不可贞”其道穷也。说以行险，当位以节，中正以通。天地节而四时成，节以制度，不伤财，不害民。

“刚柔分而刚得中”，“刚柔分”即道义与行为有出入，“刚得中”即道义节制行为，使行为符合正义，如此为“节”，可致亨。

“其道穷也”，“节”必须建立在“中和”基础之上，在道与人情之中，若罔顾人情，急功近利，终究不可持久，不可广大。所以“苦节”，“其道穷也”。

“说以行险”，其人乐意行难为之事，即愿意自我克制。所谓“险”指难为之事。此为“节”之基础。

“当位以节”，欲对他人实施节制，必须要具备相应的身份或地位。

比如父可以“节”子，君可以“节”民。此为“节”人之条件。

“中正以通”，“中正”即“节”要合宜，合人情而不违于常法，如此方能“通”行。此为“节”人之原则。

“天地节而四时成”，昼夜消长，寒暑往来，阴长阳消，天地之“节”也，皆因相节而不息，故“节”为常法。

“节以制度，不伤财，不害民”，“财”指物资，《荀子·天论》：“天有其时，地有其财，人有其治。”“制度”即规则与标准。以规则与标准进行节制，不浪费物资，不使民众受到伤害。

天生万物以养人，天下万物皆人之资财，但不加节制使用，必不能久长。当下人类对自然之侵掠，若不以“制度”节之，最终资源枯竭，则人无所用。人若肆意而为则会伤害身体，破坏社会道义，最终危及所有社会中人。所以“节”为德行义举。

《象》曰：泽上有水，节。君子以制数度，议德行。

“泽”德为悦也。“水”行可引导而向下，比喻约束其行为使之收敛。心悦而收敛、克制，为“节”。君子实施节制必要以人心悦服为基础，以规则与标准约束其行为。

“数”《说文》：计也。此处解作规则，《管子·幼官》：“存亡之数九。”

“度”《说文》：法制也。此处为标准、限度之意。

“制数度”，此处指在行政方面制定行为规则与标准。

“议”《说文》：语也。通过商讨能得合宜之结论为议，即商讨议定之意。

“议德行”，指在道德领域商讨议定道德准则。

“君子以制数度，议德行”，君子在行政与道德领域，分别制定规则与标注，用以约束、节制民众之行为。

初九：不出户庭，无咎。

“户”《说文》：护也。即用作防护的门，指房门。“户庭”即室内厅堂。

“不出户庭”，“户庭”之内为家人，家人为夫妇，父子，兄弟。君子制定规则与标准节制人欲、民行，当以人情、人伦为基础，如此其“节”方能具备通行之可能。

“户庭”之内，夫妇之爱“节”以义顺，父子之情“节”以孝慈，兄弟之情“节”以友恭，父子推之君臣，兄弟推之朋友。“不出户庭”意在明“节”之道以人情、人伦为基准，合于人性，人伦则可行，违悖人性，人伦则窒塞难行。比如父母节制、管教子女，可推之于老师对学生之管束，二者性质相同，但老师之节制、管教程度则应逊于父母之管教。再如人必自利而后利人，则广泛要求“大公无私”则必不可行，“私不害公”、“私不忘公”方有可能。“饥岁之春，幼弟不饟，穰岁之秋，疏客必食。”此为人情，反是“苦节”也，“不可贞”也，“其道穷”也。

“无咎”以人情、人伦为基准，制定节制之规则与标准，为必然选择，反之不能行，则“有咎”。

此爻明治“节”之基础。

《象》曰：“不出户庭”知通塞也。

“知通塞也”，君子治“节”，合乎人情、人伦则通达，反之则阻塞。

《论语·卫灵公》：“子贡问曰：有一言而可以终身行之者乎？子曰：其恕乎，已所不欲，勿施于人。”孔子依于人性而推定待人之法则，孔子可谓“知通塞”者也。

九二：不出门庭，凶。

“门”《说文》：闻也。分隔内外，内外相互听闻得到。此处指院门。“门庭”即庭院。

“不出门庭”，“出门庭”即行于乡党、国家。“不出门庭”即治节之“数度、德行”不能行于社会。言外之意“数度、德行”不合于时义。

“凶”，节制不能广泛致用，至于“苦节”，甚至至于悖乱，为

“凶”。

此爻明治“节”当顺应客观现实。

《象》曰：“不出门庭”失时极也。

“极”《尔雅》：至也。言其甚也。

“失时极”，违背世情，远离时义，不能致用，为“凶”。

六三：不节若，则嗟若，无咎。

“节”为世人之常，“不节”则失和，则不能致远。“不节若，则嗟若”即不节则必有悔恨之嗟叹。“……若……若”句式，其意为“不为彼，便为此”。

“无咎”，“无”应为“勿”，自食其果，无可卸责。

此爻明“不节”必悔。同时表明“节”应当以自觉为主，客观监督为辅。

《象》曰：“不节”之“嗟”，又谁咎也。

“不节”之“嗟”为咎由自取，无可卸责，又谁“咎”也？

六四：安节，亨。

“安”《尔雅》：止也。安于。

“安节”，安受其节。人受天地之“节”，民受“数度，德行”之节，君子受道义之“节”，“节”人之常也。

“亨”，节为天下之常，唯“安节”能致和、致远，为通达之道。

此爻明“安节”可致通达，反之则有困厄。

《象》曰：“安节”之“亨”，承上道也。

“承上道”，“节”为至理，天地万物无不“节”，人之“安节”，奉行天地之道而已，故为“承上道”。“上道”亦即通衢之意。

九五：甘节，吉。往有尚。

“甘”《说文》：美也。引申为情愿、乐意。

“甘节”，使人乐受其节制。

“吉”人乐受其“节”，则其人修行上进，社会道义日盛，故“吉”。

“往有尚”，“尚”为尊奉之意。人有所信仰，所以行为方能有所节制。换言之民众信奉君子之道，方能“甘节”。

此爻明“甘节”是大道，掌教化者当谋求民众信从道义，方能“甘”于“节”。

《象》曰：“甘节”之吉，居位中也。

“居位中”，“节”为天理，君子治“节”，能从天理，顺人情，使人乐于节制，故君子之“节”在“中”。

上六：苦节，贞凶。悔亡。

“悔”解作悔改、收回之意。《左传·隐公十一年》“悔祸于许”中“悔祸”即上天收回灾祸。

“亡”应为乍，二者篆体形似。乍，《说文》：止也。制止、节制之意。

“苦节，贞凶”，“贞凶”义穷也。不近人情、不合时义，必不可致远，不可广大，其义穷也。

“悔乍”，“苦节”不能行，最终要悔改其节制方式。“悔乍”用法同于“悔祸”。

此爻明治“节”之失。同时说明对出现的节制失误要及时改正。

《象》曰：“苦节，贞凶”其道穷也。

“其道穷”，“苦节”不义，不可致远，不可广大，故“其道困穷”。

第六十一卦　中孚 ䷼ 巽兑

豚鱼吉，利涉大川，利贞。

“中孚”，信道且行于义，即坚信而笃行。

“豚鱼”，“豚”应为黗（tún）。黗，《说文》：黄浊黑。即发黄同时带有浑浊的黑色，即黄带黑灰色。“豚鱼”即“黗鱼”即河豚，又写作“魨鱼”。河豚，为洄游性鱼类，每年春季三四月溯游至长江繁殖。河豚体背侧灰褐色，肚腹为黄白色，鱼体光滑无鳞，呈现黑黄色，臀鳍白色，尾鳍下缘乳白色，其他各鱼鳍黄色。河豚因为其体色黄黑，古人称之为“黗鱼”，并非一些文人妄加附会，言其鱼头像“猪”而为“豚鱼”。河豚因其固定在三四月洄游，正值春回时节，故渔民称其为“风信”，有花卉名“风信子”者亦在三四月开花，二者皆被视为“风之信使”。

“豚鱼吉”，“豚鱼”因为其溯游回长江的时间固定在三四月之间，故为“信”。此处指若能如豚鱼般行为有信，为“吉”。君子行教当使民众信如豚鱼。

“利涉大川”，利于广泛、深入推行“中孚”之道。

“利贞”，秉持贞正，方能致于“中孚”。

《彖》曰：“中孚”柔在内而刚得中，说而巽，孚乃化邦也。“豚鱼吉”信及豚鱼也。“利涉大川”乘木舟虚也。“中孚”以“利贞”，乃应乎天也。

“柔在内而刚得中”，“柔在内”即道德在内。“刚得中”即民众行为符合礼义。民众道德著于内心，且力行礼义。

“说而巽”，内心悦服且能通过践行逐渐使自身具备道德。

“孚乃化邦也”，民众能信孚君子之道，能力行道德，如此天下可臻于大化。

“信及豚鱼也”，民众信从道义，其“信”可以比之于“豚鱼”。

“乘木舟虚也”，“舟”为“用”之误，二者篆体形似。“乘木”即教化民众。“虚”即“君子以虚受人”，即胸怀广大。“乘木用虚也”即君子应虚怀若谷，要能胸怀广大，包容天下万民。

“乃应乎天也”，天道有常，万物是从，天道贞正，万物致归。君子谋求民众“中孚”，当效法天道。

《象》曰：泽上有风，中孚。君子以议狱缓死。

“泽”，悦也。“风”，行致一。“泽上有风”即民众悦服道义且力行其信仰，即知行合一，是为“中孚”。

“君子以议狱缓死”，“议”《说文》：语也，言得其宜之谓议。“缓”《说文》：绰也。即宽缓之意。“议狱缓死”，对于惩罚之事能尽力宽缓之，寓意君子对于民众之不足、之咎责要尽量宽容，亦即“乘木用虚”之意。

初九：虞吉，有它不燕。

“虞”，虞人也，掌山泽禽兽之官，此处泛指管理教化之官员。

“虞吉”，意为君王利用官员管理教化，能致有序、广大，为“吉”。

“有它不燕”，“它”即“蛇”，《说文》：“上古草居患它，故相问：无它乎？”“有它”即“有蛇”，蛇比喻为乱教化者。“燕”即“晏”。晏，《说文》：安也，“不燕”即不安。

“有它不燕”即有蛇不安，比喻有为乱教化者，则广大民众不能安心修习。

“虞吉，有它不燕”，虞官，掌山泽禽兽者，故能治蛇，防患，寓意君子用官员管治为非作歹者，则教化无“不安”之忧。此句可倒装为“有它不燕，虞吉”，于此为了突出“虞”之用。

此爻明君子教化天下，欲使世人“中孚”，设立官制，以官治民为必然选择。

《象》曰：“初九，虞吉”志未变也。

“志未变也”，旨在预防悖乱于未然。君子设立官制，防止悖乱，惩治邪恶，使社会有序、和谐。

九二：鸣鹤在阴，其子和之；我有好爵，吾与尔靡之。

“鹤”《说文》：鸣九皋（gāo），声闻于天。即在天下沼泽鸣叫，声音上达云霄之鸟。鹤为候鸟故可鸣于天下沼泽。《本草纲目·鹤》：“常以夜半鸣，声唳云霄。”

“皋”《说文》：气皋白之进也。即白色水气上进升腾，引申为沼泽。“九皋”指天下沼泽，又指天下。“鹤”此处比喻君子。“鹤鸣”比喻君子宣扬道义。

“阴”《说文》：暗也，水之南，山之北也。幽暗为阴，河流因为低于地平面，所以南岸边的水往往阳光照射不到，故河流南岸为阴。山的北面阳光照射不到，故山之北为阴。我国诸多地名都依据此命名，譬如“洛阳”即在洛河以北，“华阴”即在华山之北，“江阴”即在长江之南，“汉阳”即在汉水之北。

“爵”即爵位，《荀子·效儒》：“君子无爵而贵。”

“靡”《说文》：披靡也。引申有分散之意。《楚辞·天问》：“靡蓱九衢。”

“鸣鹤在阴”，鹤在河的南岸鸣叫。比喻君子在社会宣扬道义。南为教化之方、大明之方，故鹤在南岸。

“其子和之”，鹤之子与之应和，比喻君子之继承者，继续弘扬道义。

“我有好爵，吾与尔靡之”，“我”即掌教化之君子。君子把高贵的爵位广泛赐予愿意辅助君子管理教化者。

“鸣鹤在阴，其子和之”，意在说明君子弘道当培养继承者。

“我有好爵，吾与尔靡之”，意在说明君子要与志同道合者共同管理教化。

此爻明“中孚”之成，要传承不息，要靠广大志同道合者的共同努力。

《诗经·小雅·鹤鸣》与此卦意颇为切合，故录取如下：

原文：鹤鸣于九皋，声闻于野。鱼潜在渊，或在于渚。乐彼之园，爰有树檀，其下维萚（tuò）。它山之石，可以为错。鹤鸣九皋，声闻于天。鱼在于渚，或潜在渊。乐彼之园，爰有树檀，其下维榖（què）。它山之石，可以攻玉。

译文：鹤在天下的沼泽鸣叫，其鸣声广播于四野，使众生灵皆能听到。如同君子宣扬道德于天下，使世人皆能知晓。鱼深潜在水底，因为水面清平，所以上浮到水中的小洲周围游弋。如同世道清平民众方能安然的生活而没有恐惧。民众喜欢君子的花园，因为那里种植着青檀，青檀脱落的外皮留落在树下，虽然剥落的树皮粗糙不堪，但正是不断脱落这种表皮，最终使青檀的树干密实细腻。民众愿意接受君子的教导，从而去除愚昧，进至文明，如同君子之“树檀”。名叫“它山”的山上出产的石头很粗糙，但可以作磨刀石。如同君子之严格管教，可以作为教育手段。

鹤在天下的沼泽鸣叫，其鸣声不能广播于四野使众生灵听到，而是传播在天上。如同君子宣扬道德，不能使广大民众听到教化之言，而只是上层在清谈。鱼本来在水中的小洲边沿游弋，因为水面不再清平而深潜在水底躲藏。比喻社会混乱，民众因而恐惧、躲避，不能自由快乐地生活。民众喜欢君子的花园，因为那里种植着青檀，青檀脱落的外皮留落在树下，虽然剥落的树皮粗糙不堪，但正是不断脱落这种表皮，最终使青檀的树干密实细腻。民众愿意接受君子的教导，从而去除愚昧，进至文明，如同君子之“树檀”。名叫“它山”的山上出产的石头很粗糙，但可以作为制作玉器的工具。如同君子之严格管教，可以作为教化世人的教育手段，以培育有文采的人才。

“鹤鸣于九皋，声闻于天。鱼在于渚，或潜于渊。”这句诗词与

“翰音登于天，贞凶”意思完全相同。

《象》曰：“其子和之”中心愿也。

“中心”即内心。“中心愿也”，使道义传承乃君子之根本心愿。

六三：得敌，或鼓或罢，或泣或歌。

“敌”《说文》：仇也。即与之相对之人，或为相好者，或为相恶者，此处指君子所教授之各色人等，如顺从者、悖乱者、愚钝者、聪慧者。

“鼓”《说文》：击鼓也。有击鼓而进之意。《孟子·梁惠王上》：“填然鼓之，兵刃既接。”

“罢”《说文》：遣有罪也。释放遣散有罪的人。引申为归、返回之意。《韩非子·说林上》：“乐阳罢中山。”

“得敌”，君子收服各种受教者，使之中于义。

“或鼓或罢”，对于“不及”者，君子鼓励之使进，对于“过”者，君子劝止之使返。

《论语·先进》：“子贡问：师与商也孰贤？子曰：师也过，商也不及。曰：然则师愈与？子曰：过犹不及。”孔子所谓“过与不及”是以中庸为标准。学生二人皆未能在“中”，有违于中庸，孔子说“过犹不及”。对于子张之“过”，孔子使其归，为“罢”；对于子夏之“不及”，孔子使其进，为“鼓”。“或鼓或罢”为君子教人致“中孚”之方法。

“或泣或歌”，君子哀伤迷失于正道者，君子欢喜上进于道义者，故“或泣或歌”。“或泣或歌”寓意君子教人之有得失。

此爻明使民众致于“中孚”，君子当进行针对性的教育，如此方能使之中于义。同时教化必然会有得有失。

《象》曰：“或鼓或罢”位不当也。

“位不当也”，受教化者未能居于其正义之位，亦即未能中行。

六四：月几望，马匹亡，无咎。

“月几望”，“几”为接近之意。“望”月大明之日。“月几望”指接近满月之日，比喻道义近乎大明之时。

“马匹亡”，“匹”为量词，有马逃离。“马匹”含有某些、少量马的意味。如果措辞为“马亡”，则有全部马逃离之意。“马匹亡”比喻有某些人逃离君子之教化。

“无咎”，无论教化如何广大、深入，终究有不信从之人，此为事理之必然，君子无咎。

此爻明文明昌盛之时，有极少数不从教化者亦属正常。言外之意，君子治“中孚”应着力于大多数民众，而不必责全求备。

《象》曰：“马匹亡”绝类上也。

“绝”此处解作断绝、拒绝，《孟子·离娄上》：“既不能令，又不受命，是绝物也。”

“类”《尔雅》：善也。美好、高尚之意。《诗·大雅·皇矣》：“克明克类。”《国语·晋语》：“若外内类，而言反之，渎其信也。”《后汉书·马援传》：“巧言之伤类也。”

“上”即上进之意。

“绝类上也”，拒绝随顺教化向善，进步。

九五：有孚挛（luán）如，无咎。

“挛”《说文》：係也。引申为牵引。

“有孚挛如”，民众对道义之信，以人传人的方式广大之。君子行教使先进牵引后进，如此传递下去可以引之无穷，最终众民皆从化。

“无咎”，以信使人顺从致道，为行教之正道，反之则为“有咎”

此爻明治“中孚”以信为根本。

《象》曰：“有孚挛如”位正当也。

“位正当也”，君子以信为根本教化民众，行为得当，故君子“位正当也”。

上九：翰音登于天，贞凶。

“翰”应为鶾（hàn）。鶾，《说文》：雉肥鶾音者也。鲁郊以丹鸡祝曰：“以斯鶾音赤羽，去鲁侯之咎。”“鶾音”指鸣声高长。“鶾音赤羽”即为丹鸡，可见“鶾音”专指鸣声高长。《礼记·曲礼下》：“凡祭宗庙之礼……羊曰柔毛，鸡曰翰音。”其中“翰音”代指鸡，亦是言其声高长。

“翰音”，此处指鹤鸣之音，比喻君子弘道之言论。

“翰音登于天”，比喻君子道德言论在上层传扬，不能被广大民众所听闻。《诗》之“鹤鸣于九皋，声闻于天”即“翰音登于天”。

“贞凶”，义穷也，不能以道德言论亲民，其道穷也。“贞凶”则导致《诗》之“鱼在于渚，或潜于渊”的结局。

此爻明虽然“中孚”有成，官制健全，但君子之道德言论永远要使民众可以听闻，若远民必致乱，则有失民之忧。

《象》曰：“翰音登于天”何可长也。

“何可长也”，君子远民则不能使教化成果长久保持。可见官制亦有其弊端，君子只有不断“涣其血”方能“远害”，方可久长。

第六十二卦　小过 ䷽ 震艮

亨，利贞，可小事，不可大事。飞鸟遗之音，不宜上宜下，大吉。

“小过”，小节过其分，有失允当，虽不中正，但亦不远矣。

“亨”，“小过”者，未大悖于礼义，矫正之，可得中正，故“亨”。

“利贞”，虽然自身德行有“小过”之不足，但内心乐从道义，若时刻遵循道义而行，虽有不美，亦能保证大德不失。

“可小事”，“小事”即不关乎大义，不关乎重大利益。因为其人内心存有道义，治事必无悖乱之心，虽未能尽善尽美，但亦能有得，故“可小事”。

“不可大事”，“大事”即关乎大义，关乎重大利益。虽然其人无悖乱之心，但其行为未能中正，治办大事稍有偏差则致大败，故“不可大事”。

“可小事，不可大事”，换言之即其人有待进步。

“飞鸟遗之音”，其人以弓箭射空中高飞之鸟，除了能听到鸟遗留的几声鸣叫，不能获得鸟的一羽一毛。寓意“小过”者不能安分从事，妄为则劳而无功。

“不宜上”，“小过”者，阶段修行未能臻于圆满，不宜于以此往进。比如修身未能圆满，则不宜致于齐家，齐家未能圆满，则不宜致于治国。此为“不宜上”。

“宜下”，“小过”者，阶段修行未能臻于圆满，适宜往下寻找不足，以补正之。比如修身未能圆满，则应从格物致知、诚意正心着手，再如国家未治，则应从齐家处着手。此为“宜下”。

“大吉”，指“下”可致“大吉”。因为“下”才能从根本上改正、杜绝“小过”。往下寻找原因，可以强固根本，之后“可大事”，故“大吉”。

《彖》曰：“小过”小者过而亨也。“过”以“利贞”，与时行也。柔得中是以“小事”吉也。刚失位而不中是以“不可大事”也。有飞鸟之象焉“飞鸟遗之音”。“不宜上宜下，大吉”上逆而下顺也。

“小者过而亨”，小节出入不致大害，不伤大义，可致亨通。《论语·子张》：“子夏曰：大德不逾闲，小德出入可也。”

“与时行也”，其人小节虽有出入，但能紧跟时义，亦能保证不失于义。反之失于义，则凶。

“柔得中是以小事吉也”，“柔”即道德。“柔得中”即思想合乎正义，故能无大过，故可“小事吉”。

“刚失位而不中”，“刚”即行为。“失位”行为未能中正，所以“不可大事”。

“有飞鸟之象焉”解释“飞鸟遗之音”。“飞鸟之象”即鸟飞走之情景，即射猎者无所得。“小过”者不能依据自身条件治事，行为僭越本分，如同空中射鸟之不可得。

“上逆而下顺”，“小过”之原因在于根本不强固，若根本不强固而妄求上进，则违背客观规律，终究不能成功，为“逆”。强固根本为“顺”，方能治“大事”。

《象》曰：山上有雷，小过。君子以行过乎恭，丧过乎哀，用过乎俭。

“山”其德为止，“雷”其德为动。“山上有雷”即有所为亦有所不为，即“可小事，不可大事”，如此为“小过”。

“君子行过乎恭，丧过乎哀，用过乎俭”，君子行为失于中正，君子之“小过”也。

初六：飞鸟以凶。

“飞鸟以凶”，飞鸟在天，妄图射取之，力不能及，非份之举必然劳而无功。“凶”此处指劳而无功。

此爻明“小过”者戒在妄为，妄为无功。

《象》曰：“飞鸟以凶”不可如何也。

“不可如何也”，“不可”即不能。力不能及，非分之举，除劳而无功之外，不能怎样。言外之意造成这种结果的原因在于行为本身不合情理，除了反身自省别无他途。

六二：过其祖，遇其妣（bǐ）；不及其君，遇其臣。无咎。

“祖”《尔雅》：王父，即祖父。祖为人之本始。《礼记·礼器》：“万物本乎天，人本乎祖。”

“妣”《尔雅》：母曰妣。人皆养于母。

“过其祖，遇其妣”，人不能得见其祖父，但能养于母亲之手。比喻人不能通达根本之道，但能长于其理。

“不及其君，遇其臣”，不及大德者，而遇小德者。比喻虽不及于义，能从其礼。

“过其祖，遇其妣；不及其君，遇其臣。”指明“小过”者在思想上必须依从正道，不然则致于“大过”。即“小过”者必须有“柔得中”作为支撑，不然则沦为“大过”。

“无咎”，若不能依从正道则“有咎”，则“凶”。

此爻明“小过”之根本在于内心不离道义，内心是否居于正道，关乎正邪之分。“小过”之所以亨，亦在于内心未失正道。

比如“丧过乎哀”，临丧而哀伤乃孝心之表现，但过于哀伤则伤害身体，违背丧道正义，行为有失中正，但孝亲之义不失。反之无孝亲之心，则无论其哀伤行为如何中正得体，亦为“大过”。

《象》曰：“不及其君”臣不可过也。

“臣不可过”，臣若过之，则失于道义，则为“大过”。

九三：弗过防之。从或戕（qiāng）之，凶。

“防”《说文》：堤也。引申为防备、预防。

“从”应为“纵”，放纵、纵容之意。《礼记·曲礼上》：“敖不可长，欲不可从。”

“戕”《说文》：残也，他国臣来弑君为戕。《左传·宣公十八年》：“凡自内虐其君曰弑，自外曰戕。”此处指受到外来伤害。

“弗过”即不可失于正道，“过”即“妣之不遇”、“臣之不遇”。

“防之”预防之，防备失于正道。

“从或戕之”，“小过”已然在行为上偏离中正，如果再从思想上放纵，那么必然失于正道，则沦为“大过”，“大过”者必得灾害，故曰“从或戕之”。

“凶”，放纵至于“大过”，为“凶”。

此爻明“小过”要及时控制、矫正。

《象》曰：“从或戕之”凶如何也。

“凶如何也”，不防之而纵之，最终受其害，自取其祸，其凶奈何。

九四：无咎。弗过遇之，往厉必戒，勿用永贞。

“无咎”即“勿咎”，对于“小过”者不要咎责。对“小过”善加引导即可。

“弗过遇之”即“不过而遇其祖、其君”。“小过”者最终能得于大义，非外力可以完成，必须自我斟酌而后得于心。

“往厉必戒”，“往厉”即往以从事。“必戒”必警戒之，以防过失。警戒其非分之举不能从根本上使其行为中正。只有“小过”者内心深明义理之后，行为不须告戒而自然中正。

“勿用永贞”，“永贞”即守贞不移。不能苛求“小过”者在修习、治事过程中永远中正，要包容其不足，使其在不断进步过程中逐渐得于中正。责全求备，吹毛求疵，则失人。

此爻明君子如何应对“小过”。

《象》曰："弗过遇之"位不当也。"往厉必戒"终不可长也。

"位不当也"，"小过"者得于大道、大义，必须是当事者自我心得，非外在约束、教导可以完全做到，故君子"位不当也"。

"终不可长也"，杜绝"小过"，需要自我心得，制止不是根本之策，故"终不可长也"。

六五：密云不雨，自我西郊，公弋（yì）取彼在穴。

"弋"应为谁（yì）。谁，《说文》：缴射飞鸟。缴为生丝线，即用系上生丝绳的箭射飞鸟。

"穴"《说文》释"巢"，鸟在木曰"巢"，在穴曰"窠"，可见此处"穴"指不在树上之鸟巢。

"密云不雨"，待时也，尚往也。

"自我西郊"，择地也。君子从道义出发。

"密云不雨，自我西郊"，君子治"小过"，要选择合适的时机，要从道义出发。

"公弋取彼在穴"，"公"为君王。以"弋"取在"穴"之鸟，则易得。寓意君子治"小过"当用必得之策。

"密云不雨，自我西郊，公弋（yì）取彼在穴"，一为行事时机；一为教化原则；一为治事方法。

此爻明治"小过"之要。

《象》曰："密云不雨"已上也。

"已上"，君子要时刻明正义之所在，对于"小过"要明察于心。忽视"小过"则君子失其职守，则贻害正义。"已上"即君子已经察知"小过"，并随时准备教导之。

上六：弗遇过之，飞鸟离之，凶，是谓灾眚。

"弗遇过之"，即"不遇其妣，不遇其臣"，失于正道，致于"大过"。

"飞鸟离之"，行非分之举，劳而无功。

"弗遇过之，飞鸟离之"，君子不能使道义著于人心，不能制止其非分之举，为君子之过失，为“眚”。君子治“小过”失败，则必有祸害，为“灾”。

“灾眚”为凶也！

此爻明治“小过”之失。

《象》曰：“弗遇过之”已亢也。

“亢”此处解作“极”，《左传·宣公三年》：“先纳之可以亢宠。”

“已亢”，已至于极。性质于此由“小过”变“大过”。

第六十三卦　既济 ䷾ 坎离

亨小，利贞，初吉终乱。

“既”《尔雅》释“卒”为“既”，有完尽、终了之意。此处解作已经。《孟子·梁惠王上》：“兵刃既接。”

“济”《尔雅》：成也。成就、成功之意。

“既济”，即事已完成。《易》理为义随时迁，人随义往，时义变化则君子治事不止，于君子行教而言并无“既成”之说。此卦“既济”指君子修德既成。

“亨小”即使小者亨。“小”指小节。谋求“既济”应从微小处着手，使小德有成，最终可以成就大义、大德，致于“既济”。

“亨小”，有学者以“小”为衍文，但《彖》辞明确说“小者亨也”，应为解释“小”之说辞。再有以“亨小”应为“小亨”者，此说甚为荒谬。《小过》、《革》、《困》卦辞皆曰“亨”，以上几卦相较于《既济》而言其事、其时皆未善于《既济》而曰“亨”，《既济》反曰“小亨”，于卦理不通。再有《旅》、《巽》卦辞曰“小亨”，意为未尽通达，然《既济》通达之道，如何为“小亨”？

“亨小”引发争议的原因在于《彖》辞写为“既济，亨小者亨也”。古人无标点，若断为“既济，亨小，者亨也”则语意不通，故有“既济，亨，小者亨也”与“既济，亨小者，亨也”等断句。我认为《彖》辞中遗落一“小”字，原文应写作“既济，亨小，小者亨也。”如此则与卦辞合。

“利贞”，谋求“既济”，当遵循正义而往，为“利贞”。

“初吉终乱”，修德初始能遵守道义，逐渐丧失正义，则终致于乱。

《彖》曰：“既济，亨小”小者亨也。“利贞”刚柔正而位当也。“初吉”柔得中也。“终”止则“乱”其道穷也。

“小者亨也”，使小节通达于道义。

“刚柔正而位当也”，思想与行为皆符合道义，即柔中而刚正，是谓“正而位当也”。

“柔得中”，思想合乎道义。

“终止则乱”，思想背离正义，终致于乱也。

“其道穷也”，得于贞正则吉，失于贞正则凶，不能慎终如始，故“其道穷也”。

《象》曰：水在火上，既济。君子以思患而豫防之。

“水”向下。“火”炎上。精神高尚，行为谦逊，如此君子修德“既济”。

“思患而豫防之”，君子修德当思虑弊病所在，预防邪僻，如此可慎守其德。《论语·学而》“吾日三省吾身”即是“思患而豫防之”。

初九：曳其轮，濡其尾，无咎。

“曳”《说文》：臾曳。牵引也。

“曳其轮”，“轮”为君子车舆之轮。“曳其轮”即逆水行车，水曳其轮，马曳其车。比喻君子修德如逆水行车，其难可知。

“濡其尾”，河水沾湿马尾，言所涉河水深度没过马的小腿，比喻修德要临难而行，同时当量力而行。

“无咎”，君子修德，当有逆水行车之勇气，小心谨慎，如此“无咎”。

此爻明治“既济”之态度。

《象》曰：“曳其轮”义无咎也。

“义无咎”，奋力修德为君子之本分，故于义“无咎”。

六二：妇丧其茀（fú），勿逐，七日得。

“茀”应为第（fú），二者篆体形似。第，《尔雅》释为革质车厢后帘。此处当为妇人出行用以遮蔽面部之围巾。

《礼记·内则》："女子出门必拥蔽其面。"古时女人出门用以掩面之围巾应泛称为"茀"。"拥"为抱、围裹之意，"蔽"为遮蔽之意，以"拥蔽"考之，亦或有头巾与面巾之别，用以遮面曰"蔽"，裹头曰"茀"，似伊斯兰女人之面纱与头巾。

"妇丧其茀"，妇女行于路，偶失其围巾。

"勿逐"，不宜当众追逐寻觅。古代妇人主于内，不事外事，抛头露面不合于礼，故不应久滞于外，故"勿逐"。

"妇丧其茀，勿逐"，"勿逐"重义也，"逐"务于利也。于妇人而言失其节为大，失其茀为小。孔子说："君子喻于义，小人喻于利。"

"七日得"，并非失而复得其茀，而是坚持行此舍利逐义之事，日久而能中于道。言"七日"意在说明其行小义要坚持不懈才能成大义。"七日"已过"五日"，寓意由量变而致于质变。

此爻明治"既济"，当着眼于义，行小义能坚持不懈最终能成就大义，即卦辞"亨小"之意。

《象》曰："七日得"以中道也。

"以中道也"，治小义得小德，小德积多最终能得于大德，终可中于道也。

九三：高宗伐鬼方，三年克之，小人勿用。

"高宗"，当指殷商王武丁，庙号高宗。"高宗"文治武功卓著，为明君，为大人。

"鬼方"，古时称方国为"某方"，如"吕方"、"贡方"等。"鬼方"即鬼国，商时蛮夷小国。

"高宗伐鬼方"，高宗讨伐鬼方于文献中记载不详。

"三年克之"，言历久方成其功。

"高宗伐鬼方，三年克之"，虽以"高宗"之德，征伐小国，犹难以速成，何况德薄力单者，故"小人勿用"。

"小人勿用"，小人处穷困之境遇则惑于利，乱于义。《论语·卫灵公》子曰："君子固穷，小人穷斯滥矣。"

此爻明谋求"既济"为大事，唯有付出艰苦卓绝之努力，方能有成，故唯君子能为之。

《象》曰："三年克之"惫也。

"惫"，疲乏不堪也，《庄子·田子方》："入于渊泉而不濡，处卑细而不惫。"君子谋求"既济"必付出艰辛之努力，方能有得。

六四：繻（xū）有衣袽（rú），终日戒。

"繻"《说文》：缯采色．即彩色帛也。此处代指华美锦衣。

"袽"《说文》为絮（rú），释为"成束的乱麻，或乱丝棉"，此处由"成束的乱麻"引申为套在外面的粗糙麻衣。《诗·卫风·硕人》："硕人其颀（qí），衣锦褧（jiǒng）衣。"其中"褧衣"即麻作的罩衣。此处"袽"即为褧衣。

"有"通"又"，《论语·公冶长》："子路有闻，未之能行，唯恐有闻。"

"衣"此处作动词穿衣。《史记·外戚世家》："邢夫人衣故衣。"

"繻有衣絮"，即在华美锦衣外面套上粗糙的麻罩衣。寓意君子修德应力求名实相符、文质彬彬。

《礼记·中庸》："诗曰：衣锦尚褧。恶其文之著也。"《论语·雍也》："子曰：质胜文则野，文胜质则史，文质彬彬，然后君子。"以上皆是此意。

"终日戒"，时刻戒慎于自身名实不符。

此爻明治"既济"之过程中有所成就，不能自满，要保持清醒头脑，时刻"在中"。

《象》曰："终日戒"有所疑也。

"疑"此处解作警惕，《吕氏春秋·禁塞》："贤者益疑矣！"

"有所疑"，应有所警惕，防止滋生骄傲自满情绪。

九五：东邻杀牛，不如西邻之禴（yuè）祭，实受其福。

"禴"《尔雅》：祭也。《说文》释为"夏祭"。《礼记·王制》："天子诸侯宗庙之祭：春曰礿，夏曰禘，秋曰尝，冬曰烝。”《礼记》所记四时之祭应为夏商制度，此爻之“禴”应当为夏祭，盖周朝之制度。《礼记·祭统》：“春夏之祭阳义也，秋冬之祭阴义也。夏祭阳之盛也，秋祭阴之盛也，故曰：莫重于夏秋之祭，古者于夏祭发爵赐服，顺阳义也，于秋祭出田邑（征伐），发秋政（刑杀），顺阴义也。故曰‘夏秋之祭义大矣，治国之本也，不可不知也。’”

“禴”祭所行“发爵赐服”即嘉奖之事，对于能敬享祖宗者，能继承先人志向，发扬先人美德，弘扬先人事业者，在“禴”祭之时给予嘉奖、表彰，从而起到鼓励、劝勉民众积极上进于道义之作用。

“东邻杀牛”，东邻者，东方为生万物之方，主物利之方位。东边邻居自行杀牛吃肉。

“西邻之禴祭”，西方者，义之方位也，西边邻居食用“禴祭”分得的祭肉。

“东邻杀牛，不如西邻之禴祭”，意思指东邻虽然享用更多牛肉，但未能接受正义之教导。西邻虽然食用较少之牛肉，但通过食用祭肉得到了教化，能从顺正义，则长远会受大福。寓意君子应尚义，不应尚利。

《礼记·坊记》子云：“敬则有祭器，故君子不以菲废礼，不以美没礼。故食礼，主人亲馈则客祭，主人不亲馈则客不祭。故君子苟无礼，虽美不食焉。《易》曰：‘东邻杀牛，不如西邻之禴祭，实受其福。’诗云：‘既醉以酒，既饱以德。’以此示民，民犹争利而忘义。”

“实受其福”，“实”此处解作“实足、充分”，可以充分享受到遵循礼义带来的福顺。所谓“福”者，非世所谓之福，因其尚义而内外皆顺，内外皆顺则无所不备，是谓大得也。寓意君子以义为利，而不以利为利。

此爻明谋求“既济”要以义为根本准则，只有得于义才能大受其福。

《象》曰："东邻杀牛"不如西邻之时也。"实受其福"吉大来也。

"时"《尔雅》：是也。此处解作正确、允当。

"不如西邻之时也"，东邻务于利不如西邻务于义之行为允当。

"吉大来也"，中于义则内外顺，则无所不备，是大得，故曰"吉大来也"。

上六：濡其首厉。

"厉"，涉水也。比喻君子修德。

"濡其首厉"，因水深而沾湿马的头部。比喻君子之修德阻力过大，太过艰险，应当适时而止。

此爻明君子谋求"既济"应相机而作，当止则止，以待时可也。

《象》曰："濡其首厉"何可久也。

"何可久也"，水深则愈险，君子修德量力而为，相机行事，当行则行，当止则止，以身犯险"不可久也"。

第六十四卦　未济 ䷿ 离坎

亨。小狐汔（qì）济，濡其尾，无攸利。

“未”此处解作不曾、没有。《左传·宣公二年》：“宣子未出山而复。”

“未济”，君子修德未成，民众未能得于礼义。

“亨”，虽未成，志于道，力行之，故有通达之理。

“小狐”比喻德智未善之人。

“汔”，此处有“几近，近于”之意。《诗·大雅·民劳》：“民亦劳止，汔可小康。”

“汔济”，近于成功。

“小狐汔济”，小狐狸涉水接近成功。比喻君子修德近于成功。

“濡其尾”，狐狸尾巴占身体长度一半以上，毛茸茸的尾巴可以御寒，在疾速奔跑中可以保持身体平衡，同时尾尖白毛可以迷惑敌人，如果沾湿水分则不能取暖，亦不能很好的保持平衡，起不到迷惑敌人的功用。可见“濡其尾”会严重影响狐狸的正常活动。此处比喻修德未能善成。

“无攸利”，修德未能善成，无所利益也。

《彖》曰：“未济，亨”柔得中也。“小狐汔济”未出中也。“濡其尾”无攸利，不续终也。虽不当位，刚柔应也。

“柔得中也”，思想合乎正义，待进取而有得，故曰“柔得中也”。亦因为“柔得中”，所以“未济”才能致“亨”。

“未出中也”，虽然修德有得，但仍在修习之中，而未能终成。

“不续终也”，“续”《说文》：连也。此处为延续之意。不能自始至终都能守持中正而行。即不能做到不“濡其尾”而“济”，即不能善终其事。

“虽不当位，刚柔应也”，此句话解释“未济”，虽然未能修德成功，但心志与行为能一致进取，如此为“未济”。

《象》曰：火在水上，未济。君子以慎辨物居方。

“火”比作思想，“水”比作行为。火虽居上位而向下应于水；水居下位而向上和于火。思想与行为相向、相和，如此为“未济”。

“辨物”，“辨”《说文》：判也。有分别之意。察事物之善恶。

“居方”，居处于某地，比作人行止之所处。

“慎辨物居方”，谨慎辨察事物之善恶，从而有所亲恶，谨慎选择义与不义，从而定其行止。旨在表明君子于“未济”之际，当亲近良善、正义，方能修德有成。

初六：濡其尾，吝。

“濡其尾”，小狐狸开始涉水时，能使尾巴不被河水沾湿，但在将要涉水成功之际不能再坚持，导致尾巴沾湿。比喻治事者开始能有所持守，但最终丧失原则，不能善终。

“吝”，不能始终如一，为“吝”。

此爻明治“未济”贵慎终如始。

《象》曰：“濡其尾”亦不知极也。

“亦”此处为语气词，《诗·小雅·雨无正》：“亦云可使，怨及朋友。”

“极”此处为尽头、终点之意。《荀子·儒效论》：“宇中六指谓之极。”

“亦不知极”，不知道善终之重要性。

九二：曳其轮，贞吉。

“曳其轮”，君子奋力拉车向前，比喻君子力行修德。

“贞吉”，遵循中正而行，必有得，故“贞”则“吉”。

此爻明治“未济”应奋力向上，守持中正。

《象》曰：“九二，贞吉”中以行正也。

“中以行正也”，以义为准则且行为贞正。

六三：未济，征凶，利涉大川。

“未济，征凶”，修德未成，强行治事，则“凶”。

“利涉大川”，广泛、深入营求，方能致成。

此爻明治“未济”应循序渐进、全面营求，强行则凶。

《象》曰：“未济，征凶”位不当也。

“位不当也”，不遵循常法，强行用事，故曰“位不当也”。

九四：贞吉，悔亡。震用伐鬼方，三年有赏于大国。

“贞吉，悔亡”，贞正方能吉，慎行则悔不生。意在说明处“未济”必须守持贞正，谨慎行为，此为原则。

“震”《尔雅》：惧也。此处为威严之意。《左传·成公二年》：“畏君之震。”

“用”此处作连词，作用同“以”。“震用伐鬼方”即“震以伐鬼方”，大国以道义与国力之威严讨伐鬼方。

“三年有赏于大国”，小国顺从大国，且能进步于大国之道，从而受奖赏于大国。

“震用伐鬼方，三年有赏于大国”，君子以其威严，讨伐为乱正义者，使为乱者从顺于正义。寓意以道义之威严力量改造不德、不义诸多行为，如此可进步于正义。

此爻明治“未济”之原则，修德者必须对道义有敬畏之心。

《象》曰：“贞吉，悔亡”志行也。

“志行也”，其事臻于善，渐进于“既济”。亦即修德有得。

六五：贞吉，无悔。君子之光有孚，吉。

“无悔”有别于“悔亡”，“无悔”即主观上不悔。“悔亡”即客观上悔不发生。

“贞吉，无悔”，君子“贞”以行事，可无悔矣！言外之意，“贞”

为君子治“未济”之必然选择。

“君子之光”，比喻君子之道德声望。

“君子之光有孚”即“有孚于君子之光”，修德者因为感于有道君子之德望而信从于有道君子。寓意修德有学习榜样，有助于进步，为“吉”。

此爻明君子处“未济”，必须持守中正，不然“有悔”，同时要学习于有道者。

《象》曰：“君子之光”其晖吉也。

“晖”《说文》：光也。此处有“明，昌明”之意。《庄子·天下》：“不靡于万物，不晖于数度。”

“其晖吉也”，有道君子之道德昌明，可以感染人，可以教化人，为吉。

上九：有孚于饮酒，无咎。“濡其首”有孚失是。

“饮酒”此处指“乡饮酒”之礼。

《礼记·乡饮酒义》：“乡饮酒义：所以致尊让、洁敬、……教之乡饮酒之礼，而孝悌之行立矣！……孔子曰：吾观于乡而知王道之易易也。”“饮酒”之礼包纳了除婚礼之外的大部分礼，所以此处用以代表礼教。

“有孚于饮酒”，民众信从“饮酒”之礼而行于正义。寓意修德者通过礼教而进德。

“无咎”，信从礼教可以修德，故“无咎”。

“濡其首”，为引用《既济》之卦辞，用以表述“不知止”之意。

“有孚失是”，“是”《说文》：直也。引申为正、允当。有孚于道义，但不能正确、合理修习，则失其“是”。

此爻明治“未济”可以循礼而得，但如果不能正确修习，亦不能善成。

《象》曰：“饮酒，濡首”亦不知节也。

“饮酒，濡首”为简写，应写作“有孚于饮酒，而又濡其首”。

礼之本义即通过约束其行为，使中于义。礼为外在制约，“濡首”则是自我内心不能自我制约所致。修习者信从礼教，但行为又不能克制，故曰“亦不知节也”。言外之意，修德虽有规矩可遵循，但根本还在于自我节制。

关于八卦方位与占筮

《礼记·乡饮酒义》：

“宾主象天地也，介僎（zhuàn）象阴阳。”

“天地严凝之气始于西南而盛于西北，此天地尊严气也，此天地之义气也。天地温厚之气，始于东北而盛于东南，此天地之盛德气也，此天地之仁气也。主人者尊宾，故坐宾于西北，而坐介于西南以辅宾。宾者，接人以义者也，故坐于西北，主人者接人以仁德厚者也，故坐于东南，而坐僎于东北，以辅主人也。”

“乡饮酒之义，立宾以象天，立主以象地，设介僎以象日月，立三宾以象三光。”

以上考之，古人交接宾客以义，义为天，为乾，故西北为乾位。主人者待人以仁，仁为地，为坤，故东南为坤位。介者为辅助宾客者，介为阳，为日，日为离，故西南为离位。僎者为辅助主人者，僎者为阴，为月，月为坎，故东北为坎位。

《礼记·乡饮酒义》：“东方者春，春之为言蠢也，产万物者圣也。”其中“蠢”《说文》释为“虫动也”，引申有“动”意。故东方为震位。

“西方者秋，守义者也。”其中“守义”为止，故西方为艮位。

以上是《礼记·乡饮酒义》对乾、坤、离、坎、震、艮的明确定位。与所谓先天、后天八卦图皆不同，应以《礼记》所言为是。至于巽、兑之卦位在《礼记·乡饮酒义》中并未明确说明，如果按乾、坤、离、坎、震、艮的定位推算则巽、兑应居正南、正北方位。笔者认为巽在南而兑居北。分析如下：

《礼记·乡饮酒义》："南方者为夏，夏之为言假也，养之，长之，假之，仁也。"其中"假"意思为"大"。这段文字说明南方为化育之方。"巽"在《易》中解作"顺、使之顺"，《巽》卦讲君子以教令行教化，使民众顺从教化亦即"养之，长之，假之"。故南方为巽位。

《礼记·乡饮酒义》："北方者冬，冬之为言中也，中者藏也。"其中"中"《说文》释为"内也"，即中间、内部之意，所以此处说"中者藏也"。"藏"即收于内之意。"兑"《象》释为"悦"，即内心喜悦。《兑》卦讲使民众内心悦服以教化之，是谋于心谋于中也。兑以中为是，故北方为兑位。故八卦方位如下：

以上巽、兑之辨乃笔者之说，但以《礼记·乡饮酒义》中乾、坤、离、坎、震、艮的定位足以推翻以先天或后天八卦方位为基础的风水学。

朱熹根据《系辞》所作"大衍筮法"并非《易》原本筮法，其"变占"说亦为谬论。笔者根据《左传》、《国语》中记载筮例对数字卦进行了论述，同时对《易》原本蓍草筮法进行了重新论证。以上内容综合卦象将另辑出版，敬请关注笔者微信：Hongyangruxue。